权力阳光

江苏行政权力网上公开透明运行实践模式研究

忻　超　胡广伟　胥家鸣　著

科学出版社
北　京

内 容 简 介

科学运用新技术，创新政府管理和服务方式，促进电子政务协调发展，提升政府治理能力，是国家治理能力现代化的内在要求。江苏“权力阳光”建设既是有效规范和监督行政权力运行机制上的创新与践行，也是促进电子政务协调发展的模式创新与实践。经验表明，在政府管理中一些制度难以落地落实等瓶颈问题，通过网络和信息化手段，与制度结合，加以融合创新、协同推进，能够迎刃而解。本书分为4篇，共19章。第一篇概述了“权力阳光”的理论基础与发展脉络；第二篇为江苏“权力阳光”实践模式，梳理了江苏“权力阳光”的实践背景、发展历程、建设架构、实施路径、实现方法和主要成效；第三篇是“权力阳光”之路径选择，提出了包括“利用大数据支持科学管理”、“探索与推进政府数据开放”和“设计有效的价值共创机制”等深化和提升思路；第四篇即“权力阳光”典型案例，整理出江苏省省级、地方政府部门的典型案例9例，主要应用场景4类19例。

本书适用于高校电子政务相关教学科研人员和学生以及政府信息化机构的管理者、工作者等。

图书在版编目（CIP）数据

权力阳光：江苏行政权力网上公开透明运行实践模式研究/忻超，胡广伟，胥家鸣著. —北京：科学出版社，2016.5

ISBN 978-7-03-048128-3

Ⅰ. ①权… Ⅱ. ①忻… ②胡… ③胥… Ⅲ. ①电子政务-研究-江苏省 Ⅳ. ①D675.1-39

中国版本图书馆 CIP 数据核字（2016）第 090045 号

责任编辑：惠 雪 孙 静／责任校对：李 影
责任印制：张 倩／封面设计：许 瑞

科学出版社 出版
北京东黄城根北街16号
邮政编码：100717
http://www.sciencep.com

文林印务有限公司 印刷
科学出版社发行 各地新华书店经销
*
2016年5月第 一 版 开本：720×1000 1/16
2016年5月第一次印刷 印张：17
字数：350 000

定价：99.00元

（如有印装质量问题，我社负责调换）

序　言

“阳光是最好的防腐剂，路灯是最好的警察”，只有将权力置于阳光之下公开透明运行，才能真正实现依法规范权力行使，有效制约和监督权力运行。中国共产党第十七次全国代表大会报告指出：“确保权力正确行使，必须让权力在阳光下运行。”这是对改革开放以来党在探索权力制约和监督机制方面重要经验和实践成果的总结，是对权力监督和运行机制认识的进一步深化。中国共产党第十八次全国代表大会报告指出：“要建立健全权力运行制约和监督体系。”强调用制度管权、管事、管人，把权力关进制度的笼子，让人民监督权力，让权力在阳光下运行，保证人民赋予的权力真正用来为人民谋福利。

行政权力网上公开透明运行，既是政府管理创新的一项重要举措，也是规范和监督权力行使的有效践行。它是将制度与科技相结合，让行政权力沿着制度化、规范化、科学化的轨道运行，协同推进依法行政、政务公开、防治腐败、政务服务与电子政务融合发展，形成一整套常态化、行之有效的“行政权力阳光运行”机制。

行政权力网上公开透明运行的实现，在于制度建设、协同推进、技术应用并举实行融合创新，形成“行政权力阳光运行”机制，让制度真正落地落实。一是加强制度建设。制度具有根本性、全局性、稳定性和长期性，是“权力阳光”运行的基本保障。要适应改革开放和经济社会发展新形势，围绕深化行政体制改革，推进简政放权，促进职能转变，创新管理方式，建立健全科学民主决策、行政审批改革、政府绩效管理、行政问责等各项制度，强化对权力运行的监督和制约，在执行中不断完善制度。二是协同推进发展。“行政权力阳光运行”是一项系统工程，从顶层设计开始，系统性、创新式、协同化地推进依法行政、政务公开、防治腐败、政务服务与电子政务融合发展。①推进依法行政。以建设法治政府为目标，依法全面履行政府职能，严格按照法定权限和程序行使权力、履行职责。建立权力清单、责任清单和负面清单等权力信息库，让政府“法无授权不可为、法定职责必须为”。坚持严格规范公正文明执法，全过程规范和监督，有效遏制暗箱操作和执法腐败，不断提高依法行政的能力和水平。②深化政务公开。以政务公开为政府施政的一项基本准则，坚持以公开为常态、不公开为例外原则，推进决策公开、执行公开、管理公开、服务公开、结果公开。依据权力清单，向社会全面公开政府职能、法律依据、实施主体、职责权限、管理流程、监督方式等事项。重点推进财政预算、公共资源配置、重大建设项目审批和实施、社会公益事业建设等领域的政府信息公开。③从源头防治腐败。建立行政监察和法制监督等内控机制，创新监察手段，通过设立廉政风险点，及时预警纠错、投诉处理、督查督办，实现内部监督和外部监督的有机结合，实现事后监督向全过程监督、单层次监督向多层次监督的转变，从源头上有效地预防腐败现象的发生。④强化政务服务。以建设服务型政府为目标，利用“互联网+”加快推进在线政府建设，建立健全覆盖乡镇（街道）便民服务、线上线下相结合（O2O）的政务服务体系，促进基本公共服务均等化。三是创新技术应用。信息技术和网络是行政权力网上公开透明运行的载体和支撑，规范化、流程化、程序化和数字存证、信息共享、数据计算、过程监控是计算机与网络的强大功能和应用。应发挥现代信息技术使能的科学管理和创新作用，大力推进电子政务协调发展，加快网络互通、信息共享、业务协同，规范化、集约化建设行政权力网上公开透明运行系统，一体化、智能化构建“一库四平台”，即行政权力库、网上政务大厅、行政权力运行平台、法制监督平台、行政监察平台，实现网上“权力事项全覆盖、运行过程全监控、异常状况全预警”，达到“权力在内控中严格规范，权力在阳光下透明运行，权力在网络上全程监察”。

江苏行政权力网上公开透明运行（即“权力阳光”工程），是在多年的实践探索和顶层设计基础上，于 2008 年率先在江苏全面推行的重大工程。经过两年建设，于 2010 年年底实现了“三个全覆盖”，即县级以上行政机关全覆盖、行政权力事项全覆盖和网上行政监察全覆盖。2011 年，进一步提出深化“权力阳光”工作，推进“三个融合”，即“全面推进行政权力网上公开透明运行与政务（行政）服务中心审批和服务事项办理融合，与部门核心业务融合，与行政绩效管理融合”。到 2013 年年底，在巩固“三个全覆盖”的基础上，基本实现“三个融合”。江苏“权力阳光”工程建设对江苏转变施政方式，加快政府职能转变，促进简政放权，创新政府管理模式，提高行政效能，推进法治政府、廉洁政府、服务型政府建设，提升信息化条件下的政府治理能力发挥了综合效应。

本书分为 4 篇 19 章。第一篇概述了“权力阳光”的理论基础与发展脉络。第二篇为江苏“权力阳光”实践模式。从“权力阳光”的基本概念与内涵入手，结合江苏政府管理的创新实践，梳理了江苏“权力阳光”的实践背景、发展历程、建设架构、实施路径、实现方法和主要成效，析取出江苏“权力阳光”系统参考模型，概括总结出“权力阳光”机制、服务型政府支撑平台、科学的生态系统、业务驱动的改革、扁平化政府的构建、公共服务均等化、基于数据的考核机制、数据资源共享体系、技术使能的管理九个方面的实践经验与方法。第三篇是“权力阳光”之路径选择。在形势分析的基础上，提出了“破解顶层设计的有限性”、“克服公共服务的选择性”、“突破信息资源共享的瓶颈”、“利用大数据支持科学管理”、“避免绩效管理流于形式”、“化解深度融合的体制性障碍”、“探索与推进政府数据开放”和“设计有效的价值共创机制”等深化和提升思路。第四篇即“权力阳光”典型案例，在实地调研、专家访谈、专题研讨的基础上，整理出江苏省省级部门的典型案例 5 例，地方市、县（区）政府部门的典型案例 4 例，主要应用场景 4 类 19 例。

信息化时代，科学运用新技术，创新政府管理和服务方式，促进电子政务协调发展，提升政府治理能力，已是大势所趋，也是国家治理能力现代化的内在要求。国务院办公厅《关于促进电子政务协调发展的指导意见》（2014 年）指出：“促进电子政务协调发展，不断提升信息化条件下政府治理能力。”其中，强调“围绕简政放权，梳理权力清单，强化权力全流程网上运行，有效规范和监督行使权力的主体、依据、程序，明确责任，切实提高行政效能和依法行政水平”。江苏“权力阳光”建设既是有效规范和监督行政权力运行机制的创新与践行，也是促进电子政务协调发展的模式创新与实践。江苏“权力阳光”多年实践和经验表明，在政府管理中一些制度难以落地落实等瓶颈问题，通过网络和信息化手段，与制度结合，加以融合创新、协同推进，能够迎刃而解。我们希望本书能为推进“权力阳光”建设和电子政务发展的决策者、建设者、研究者以及相关学科的高校师生提供借鉴与参考。由于水平有限，不足或疏漏之处敬请批评指正！

本书的编著是在江苏“权力阳光”多年实践的建设成果基础上，经实地调研、访谈研讨、分析研究、梳理总结而成。在此，向江苏“权力阳光”建设的决策者、推动者、践行者表示敬意！本书的编著还得到了江苏省人民政府研究室、江苏省政务公开领导小组办公室、江苏省信息中心共同立项的应用性决策咨询研究课题的支持。研究过程中，得到了江苏省政府办公厅电子政务办公室的专门协调和指导，得到了江苏省质量技术监督局、江苏省住房和城乡建设厅、江苏省地方税务局、江苏省交通运输厅、江苏省发展和改革委员会以及南京、常州等市行政服务中心、信息中心的大力协助。向课题研究中给予指导、支持和帮助的单位、部门、有关领导和同志表示感谢！对参与本书编写人员曹银美女士和课题研究人员顾日红女士、曹勇先生、姚敏女士、农春仕先生、潘文文女士、李妍女士等表示感谢！

本书的出版得到了江苏省信息中心信息化决策支持研究专项、江苏省社会科学基金“江苏政府职能部门电子政务能力提升路径研究”（编号：12TQB008）、江苏省教育厅高校哲学社会科学基金重点项目“江苏惩防体系现代化建设研究”（编号：2014ZDIXM004）、国家自然科学基金面上项目“电子政务服务价值共创机制及实现模式实证研究”（编号：71573117）的支持，特此致谢！

著　者

2015 年 11 月于南京

目　录

第三篇　“权力阳光”之路径选择

第四篇　“权力阳光”典型案例

第一篇　概　　述

行政权力作为政治权力的一种，是国家各级行政机关管理国家和社会公共事务、执行国家意志、履行国家行政职能的一种强制能力。中国共产党第十七次全国代表大会提出“确保权力正确行使，必须让权力在阳光下运行”；中国共产党第十八届中央委员会第四次全体会议提出“全面推进政务公开”，“坚持以公开为常态、不公开为例外原则，推进决策公开、执行公开、管理公开、服务公开、结果公开”；《2015年中央政府工作报告》也做出承诺，“要全面实行政务公开，推广电子政务和网上办事”，体现了党和国家对提高权力运行公开性和透明度的决心，这是对行政权力制约、运行监督方面的重要认识和实践总结，为公共权力的正确行使、民主富强的实现、预防腐败确定了路线。而推行行政权力网上公开透明运行工程，建设“权力阳光”的政府，是政策路线落地实践的有益探索，是现代信息技术在政务活动中的具体运用，是现代公共管理等理论发展和我国政府管理实践的结合，是治理能力现代化建设的适时之举。

第一章　行政权力管理的演进

1.1　行 政 权 力

1.1.1　权力、政治权力和行政权力

权力，通常被认为是为了维护和实现某种利益，在特定的利益关系中，主体对客体产生强制性的影响，使其按照主体意志和价值标准作为或不作为的一种权威性力量。马克思认为，权力是一种合法的公共权力，在阶级社会中是一种阶级统治的权力，专属于国家（中共中央马克思恩格斯列宁斯大林著作编译局，1979）。

政治权力，是权力在政治系统中的集中表现形式，权力还体现在经济、文化等领域。政治权力可以理解为：统治阶级为维护自己的阶级利益，以国家暴力机构为后盾，以法律为手段，对被统治阶级的管理、控制能力（杨进安，2005）。

行政权力，是政治权力中的一种特殊权力。本质上讲，政府与公民之间是政治学意义上的"委托-代理"关系。公民虽然享有最终意义上的公共权力，但并不直接行使公共权力，而是通过"委托-代理"关系，将公共权力赋予权力机关、政府部门，并以行政权力的形式体现出来。因此，公民享有行政权力的所有权，并保留对行政权力行使者的选择权与监督权（李步云和刘士平，2004）。在我国宪法框架下，行政权力的"行使者"是受托于公民的权力机关，即各级人民政府。同样，公民委托出去的是权力的使用权，而不是权力的所有权，所有权仍归属于全体公民，因此权力的经营者应当也有义务为公民服务。

行政权力的类型主要包括立法参与权、委任立法权、行政管理权和司法行政权。行政权力具有公共性、强制性和约束性的特征。行政权力的主体包括各级国家行政机关及其组织中的个人，它的客体是下级行政机关、各社会团体、社会组织和公众（杨进安，2005）。广义的行政权力包括立法、行政、司法三个权力体系，狭义的行政权力仅指各级国家行政机关所行使的权力，也称行政管理权力（下文中"权力阳光"的"权力"特指狭义上的行政权力）。

1.1.2　行政权力制约和监督的必要性

行政权力的由来表明权力是公共意志的体现形式，具有人民性和服务性。权力

一经授予，受权者既可能正当行使权力，承担起公正公平地配置公共资源和价值的职责，造福人民和社会；也可能行使权力失当，出现渎职滥权，甚至利用公共权力谋取个人或局部利益，从而损害社会公平和正义，这被称为权力的蜕变。

由于公共权力的两面性，在实践中能真正始终自觉坚持正确的权力观，为人民掌好权用好权并非易事，原因主要包括以下三个方面。一是行政人的“有限理性”。这是由人的生理特点决定的，即人对纷繁复杂的信息的处理能力是有限的，不可能对所有方案和策略进行鉴别、抉择。二是权力和利益的天然联系。权力意味着对人的支配，利益构成了权力的社会物质内容，权力又意味着对财富和利益的支配。行政人既是公共人（公务员），又是在经济社会生活的普通人，具有人本性的两重性，难免也会追求个人利益的最大化。三是权力运行本身需要的自主性与权力授受之间的内在矛盾。近代以来权力授受都是为了维护公共秩序，增进公共福利。而公共权力的工具性决定其具有强制性、扩张性（张富，2007），并演化出权力运行的封闭性和行使者的自主性，这可以说是权力难以避免的“恶”（郭海，2008）。

历史的经验教训表明，没有制约的权力是极其危险的权力，要保证掌权者在权力的运作中始终忠于人民意志和人民利益，就必须克服权力运作中的扩张和恶性，通过设计科学、严密、规范的制度将权力蜕变控制在一定的范围内，使一切公共权力及其行使者处于全面、有效的制约监督之中。

1.1.3　行政权力的公开与透明

权力行使的公开度和透明度如何直接影响行政权力制约与监督效能的发挥，关系着人民的权力最终是否为人民行使问题。在民主法治社会里，知情权已成为公民的一项基本权利，行政公开成为法治政府的必然要求和实现公民知情权的有效途径。行政公开的内容包括行使行政权力的依据公开、行政信息公开、行政过程公开、行政决定公开等。

1.2　行政实践的发展

行政理念、行政科学、行政实践的发展、演进，是对社会发展包括社会经济、政治、文化等各个方面变化和利益格局调整的响应，是理论与实践相互推进的结果，也是克服行政权力自身弊端的诉求（宋任东，2004）。

1. “有限行政”：行政权力范围的缩减

“有限行政”（“有限政府”、“有限干预”）观念的提出，是由于从政府介入社会和市场的程度来看，它应该处于全能政府和无为政府之间。在此之前对行政权力范围的认识出现过两种极端性的观点，一是认为政府应无为而治，社会有足够的能力管理好自己的事情，实现社会的有效自治；另一种观点认为政府是全能的，社会不可能管理好自己的事情，只有充分地运用政府这一社会的核心控制力量，才有可能平衡各种社会关系，实现社会的稳定和有序发展。现实证明，无论是西方自由放任时期作为政治理想的“无为政府”模式，还是现代社会某些时期实施过的“全能政府”模式，都不能适应现代社会发展的需要。为此，主张“有限干预”政府职能理论的新自由主义经济学派明确提出政府的职责范围必须具有限度，通过市场制度来限制和分散政府权力，增强个人独立能力和扩大政治自由。

2. 服务行政：行政强权的弱化

受传统政府职能理论影响，历史上的大多数政府一直都处于主导、控制公民社会发展的核心地位，通过行政强权来实现自己的统治和管理目标。行政权力和政府职能的本质是为公民、社会的共同利益服务，这一重要认识的达成及其在实际行政过程中的实现经历了一个相对漫长的过程。随着西方自由市场经济的发育完善、民主制度的逐步发展以及社会自治能力的不断提高，再加上 20 世纪 70 年代以来新公共管理主义的影响，西方资本主义国家率先对政府职能进行调整和重新定位，实现了政府由过去重管理轻服务、从“以政府为中心”到重公共服务、“以顾客为中心”的转变（左然，1999）。

3. 公共管理：行政权力行使方式的革新

公共行政学诞生后的一百多年以来，西方政府管理领域的研究共经历了三次大规模的“范式”转换，即从公共行政学到新公共行政学再到(新)公共管理学的三次重大突破。传统的公共行政学形成于 20 世纪 20~30 年代，以政治-行政二分法为前提和理论基础，采用制度或法理的研究方法，致力于行政管理一般或普遍原理的探索，并以正式的政府组织机构(官僚体制)作为研究的主要领域，以效率原则作为最高标准。但由于其严重的局限性而受到尖锐批评，新的公共行政学被适时提出。新公共行政学以公平为核心，抛弃了诸如政治与行政分离等一系列传统公共行政学的观点，其立场可以描述为“第二代行为主义”。但由于新公共行政学缺乏理论上的连贯性，没有明确的宪法基础，因而未能成为行政学的主导范式。而 20 世纪 60 年代末、70 年代初兴起的新公共管理学则弥补了这一缺陷，成为公共行政学的主导范式。新公共管理学在保留了传统行政学及新公共管理学的传统主题的基础上，更加注重政府的服务职能，提倡政府管理以实际问题为核心，以经济学和管理学的途径而不是传统的政治学的途径为主导，“广泛地采用了以消费者为导向的方法来研究公共服务”，因而又被称为“市场导向的公共行政学”（张志斌，2004）。

公共行政学理论上的前进，大大地推动了西方政府管理的实践，而相应地在政治、经济以及社会实践领域的深刻变化，也对传统观念和行政学理论产生强烈冲击。

1.3 新公共管理与行政创新

新公共管理始于20世纪70~80年代西方国家对全球化、信息化及知识化浪潮的应对，政府为了效仿市场、追求效率、提高管理能力而兴起了声势浩大的政府再造运动，即“新公共管理运动”（new public management movement），并产生了“政府再造”、“治理与善治”等有代表性的理论成果（欧文·E·休斯，2001；戴维·奥斯本和特德·盖布勒，1996）。从此，新公共管理成为世界各国公共部门管理及行政改革的代名词。中国自20世纪70年代末开始，也一直在进行行政权力格局和行使方式方面的探索，推动政府职能转变的实践，力图实现政府职能的现代化。

1.3.1 新公共管理的理论基础

新公共管理运动的基本理论基础主要源于现代经济学和私营管理学（陈凤菊，2015）。

新公共管理的经济学基础主要包括公共选择理论、委托代理理论和交易成本理论。公共选择理论是研究政府失灵的理论，即如果实行政府计划控制和统筹管理，存在很多缺陷，如官僚主义等；委托-代理理论是研究政府作为公众代理的理论，即政府帮助民众进行一系列活动，存在较大的信息不公平性，导致沟通不畅，并且代理机制会增加社会支出等；交易成本理论将政府与市场进行比较，认为市场竞争机制能够增加选择性、减少交易成本和基础成本。

新公共管理的管理学理论基础认为政府与私营部门的管理没有本质区别，处于市场环境中的私营企业的管理模式、方法以及原则也能用于公共部门管理且能提高效率。

1.3.2 新公共管理的主要思想

新公共管理是理论与实践的结合。从理论上看，新公共管理是政府为克服传统行政管理模式，重新审视公共部门管理与行政概念，对私营部门技术变革重新认识，对政府和社会之间的关系进行重新调整而形成的一个追求效率的行政管理机构。从实践上看，新公共管理是一种全新的理念，旨在通过具体实践提高政府工作效率，解决国家面临的政治、经济危机。

经过西方国家对新公共管理的研究与实践，再加上后人针对性的总结论述，新公共管理思想可以总结为以下几个方面：一是政府的管理职能应是“掌舵”而不是“划桨”。政府管理重宏观，起导向作用，微观管理与控制应该由地方政府或更多地由市场机制自行调节控制。二是政府服务应以顾客或市场为导向。重新定位政府职能及其与社会的关系，满足大众需求、促进服务质量提高。三是政府应广泛采用授权或分权方式管理。让地方政府有更多的机会了解人民的真实需求，从而能够针对民众需求及时做出响应。四是政府应在公共管理中引入进展机制。取消公共服务供给的垄断性，提高服务供给的质量和效率。五是政府应注重提供公共服务的质量、效率和效果。与传统公共行政只计投入不计产出不同，应关心服务效果，能够灵活应对不同情况和不同利益需求，主张资源配置与业绩联系起来（珍妮特 · V · 登哈特和罗伯特 · B · 登哈特，2004）。

1.3.3 新公共管理的代表理论：“治理与善治”理论

以“治理”为代表的新理论范式提出了多元的、自组织的、合作的和去意识形态的公共治理模式，成为一种新型的行政概念，即抛弃传统公共管理的垄断和强制性质，强调政府、企业、团体和个人的共同作用；不再单单指望政府去做什么和提供什么，而是希望政府能充分挖掘各种管理和统治工具的潜力；不要求政府整天疲于应付，而希望政府有自知之明，做自己应做和能做的事；不强求自上而下、等级分明的社会秩序，而重视网络社会各种组织之间的平等对话的系统合作关系（鲍勃 · 杰索普，1999）。综合起来就叫公共治理，这是一种多元的、民主的、合作的、去意识形态的公共行政。这种新型的行政就是“治理”式的行政。治理理论就是这种新型行政在理论上的新发展。

“治理与善治”理论是新公共管理运动产生的有代表性的理论成果之一。世界银行（WB）于 1989 年首次使用“治理危机”一词，并于 1992 年发布年度报告《治理与发展》；经济合作与发展组织（OECD）1996 年发布了《促进参与式发展和善治的项目评估》，首次正式提出了“善治”（good governance）的概念。由此，“治理”（governance）与“善治”（good governance）成为 20 世纪 90 年代以来西方学术界的主流之一（俞可平，2000）。“治理与善治”理论的核心思想是，注重国家、市场经济和公民社会或者政府、私人经济部门，以及非政府和非营利组织构成的三部门之间在管理社会事务提供公共服务方面建立起相互补充、彼此合作的伙伴关系。

一个“善治”的政府标准为：法治、责任、透明、参与、包容、有效。具体如表 1.1 所示。

表 1.1 “善治”政府的标准及其内容

标准	具体内容
法治（rule of law）	强调政府官员和公民都应依法行事，法律面前人人平等
责任（accountability）	强调政府官员和政府机构应对自己的行为负责
透明（transparency）	强调政治信息的公开性。政府应该通过各种传媒手段公布政府工作的有关信息，保证信息的自由流通，以便于公众获取有关信息
参与（participation）	强调公民社会组织和公民个人参与到政府的决策过程中，特别是利益相关人或组织的参与十分重要
包容（inclusiveness）	强调政府有关政策应能促进社会的平等和公平，而不应变成某一集团谋求私利的工具
有效（effectiveness）	强调公共管理的效益与效率并重

1.3.4 善治政府的特质

基于“善治”理论，结合信息和经济高速发展的时代背景，善治政府应具备的特质包括：法治、责任、公正、民主与服务导向。

1. 法治政府

公共管理理论认为，法治政府是指政府基于国家法律框架之下运行，并时刻受到法律的约束和支配的法制建设状态。法治政府，亦有人称之为法制政府，二者含义基本相同，但略有差异。法制政府是政府与法制的合成，没有建立法律制度的政府肯定不是法制政府。但法制政府只是处在法制层面的政府，尚未落实到实际运作之中。法治政府相对于人治政府，前提是有法可依。换言之，有了法制不等于政府就会自动遵守法制，需要政府和公务员来实施法治，即所谓依法行政。可见，法制政府的建立是法治政府运作的前提，法治政府又是法制政府建立、健全与发展的必然操作性要求。

建立法治政府的内在要求主要有两个方面：

首先，依法行政的权力来自法律，即公民的授权。政府不能自行设权，即便是由于行政需要创制行政规章，也必须遵循《中华人民共和国立法法》的要求；法律和规章对同一事项都有规定的，执法机关应当适用法律而不是规章。通过制定相应的法律规范，建立健全依法行政的制度体系，用以制约政府行为。

其次，必须用权力来制约权力。所谓“权力”，并非指大（上）权制约小（下）权，而是指法律化了的权力，依然必须依法行政。建立法治政府的目的，在于将全能的无限政府改革成为有所为和有所不为的有限政府，法治政府与法制政府是合二为一的整体，即使一个政府的法制高度完备，但如果仅仅依据法律治国，至多只是停留在法制政府阶段，还不是法治政府，因为决策者可以利用权力任意修改或变更法律、规避法律的约束甚至制裁。在一定条件下，法制政府与无限政府并无二致。有限政府则一定是法治政府，法治的功能在于防止和束缚不受制约的政治权力，改革无限政府，确立一个在权利、作用和规模上都受到法律严格制约的有限政府。

2. 责任政府

责任政府是民主政治时代的产物，是民主政治条件下对政府模式的一种行政理念上和制度上的定位。公共行政理论认为，责任政府是指能够对社会公众的要求积极有效地回应、认真履行政府的义务、能够承担法律责任的政府组织形式和行政模式（约翰·克莱顿·托马斯，2005）。责任政府最早起源于英国，之后为世界各国普遍认同并加以推广。尤其是在经济全球化与一体化的国际大背景下，政府责任问题成为世界各国普遍关注的焦点问题。

从广义的层面来看，责任政府意味着政府组织及其公务人员履行其在整个社会中的职能和义务，即法律和社会所要求的义务。在这里，行政的责任意味着政府的社会义务（social obligation）。社会义务不仅仅意味着政府正确地做事（to do thing rightly），即不做法律禁止做的事情，而且意味着政府做正确的事情（to do right thing），即做促使社会变得更美好的事情，而不做有损社会利益的事情。从这种意义上讲，当一个政府组织在履行了自己的义务时，我们可以说政府是有责任的。从狭义的角度来看，政府责任意味着政府机关及其公务人员违反法律规定的义务，违法行使职权时，所承担的否定性的法律后果，即法律责任。这种责任与违法相联系，意味着国家对政府机构及其公务人员违法行为的否定性反应和谴责，这是一种消极责任。从这种意义上讲，当政府机关对其违法行为承担法律后果时，政府责任便得到最低限度的保证。

3. 公正行政

公正行政对提高行政行为的可接受性具有重要的法律意义，也是稳定社会秩序和提升政府在国家现代化进程中应有权威的需要。

公正行政是确保行政机关行使行政权力的过程及结果可以为社会一般理性人所认同、接受需要遵循的基本原则。这里的“公”要求行政机关行使行政权以无偏私为要旨，天下为公，没有私利。但是，由于这种状态是由人们的主观判断获得的结论，具有较强的主观性，因此，行政公正是一个主观性的法律原则。“正”要求行政机关行使行政权时对所有人一视同仁，它是宪法上的平等原则流向行政程序法的通道。因此，行政机关应当在行政公正原则下行使行政权。

具体而言，公正行政的意义在于：

一是公正行政能够树立行政机构的权威。决定行政机关权威的因素不是行政机关拥有的行政权力大小，而是它行使行政权的公正性。树立行政机关威信的基础是公民对其行政权的普遍认同与服从。当行政机关行使行政权发生困难时，公民就会主动给予协助，少数公民的反抗行为也可能会在公众舆论的压力下转向认同和服从行政权。

二是公正行政促进现代社会的稳定。社会稳定是现代社会发展的一个基本前提条件，因此它构成了国家基本政策的核心。在以行政机关为主导的现代社会中，行政构成了行政机关联结公民的基本媒介，直接影响着行政机关与公民之间的关系。这种关系的实质是国家行政权力与公民权利之间的法律关系，它构成了稳定社会的基石。

三是公正行政有利于培植公民的法律信仰。法律信仰是指公民对法律的认同与尊重，并自觉将法律作为自己行为的准则。公民的法律信仰不是与生俱来的，而是后天逐步形成的。在这个过程中，国家权力是否合法、公正地行使，对公民能否形成法律信仰起着决定性的作用。行政机关的行政权全方位、多层次地与公民发生法律关系，是现代社会中国家权力的中心。它的公正行使对公民自觉遵守法律具有不可替代的说服力。

4. 民主政府

民主政府有三层含义：一是民主体现的是多数人或全体人民的意志和利益；二是民主指社会公共权力充分地、真实地体现民意、代表民意和表达民意；三是民主不仅表现为一定的以法律为依据的政治制度和政治机制，还表现在这种制度和机制的政治发展过程中，即表现为一种制度建构。

新公共管理理论认为，当代政府民主治理模式正从代议制民主向参与式民主转变（约翰·克莱顿·托马斯，2005）。在新公共管理论者看来，代议制民主强调的是一种消极的、被动的公民参与理念，而这种理念正被现代民主理念所倡导的强大的、更具独立性的公民参与观念所取代。普通公民具有“积极的公民资格”和“强烈的公民精神”，是在公共事务管理中富有活力和富于创新的部分，并且，伴随着强大的公民社会的发展，来自草根社会的公民组织在政治民主生活中已经显现出越来越重要的作用。因此，新公共管理论者主张：一是开启畅通的沟通和参与渠道，建立公民和政府之间有效的互动机制；二是政府应该更多地授权给公民组织，采取协议、契约和志愿者等方式，由公民自身直接提供某一方面的公共服务；三是让公民与政府联席、合作解决某些重大问题，分担政府的公共事务管理职能；四是公民监督、控制公共部门提供公共服务的质量状况，与政府共同改进公共服务的品质标准。即使价值标准的差异普遍存在，新公共管理理论的核心理念也日益被当代各国政府所接受并付诸实践。

5. 服务型政府

建设服务型政府不仅意味着管理理念的根本变革与政府管理模式的重新解构，更是适应社会发展的现实需要，深化行政管理体制改革的必然选择。所谓服务型政府，是指具备现代服务理念和能力，能够满足社会公共需求，提供充足、优质公共产品与公共服务的现代政府（简·E·芳汀，2004a）。

新公共管理的理论基点是管理的自由化和市场化，即强调要分权和解除规制，使管理过程如预算、人事、采购等合理化。“在管理的思路上引入市场机制以改进竞争；在管理的原则上坚持产出和绩效取向；在管理的方式上引进私营部门的管理工具（如成本核算、控制技术等）。总之，通过改革，将政府公共管理导向市场化。”（戴维·奥斯本和特德·盖布勒，1996）新公共服务理论认为，公共行政官员在其管理公共组织和执行公共政策时应该集中承担为公民服务和向公民放权的职责，他们的工作重点既不应该是为政府航船“掌舵”，也不应该是为其“划桨”，而应该是建立一些明显具有完善整合力和回应力的公共机构。新公共服务理论主张用一种基于公民权、民主和为公共利益服务的新公共服务模式来代替旧公共管理基于经济理论和自我利益的主导行政模式。

1.3.5 政府管理创新实践

当代世界各国进行了各具特色的政府管理创新实践以及行政改革（政府再造），其背后有着深刻的社会、政治、经济以及文化等方面深层次的原因，包括生产者向顾客社会转型、财政状况恶化造成的巨大社会压力、经济全球化、社会公共问题与政府不可治理性的增加等。在此过程中，新公共管理运动理论和实践活动相互推动、相互联系。

1. 政府机构精简

在各国的中央政府中，美国联邦政府是规模最为庞大者之一，公务员达 320 万人。1997 年，美国总统克林顿宣称：“大政府的时代已经结束，美国联邦政府致力于缩小政府机构，强化治理功能（less and better governance）。”（彼得斯·B·盖伊，2003）几年来，美国联邦政府力求改变其组织机构为“扁平化”形态（net organization），已裁减公务员 27 万人（简·E·芳汀，2004a）。

日本在第二次世界大战后，经济的振兴与政府机构的膨胀齐头并进。日本政府于 1997 年推出了“迎接新世界挑战革新行动计划”。两年间，各省厅的局由 128 个减至 90 个，削减 4%中央政府人员（季风，2012）。由此可见，精简政府机构与人员虽是美国和日本等国家多年来反复做的一件事，但的确是被各国政府一致认同的选择。更值得注意的是，它对政府组织的深层影响，致使公共领域的架构几乎发生了翻天覆地的变化。

2. 公共事务“民营化”

不少先行的市场经济国家正在迈出公共事务民营化的一步，力图跳出政府“什么都想管，什么都想做”的困境。民营化的概念最早起源于英国前首相撒切尔夫人1979年的“公营事业民营化”的“新自由主义”主张（萨瓦斯，2003）。各国对此产生很大反响并纷纷效仿。部分公共产品与公共服务从由公营部门提供转移到由民间提供，旨在增加社会参与感、减轻政府负担，以在减少成本、提高效益的基础上成为更好的政府。

由于公共服务呈现出多样化与差异化的特点，因此，能获得民间企业提供服务的种类从大规模共用事业，如地铁和公交线路的经营，医院、公园和老人机构管理的委托，到教育、培训项目的承包等，可谓五花八门。具体做法有：签约发包（包给民间公司办理）、公有民营（政府拥有所有权，民间拥有经营权）、公民合营（成立财团法人与民间公司共同经营）、完全民营（完全交给民间公司经营）、诱导转助（政府诱导民间受理）等。

3. 塑造“企业精神政府”

长久以来，各国政府在公共服务的提供上具有独占性和垄断性，无竞争对手与竞争压力，导致员工不思进取。相反，企业却因具备彼此高度竞争的机制能永葆活力。当民众要求政府在有限资源条件下提供更多高品质的公共服务时，美国等不少国家开始努力塑造具有“公共企业精神”的政府。这并非想把政府变为一个超级大企业，而是将“顾客至上”、“注重效率”、“激励竞争”、“鼓励创新”、“注重绩效”的企业精神与理念注入政府组织，以“活化公共管理”，“重塑”一个精干、强能、高效的新政府（Osborne & Gaebler, 1992）。

4. 推行“社区主义”

早在20世纪80年代末期，欧美针对公共行政所面临的时代危机，提出了“公民参与”，包括“参与管理”、“参与行政”的“社区主义”的重要主张，组建以公民参与为核心的公共管理新框架(约翰·克莱顿·托马斯，2005)。面对公民对政府信任度不断下降的趋势，不少国家对政府、市场与社区的角色重新定位，特别是把传统政治学、行政学很少讨论的“社区”（community）概念，视为设计未来公共事务治理模式的关键因素。由此“社区主义”在欧盟国家几乎已成为拓展公共管理领域的新思潮。美国前总统克林顿鉴于政府资源的日益匮乏，主张政府应充分利用社区资源实行公共利益目标。这就是欧美各国领导人所提倡的“第三条路”（中间路线）。该路线力图通过公民自理社会问题能力的提高，降低对政府行政的过高期望，减缓日益复杂的公共问题所导致的政府与民众的紧张关系，形成政府与公民“双赢”的局面。

由此，公民参与已成为当代公共事务管理的一种新时尚，“社区”在政府难以解决的无数繁难公共问题方面却具有独到的优势。例如，通过警察与社区居民的合作形成坚强的犯罪防护，不仅节省了政府警力资源的投入，更能增加社区民众的安全感。又如，传统处理公共政策议题的层级常常是在中央或省政府，社区主义治理的模式则强调自下而上地参与，使公共政策的制定更能符合民众最直接的需求，使公共政策的实施更能被公民所接受。

实践证明，一个理想的现代公民社会应建立在“政府”、“市场”及“社区”三足鼎立的基础之上。这三者以相互信任为前提，在依赖与制衡的互动关系中，找到各自的理想定位。李光耀致力于建立“新加坡人的社区主义”，以使社区所有成员包括政府、民意代表、市民等在公共论坛中都能理性地表达本方的意见、耐心地倾听他方的意见，并在社会系统中彼此增加充分的理解。“新加坡人的社区主义”试图通过忠诚、信任、信仰、信用、合作、互惠，以及非利益性的相互扶持，营造社会的凝聚力。在各国普遍存在民众的期望与政府目标的执行能力间存在严重落差的情况下，新加坡政府成功地以社区主义推崇公民对公共事务的参与，这既有利于重建政府与民间的信任关心，又有利于整合国家与社会的总体资源以创造“双赢”的局面。

5. 网络化治理

网络化治理（government by network）指在民主协商的基础上，通过政府、企业、社会组织与公民的合作，共享资源和信息，共同达成治理目标的过程（姜奇平和汪向东，2004）。美国哈佛大学肯尼迪政府学院的简·E·芳汀（Jane E. Fountain）教授在《构建虚拟政府：信息技术与制度创新》（*Building the Virtual State: Information Technology and Institution Change*）一书中阐释了美国政府部门通过怎样的变革以充分发掘信息技术的潜力，进行网络化治理的途径与方法。芳汀认为，进行网络化治理的真正挑战不在于构建电子政务的技术能力，而在于克服政府内部根深蒂固的组织性分歧和政治性分歧（简·E·芳汀，2004b）。

毋庸置疑，网络化治理既是公共管理现代发展的新趋势，也是政府行政的必然选择之一。网络化治理的发展有着深刻的社会背景，主要有三个方面的原因：一是市场利益主体需求的多样化是网络化治理形成的关键因素；二是“碎片化政府”的缺陷是网络化治理的内生动力；三是信息技术的进步，使网络化治理具备了所需的技术条件，也是IT使能作用的体现。

网络化治理包括一个网络领域所有参与网络的行动者，他们具有相互依赖的利益，努力寻求在集中的、非层级节制的层次上，通过集体行动解决问题。因此，网络化治理代表的不仅仅是一种全新的分析工具，更是一种挑战传统政府制度的治理模式，代表着治理主体、治理工具、治理结构和治理机制的深刻变迁。

社会的巨大变化既让网络化治理成为可能，也让网络化治理成为必需，通过网络化治理能够产生实质性的社会效益。当然，在网络化治理实施前，政府需要将能够实现公共价值理念的组织机构和资源整合到服务大众的供应链之中。网络化治理综合考虑了政府层面与非政府层面有关治理的众多用法，它对当前公共治理的发展路径做出了很好的预示。当然，作为一种全新的治理模式，其走向成熟与完善需要一个过程，在当前的理论研究与实践操作中仍面临着许多矛盾和困境，例如网络治理的界限、政府的角色定位、合法性与责任性的张力、网络治理的绩效评估、官僚制与后官僚制的冲突，这些仍需要我们进一步研究与成熟规范。

1.4 电子治理

1.4.1 信息化

信息化的概念是由日本学者于 20 世纪 60 年代提出来的，而后被译成英文传播到西方，西方社会于 20 世纪 70 年代后期开始普遍使用“信息社会”和“信息化”的概念(伊藤阳一，1994)。而从 20 世纪 90 年代以来，伴随着信息技术，特别是网络技术的飞速发展，信息化成为各国普遍关注的一个焦点。信息化是当今世界经济和社会发展的大趋势，信息化程度已成为衡量一个国家现代化水平和综合国力的重要标志。

信息化是指在国民经济各部门和社会活动各领域中普遍应用先进的信息技术，培育、发展以智能化工具为代表的新的生产力，使之造福于社会，从而极大地提高社会劳动生产率和工作效率，并改善人民的物质和文化生活质量的历史过程（王旭东，2008）。

1.4.2 政府治理

西方语境中的“治理”（governance）理念是对传统“统治”和“管理”理念的扬弃，主要意味着政府分权和社会自治（参见 1.3.3 节）。工业化、城市化、市场化、民主化、开放化、多元化等现代性因素及其交织形成的复杂关系，强调要在政府的主导之下实现国家治理思维体系、话语体系和制度体系的综合“大转型”，要从政府单一主体管理变为民主、参与式、互动式的多元主体治理。

20 世纪 90 年代以来国内学术界也对治理理论和实践开展了研究，并随着研究的深化发展，治理理论逐步本土化，与西方治理理论有所差异。党的十八届三中全会《中共中央关于全面深化改革若干重大问题的决定》指出，全面深化改革的总目标是“完善和发展中国特色社会主义制度，推进国家治理体系和治理能力的现代化”。为此有必要对我国国情语境中的政府治理的基本内涵进行研究。

中国传统政治思想中，国家治理通常指统治者“治国理政”，即治理国家处理政务。根据中国共产党人对于马克思主义国家理论的运用和治理国家的政治实践，尤其根据改革开放和 21 世纪以来中国共产党人的“国家治理”理论运用和政治实践可知，国家治理的基本含义就是在中国特色社会主义道路的既定方向上，在中国特色社会主义理论的话语语境和话语系统中，在中国特色社会主义制度的完善和发展的改革意义上，中国共产党领导人民科学、民主、依法和有效地治国理政（王浦劬，2014）。

在中国政治话语和语境中，政府治理概念是一个与我国国情相适应的概念，其基本含义逻辑地基于国家治理的基本含义而形成。从一般意义上讲，政府治理是指政府行政系统作为治理主体，对社会公共事务的治理。就其治理对象和基本内容而言，其包含着政府对于自身、对于市场及对于社会实施的公共管理活动。

1.4.3　电子政务及其相关概念

历史地考察电子政务及其相关概念的产生和发展，可以发现，其伴随着信息技术的进步和政府职能变革的双重轨迹。首先，信息通信技术进步是电子政府实现的技术依托。20 世纪 60 年代开始萌芽发展的新兴信息技术——电子计算机，与 20 世纪 90 年代初开始普及的通信科技——国际互联网相结合，革命性地改变了人类社会获取信息的方式和效率，从而使得人类长久以来一直寻求的打破政府管理中的“信息孤岛”成为可能。其次，政府职能改革是电子政府实现的内在动力。20 世纪 70 年代以来席卷全球的政府改革运动具有鲜明的管理主义倾向，它的出发点在于改善政府绩效，进一步强调改造和创新政府，通过将私营企业的管理方法广泛应用于政府管理，建立一个顾客导向的“市场化”、“企业化”的政府，这种改革取向的内在驱动与信息技术相结合就催生了电子政府这一新的政府管理形态（刘伟，2008）。

电子政务及其相关概念简要阐述如下：

“政府信息化是指为了适应信息时代的到来，运用信息技术、通信技术、网络技术以及办公自动化技术等现代信息手段，对传统的政府管理和公共服务进行改造，从而大大提升政府管理的有效性，满足社会以及公众对政府公共管理和公共服务的期望，促进社会经济的发展。”（汪玉凯，2002）政府信息化，是相对于国民经济信息化、社会信息化、企业信息化等工作常用的一个概念，是国家信息化体系建设中的关键。

“电子政务是在信息时代政府在国民经济和社会信息化的背景下，运用现代信息技术手段，实现政府组织结构和工作流程的优化重组，超越时间、空间和部门分隔的限制，建成一个精简、高效、廉洁、公平的政府运作模式，以便全方位地向社会提供优质、规范、透明、符合国际水准的管理与服务。”（侯卫真和于丽娟，2004）电子政务，实际上是政务工作信息化，是电子政府的动态运行过程与活动方式（汪玉凯，2002）。政务，是政府为了履行其职能而进行的事务性工作，一般泛指政府行政领域的活动，其内容主要包括行政办公、政府管理、社会服务、行政决策等活动。在中国特定的管理体制下，国内电子政务范围更加广泛，既包括各级行政机关的政务工作信息化，也包括党和国家权力机关、司法机关、政协等机构的政务工作信息化，因此在实际理论研究和实践工作中使用较多。

电子政府，也称电子化政府或电子网络政府，是实体与虚拟（数字化）相结合的跨平台政府形态，是一个理想化的目标（汪玉凯，2002）。电子政府将实现的是扁平型网络结构、分权化、无缝隙的政府，这就意味着公众参与、公众政府的互动、责任政府等，超越了电子政务提供政府管理和服务的范围，具有民主政治的要素（冯海荣，2013）。

1.4.4　信息化、电子政务和政府治理的关系

20 世纪 90 年代以来，随着信息技术的迅猛发展，人类社会从工业时代进入网络社会与信息时代。伊莱恩（Elaine Ciulla Kamarck）和约瑟夫·奈（Joseph Nye）在分析 21 世纪政府变革的趋势时指出，未来政府变革必须放在三个相互关联的时代潮流，即全球化、市场化和信息化的大背景下加以考察（Kamarck et al., 2002）。信息时代社会瞬息万变，新事物、新问题层出不穷，经济社会的发展速度不断加快，对政府的管理模式提出了新的要求，传统的政府管理模式已经难以满足社会与经济发展的需要，促使其深化改革、转变自身职能；另一方面，计算机信息技术的发展，改变了人类的交往方式和时空概念，为公共管理和治理理论的实践提供了新的手段和机遇。

政府治理绩效的高低，不仅取决于其治理理念是否正确、治理制度是否科学，还取决于治理方式是否先进、适当和有效。治理方式和治理职能是工具与价值的关系，政府治理方式是政府实现其治理职能和任务的重要凭借。

就信息化、电子政务和政府治理的关系而言，信息化既成为政府治理所处的外部环境，又成为政府治理可以凭借的重要手段，而信息化对于政府治理的影响主要是通过电子政务实现的(易承志，2009)。可以说电子政务是信息化时代政府治理的必然选择：从世界范围看，电子政务从诞生之初就被赋予强烈的“政府再造”工具属性；近年来世界各国纷纷提出了具有战略意义的电子政务（政府）发展计划，希望利用信息技术手段大幅提高政府效率和服务质量，推进政府部门办公自动化、网络化、电子化、全面信息共享已是大势所趋。一方面，电子政务是政府管理创新的有效途径。电子政务对政府管理的理念、政府的治理结构、政府程序和工作流程、政府政策的制定都会产生巨大的影响，电子政务是一场深刻的政府管理模式革命。另一方面，政府管理创新是电子政务发展完善的动力。政府管理创新注重研究如何

建立高效行政管理体系和运作模式，其成果为电子政务建设和发展提供了根本依据和重要动力。作为技术创新的新生事物的电子政务，不仅需要成熟的、系统化的信息技术，更需要充分的知识理论准备、开拓进取的思想观念以及政府结构变迁、业务重组、公务员队伍行动一致的意志品质，等等。这些要素条件，与电子政务实施的可行性相关，往往决定了电子政务建设的成败。

正是基于电子政务对政府治理的现实功用与推广潜能，很多发达国家把电子政府建设与行政改革并举，取得了较好效果。电子政务成熟度较高的国家，都制定了明确的电子政务规划。美国于 1993 年制定了《美国国家基础设施行动计划》，1994 年又提出了《政府资讯科技服务远景》，确定了美国联邦政府推动电子政府建设与行政改革结合发展的总体目标，2002 年又制定了《电子政务法》。欧盟制定了《信息社会行动纲领》，对未来社会变革中政府信息化发展做了周密的安排。英国于 1996 年颁布了《直接政府绿皮书》，对电子政务在公共服务中的地位和作用做出系统规划，并提出了近期和远期目标。在应对国际金融危机时期，美国、欧盟和英国再次更新了各自的电子政务发展战略，明确要求电子政务建设与政府能力建设紧密结合，以推动政府管理决策的科学化和现代化。这些国际先进经验既为我们的实践操作提供了可资借鉴的模式，同时也进一步凸显了我国在政府改革大框架下筹划电子政务发展的紧迫性（中国行政管理学会课题组，2011）。

1.4.5　电子治理的基本内涵

目前我国对政府信息化或电子化政府采用的研究词汇多为“电子政务”，随着信息技术的发展以及政府管理的变革，“电子治理”也成为研究热点词汇。电子治理作为一种全新的治理模式，对于适应网络化时代我国政府管理模式创新具有重要的现实意义。

随着全球化、信息化和知识化的发展，人类社会面临着前所未有的社会问题和公共危机，使得单单依靠传统的政府管理已经无法应对，在这种情况下，治理理论也随之发展，从自主治理理论到多中心治理理论，再到适应性治理理论。信息通信技术通过提供在线讨论组和提升弱势群体的效力等多种途径，促进了公民在各级政府治理过程中的广泛参与，电子治理由此初露端倪。

电子治理与治理理论一脉相承，强调采用信息技术作为手段或方式实施公共治理活动，实现公共治理目标。电子治理不仅仅是电子技术与治理理论的简单结合，而是涉及政府服务理念的更新、组织结构的优化、管理模式的创新等政府运行机制和管理体制各个方面（张艺华，2011）。按照第二十六届国际行政科学会议解释，电子治理不是信息通信技术（ICT）在公共事务领域的简单应用，而是一种更多地与政治权力和社会权力的组织与利用方式相关联的“社会-政治组织及其活动”的现代化方式，电子治理涉及公众如何影响政府、立法机关，以及公共管理过程的一系列活动。电子治理作为一种治理理念，强调以人为中心、公民广泛参与、行政公开透明、政府与公民互动、公共部门与私营部门合作等，它是一种不同于传统管理体制和机制的新的治理模式（孔繁玲，2006）。电子治理的发展将改变行政组织结构、行政方式和行政程序。行政组织将由传统的相对封闭的科层制逐步发展为透明的网络状结构，能及时为公民全面发展提供优质、高效的服务。电子治理的本质是对政务流程的再造，即选用信息技术和其他相关技术，来构造更适合信息时代的政府结构和运行方式，它为实现政府职能转变和管理方式的重大创新提供了巨大的技术支持（刘邦凡和覃思思，2007）。

关于电子治理（国际上称 e-governance，或 digital governance，即数字治理）的概念，Marche 和 McNiven 认为它是“一种以技术为中介，通过实现公众交流、政策演变以及公众意志的民主化表达等（行为或过程）的电子化，而构建的公民与政府间关系”，在这个关系中，“公众在政策层面上的适当参与将被纳入进来，而技术将对这种参与的形成产生影响”（Marche & McNiven, 2003）。Kettl 认为：如果有适当的原则、目标、计划和体系机构的支持，电子治理将发展为参与型管理过程（Kettl, 1993）。Sriramesh 和 Sánchez 指出，电子治理的参与主体与电子政府并无不同，但无疑是对电子政府作用的完善和更高要求，如果从电子政府是电子治理初级阶段角度来考虑，电子治理概念应当包含不同程度的发展阶段，因此应当有一个比较宽泛的概念（Sriramesh & Sánchez, 2006）。

综上所述，电子治理是信息通信技术起着显著作用（辅助或替代现实治理）的治理过程，它是将理想化的善治模型置于网络化、数字化环境下的一种治理方式和途径，是电子政务发展的新阶段（刘伟，2008）。

1.4.6　电子治理：电子政务发展演进的新方向

从电子政务的定义和内涵可以看出，作为对传统的官僚政治体制自上而下的管理、等级式通信的救治对策，电子政务最显著的特征就是将政府的管理和服务借助信息手段集成，运用信息与通信技术（ICT），打破行政部门的组织界限，改进行政组织，重组公共管理，将政府的信息发布、管理、服务、沟通功能向互联网上迁移，实现政府办公自动化、政务业务流程信息化，以此实现更高效、更廉洁务实的政府监管和服务（刘伟，2008）。从内容上看，电子政务一般被认为包括电子行政和电子服务两个方面。电子行政（e-administration）着眼于政府内部，是指将现代信息技术整合到政府管理中去，利用信息通信技术完成信息加工，以改善政务活动过程中政府部门内部工作。它主要立足于简化和规范行政程序，通过网上办公提高政府办事的效率和透明度，克服以往的部门分割和时空限制造成的管理低效，推动政府决策质量和社会服务能力的提升。而电子服务（e-services）侧重于外部，主要是指“改进公共服务的提供，在政府间信息共享和向社会公开信息资源的过程中，逐步扩大网上审批、查询、交费、办证、咨询、投诉、求助等服务范围，不断提高政府的公众服务能力。它的目标是建立一个跨越时间、地点、部门边界的全天候的政府服务体系”（陈祥荣，2005）。可见，在电子政务发展的初期，它被赋予了浓重的工具理性主义的色彩，这一方面极大地促进了电子政务的发展，使其成为政府再造的重要工具，但另一方面也构成了电子政务公共行政中工具理性与价值理性的紧张。

而随着治理理念和协商民主理论的兴起，在发展过程中，电子政务概念不断扩展、理论不断演进，向着电子治理这一新的治理范式转变，可以说电子治理的基本目标是实现对电子政务的超越。电子治理是内化了治理与善治理论精髓，较电子政务更多地引入对价值理性的追求，一定程度上消解了电子政务工具理性倾向。从电子政务发展到电子治理，关键是实现公民参与方式的转变和参与程度的不断深入，其过程大体可划分为三个阶段：第一个阶段是政府主导的单边关系阶段，以提高政府绩效为中心；第二个阶段是政府与公民平等的双边关系阶段，以顾客服务为中心；第三个阶段是公民主导的双边伙伴关系阶段，以公民参与为中心。

电子治理与电子政务相比较而言：电子政务更强调政府为主体、政府管理和服务范围内的虚拟政府活动，而电子治理则强调民众、社区、企业和政府部门等多元主体共同补充和合作，虽然政府仍然是治理的核心主体，但非政府组织（NGO）以及社区自治组织等在电子治理中的作用也不可忽视；电子政务更关注如何利用技术手段和优化业务流程为政务信息和活动提供服务，而电子治理则更关注如何利用技术和公众参与改造政府运作方式，达到更民主的政策制定、执行、评估等演化发展；电子政务是从政府角度考虑如何利用信息技术实现政府目标，提供更好的服务，其出发点和视角即政府导向，视组织成员和公众为其管理的对象和客体，而电子治理是公众需求导向，强调政府的开放性，更加关注社会公众参与的广泛民主行政。

第二章　中国政府管理创新实践

2.1　政府管理创新

2.1.1　改革开放以来的行政体制改革

改革开放以来，我国政府在深化经济体制改革的同时一直努力探索建设具有中国特色的行政管理体制，先后进行了多次比较集中的行政管理体制改革，产生了深刻的影响，例如 1988 年首次提出的“转变政府职能是机构改革的关键”概念、2003 年提出“逐步形成行为规范、运转协调、公正透明、廉洁高效的行政管理体制”目标等，直到现在仍然是我们面临的重要任务。

从实践来看，行政体制改革、政府机构改革和经济体制改革是一种相辅相成的关系。同时，行政体制改革、政府机构改革也是一个逐步深化的问题，不可能一步到位。行政体制改革、政府机构改革的艰难性主要表现在三个方面：一是行政体制改革、政府机构改革是一种权力管理、权力格局的重新调整和分配，绝不仅仅是机构、人员、数量的增减；二是在权力关系、权力格局调整的后面，隐藏的是利益关系、利益格局的重新调整分配；三是行政人员职业分流会遇到很大阻力。

经过不断探索实践，我国总体上已形成基本适应发展社会主义市场经济和建设中国特色社会主义事业需要的行政管理体制，但仍面临着内部和外部重重阻力和阻碍。因此，不断深化行政管理体制改革、促进政府管理创新势在必行。

2.1.2　政府管理创新的主要目标和趋势

政府管理创新，主要是指政府机构通过不断转变管理职能、改进工作方式、优化运行机制、重造业务流程、提高技术手段和增强自身能力而提高政府工作的效率、效益、效果的创造性活动（郭锐和赫郑飞，2011）。政府管理模式是与特定的政治、经济、文化、社会环境相适应的政府管理体制及其制度安排。政府管理创新是现代政府的一项重要职能，是政府适应行政环境变化而保持自身生机与活力的重要途径。中国共产党第十八次全国代表大会（简称中共十八大）报告中明确提出要深化行政管理体制改革，并指出政府管理创新是行政管理体制改革的重要任务。2015 年国务院政府工作报告中提出的“四个政府”是新常态下政府工作的方式和状态的新要求，符合现代政府管理的基本属性。政府管理创新属于政治改革范畴，具有价值理性，但其直接目标是改善国家治理，也具有工具理性。

1. 政府管理创新的主要目标

从我国以及世界各国的政府创新实践来看，我们可以清楚地看到政府管理体制改革创新及现代政府建设的九个主要目标（俞可平，2008）：民主、法治、责任、服务、优质、效益、专业、透明、廉洁（表 2.1）。在上述九个目标中，法治政府、责任政府、服务政府、效益政府、透明政府、廉洁政府，已经明确地写进了党和政府的文件，成为我国各级政府的施政要求。

表 2.1　政府管理创新和现代政府建设的主要目标

目标	具体内容	是否明确写入文件
民主	提高决策和管理过程的民主性	否
法治	提高政府立法质量，推进依法行政	是
责任	主动尽责，积极回应公民诉求	是
服务	强调服务意识，突出公共服务职能	是
优质	提供优质的公共产品、公共服务和公共管理	否
效益	提高行政效率，降低管理成本，建设低成本政府	是
专业	政府管理职业化，技术官员和职业政治家队伍开始形成	否
透明	政务信息公开性，保证公民的知情权	是
廉洁	官员奉公守法，清正廉洁	是

（1）建设法治政府。建设法治政府，要努力提高制度建设质量，使之符合宪法和法律规定的权限和程序，充分反映客观规律和最广大人民的根本利益。建设法治政府，要求法律、法规、规章得到全面、正确实施，法制统一，政令畅通，公民权益得到切实保护。建设法治政府要求行政机关及其工作人员按照合法行政、合理行政、程序正当、高效便民的要求，依法决策、依法管理、公正执法、奉公守法。

（2）建设责任政府。政府的一切权力都是人民赋予的，必须对人民负责，接受人民监督。各级政府及其官员不仅要在公民对其提出正当要求时做出及时的回应，更要积极主动地、创造性地履行其法定职责，牢固树立责任感，自觉承担起自己的责任。有职须有权，有权必有责，用权受监督，违法受追究。

（3）建设服务政府。建设服务政府是以民为本、执政为民的政府宗旨的职能化、制度化。建设服务政府要求各级政府从管理型政府走向服务型政府。各级政府要转变职能，不断强化社会服务职能，通过提供更多的公共产品和公共服务来为市场主体服务，为公民服务。各级政府要逐步放松对社会经济事务管理和公民私人事务的管制，为市场调节、同业自律和社会自治创造便利条件。

（4）建设效益政府。效益政府是高行政效率、低管理成本、社会效益显著、民众真正受益的政府。建设效益政府首先要求各级政府及其官员牢固树立成本意识和节约意识，追求“低成本政府”，以最少的投入取得最大的效益。建设效益政府要求改革党政领导干部政绩考核评价机制，建立现代公共财政体制，从制度源头上杜绝“政绩工程”、“形象工程”、“文山会海”和各种铺张浪费现象。

（5）建设透明政府。透明政府的实质是政治信息的公开性和公民的政治知情权。政府的透明程度直接关系到政府决策的科学化和民主化，关系到公民有序的政治参与，关系到政府自身的廉洁。建设透明政府要求各级政府及其官员改变封闭、神秘的决策方式，建立开放的、参与式的决策机制，使决策充分反映人民群众的要求和意愿。

（6）建设廉洁政府。廉洁政府是现代政府追求的基本目标。廉洁政府要求政府官员奉公守法，清正廉明，不以权谋私，不设租寻租。廉洁政府首先是一种有限政府，政府的职能是有限的，政府的权力受到法律的限制，官员依法用权，自由裁量权有限。建设廉洁政府要求建立决策权、执行权、监督权适度分离相互制约的机制，建立结构合理、配置科学、程序严密、制约有效的权力运行机制，完善权力监督制约机制，加强对权力的监督和约束。

2. 政府管理创新的趋势

从更加长远的角度看，所有这些目标，都体现了政府改革创新的以下五个必然趋势（俞可平，2008）：

（1）从管制政府走向服务政府。服务政府的基本意义，是增进和维护公民的公共利益成为政府管理的主要职能，政府主要通过对公民的服务而不是管制来维护自己的执政地位。随着民主政治的发展和执政水平的提高，政府管理中管制的成分正在日益减少，而服务的比重则日益增多，建立服务政府已经成为政府管理体制改革创新的重要目标。在某种意义上，政治现代化和民主化的过程，也是一个从管制政府不断走向服务政府的过程。

（2）从全能政府走向有限政府。随着公民社会的逐渐壮大，它与政治国家之间的界限就会日益明显，这就为政府权力设定了一个基本的边界和范围。政府将日益被严格要求在宪法和法律规定的边界内行动，而不能越过这一边界。政府如果管了不应该管的事，是对公民权利的侵夺，是严重失职；如果政府没有管应该管的事，造成公民利益的损失，就是对公民权利的侵犯，也是一种严重失职。

（3）从人治政府走向法治政府。摆脱人治，建设法治政府，是现代民主政府的基本要求。法治的基本意义是，法律是公共政治管理的最高准则，任何政府官员和公民都必须依法行事，在法律面前人人平等。法治的直接目标是规范公民的行为，管理社会事务，维持正常的社会生活秩序，但其最终目标在于保护公民的自由、平等及其他基本政治权利。从这种意义上说，法治与人治相对立，它既规范公民的行为，但更制约政府的行为。

（4）从集权政府走向分权政府。不断地还政于民，让公民享有更多的政治权力，更多地参与社会公共生活的管理，是政府改革的正确方向。从集权走向分权，是扩大公民的政治参与，将国家权力还给社会的基本途径。从集权走向分权，至少有三个方面的意义：一是从政府向民间分流；二是从中央向地方分流；三是从政府向市场分流，即政府向企业放权。

（5）从统治政府走向治理政府。治理的实质，是政府与公民对政治生活的合作管理。政府管理活动中统治的成分日益减少，而治理的成分日益增多，这既是民主政治发展的要求，也是执政水平提高的反映。在公共管理活动中多一些治理的成分，少一些统治的成分，意味着公民与政府有更多的合作，意味着有更多的公民参与到国家的政治管理活动中来，从而也就意味着民主程度的提高。不仅如此，政府从更多的管理领域中撤出来，让社会组织或公民自己去管理，这也会减少许多行政管理的环节，实质性地降低政府管理的成本，从根本上提高政府管理的效益。因此，不断地从统治走向治理，努力促使政府从统治型向治理型转变，这是政府创新的根本方向。

2.2　服务型政府建设

2.2.1　服务型政府的内涵与特征

如前所述，20 世纪 80 年代以后，在“新公共管理运动”、“重塑政府”浪潮下，出现了“服务型政府”的理论和实践。

1. 服务型政府的内涵

中共十七大明确提出了服务型政府的建设要求。在我国政治语境中，服务型政府既是一个历史范畴，又是一个全新概念。服务型政府广义上可以理解为包括责任政府、法治政府等内涵的根本目标，因为政府的全部职能在一定意义上都可以归纳为服务职能，如中共十八大提出的“要深化行政体制改革，建设职能科学、结构优化、廉洁高效、人民满意的服务型政府”；狭义上主要强调政府提供更多更好的公共服务和公共产品的某一方面职能，如第十二届全国人民代表大会第一次会议上要求“建设服务政府、责任政府、法治政府、廉洁政府，充分调动人民积极性”。

服务型政府是指一种在公民本位、社会本位、权力本位理念指导下，在整个社会民主秩序的框架下，通过法定程序，按照公民意志组建起来，以全心全意为人民服务为宗旨，实现着服务职能并承担着服务责任的政府（珍妮特 · V · 登哈特和罗伯特 · B · 登哈特，2004）。

2. 服务型政府的特征

广义上的服务型政府具有公共性、服务性、有限性、有效性、法治性、责任性、公平性、透明性、精干性等特征（中国行政管理学会课题组，2005）。

（1）服务型政府具有公共性，是公共政府。公共政府理念是现代公共管理理念的核心。服务型政府具有公共政府特征，意味着服务型政府必须正确处理国家与市场的关系、政府与公民的关系，政府的作用范围严格限定在公共领域；在公共领域之外，是不受国家权力和政府权力直接干预的、只受市场规则支配和法律规范制约的私人领域，即市场领域和公民领域。政府行使的权力是人民赋予的公共权力，政府权力必须以追求公共利益为宗旨，不得公权私用、假公济私，更不得用于追求政府部门利益或公务员个人利益。新一届党中央领导集体明确提出“立党为公、执政为民”的号召可以说是服务型政府应当具有公共性的深刻注解。

（2）服务型政府具有服务性，是服务政府。古往今来，任何政府只有提供充足优质的公共服务，才能有力地证明自己存在的价值与合法性。可以毫不夸张地说，没有公共服务就意味着政府已经失灵，没有公共服务就没有现代政府。我们历届党和国家领导人对此也都有与时俱进的提法：毛泽东同志强调要“全心全意为人民服务”；邓小平同志强调“领导就是服务”；江泽民同志强调“三个代表”；胡锦涛同志强调“权为民所用、情为民所系、利为民所谋”；习近平同志强调“人民对美好生活的向往，就是我们的奋斗目标”。一般说来，维护性公共服务是保证国家机器存在和运转的公共服务，是服务型政府的基石，如政府的国防、行政管理、法制建设等；经济性公共服务是政府促进经济发展的公共服务，是服务型政府的动力，如政府对国有企业和公共项目的股本投资；社会性公共服务具有保障和实现公民权利的性质，并具有明显的再分配功能，是服务型政府的主体，如义务教育公共服务、医疗卫生公共服务和社会保障公共服务等。

（3）服务型政府具有有限性，是有限政府。与无限政府推崇政府机制优先不同，有限政府奉行的基本准则是市场机制优先原则，政府只是作用于市场机制和公民自治都不能解决的公共领域。政府不是经济和社会发展的直接提供者，而是推动和调控经济与社会可持续发展的促进者、合作者。政府不但权力有限、职能有限，而且责任也有限。奉行无所不能的政府最终必然是失败的政府。政府只有做到有所不为，才能更好地集中精力做到有所为。

（4）服务型政府具有有效性，是有效政府。我国社会主义现代化进程要求我们正着力构建的服务型政府必然是一个有效政府。有效政府的构建必须符合中国现阶段政治、经济、文化和社会的现状及其对政府的内在规定性。有效的服务型政府的构建就应该做到政府理念有效，重塑政府形象；政府制度有效，规范政府行为；政府治理有效，优化政府能力；政府过程有效，提升政府品质；政府结果有效，维护人民利益。

（5）服务型政府具有法治性，是法治政府。无论是从保护公民权利方面看，还是从规范政府行为方面看，服务型政府都需要以法治作为路径依赖。只有在法治的保障下，才能保证政府服务行为的规范性，减少主观随意性，从而稳步提高政府服务的质量和水平。在我国，建设法治政府的核心是全面推进依法行政，即以邓小平理论和“三个代表”重要思想为指导，坚持党的领导，坚持执政为民，忠实履行宪法和法律职责，保护公民、法人和其他组织的合法权益，创新社会管理和公共服务机制，为构建社会主义和谐社会提供法治保障。

（6）服务型政府具有责任性，是责任政府。责任政府既是现代民主政治的基本理念，又是一种对政府公共治理进行民主控制的制度安排，服务型政府必然是责任政府。作为民主政治时代的一种基本价值理念，责任政府理念要求服务型政府必须主动、及时地回应社会和民众的要求并加以满足；同时必须承担相应的政治责任、行政责任、法律责任和道德责任。如果公共服务没有责任与之相伴共生，公共服务不仅会异化，而且也可能产生“任性”与“张狂”。显然，从逻辑的视角看，这种不负责任的公共服务是非理性的，也是不受人民欢迎的。

（7）服务型政府具有公平性，是公平政府。公平性是对服务型政府的基本要求，公共服务的提供者在程序及实体方面应公平对待每一位公民，让每一个符合法定条件的公民都享受到政府同等质量的公共服务。公共服务的一个重要功能就是向社会弱势群体倾斜，以便缩小社会差距，实现实质公平；在此基础上，对情况相同的公民提供同等的公共服务，实现形式公平。

（8）服务型政府具有透明性，是透明政府。信息是民主的氧气，透明性是衡量善政的一个重要指标，透明政府是当代服务型政府的应有之意。作为一种制度安排，意味着除涉及国家秘密、商业秘密和个人隐私的法定不公开信息以外，政府应该向社会公开公共信息和相关个人信息。增加政府透明性有助于提高市场信息的精确性，增强市场主体的预见性以及降低社会交易成本。

（9）服务型政府具有精干性，是精干政府。如果一个政府的机构臃肿、层次繁多、冗员充斥其间，其后果必然是人浮于事，行政成本居高不下，公共服务质量低劣，人民群众怨声载道。因此，服务型政府必然是精干政府，这就要求现代服务型政府不但要合理划分管理幅度和管理层次，使管理幅度和管理层次相匹配，构建贴近公众的扁平型政府；而且要合理设置行政机构和配置公务员，做到机构精干、领导精干、人员精干、人事相宜。

2.2.2　我国服务型政府建设的实践

加入世贸组织（WTO）之后，我国地方政府开始自觉推进服务型政府建设。这一阶段服务型政府建设的主要内容是适应世界贸易组织规则，深化行政审批制度改革、严格实行国民待遇、完善投资软环境等。在中央政府提出“五个统筹”的科学发展观之后，各级地方政府特别是省级政府都提出了建设服务型政府的施政目标。这一阶段服务型政府建设的主要内容是实现经济与社会协调发展，完善政府服务职能，建立服务型政府。经过近 20 年的发展，我国服务型政府的建设已逐渐走向科学化、系统化的轨道。总的来说，我国服务型政府建设的进展和成就主要体现在以下方面。

1. 推行政务公开，实行阳光行政

我国宪法明确规定 “中华人民共和国的一切权力属于人民”，“人民依照法律规定，通过各种途径和形式，管理国家事务，管理经济和文化事业，管理社会事务”。人民权力的正确行使是以政府信息公开和人民对国家事务、社会事务的知晓为前提的。人民是国家的主人，有权要求政府提供更多的信息，政府应当承担信息公开的法定责任和义务。政府信息是指行政机关在履行职责过程中制作或者获取的以一定形式记录、保存的信息。推行政务公开是推进社会主义民主、完善社会主义法制、建设法治国家的重要举措，是建立行为规范、运转协调、公正透明、廉洁高效的行政管理体制的重要内容。

2008 年《中华人民共和国政府信息公开条例》的实施，标志着我国政务信息公开的制度化与常态化，阳光行政走向法制之路。该条例明确了政府信息公开的范围、公开的方式和程序以及监督和保障措施。

2. 创新管理方式，建立高效政府

2013 年的政府工作报告指出，“坚持转变政府职能，推进政企分开、政资分开、政事分开、政社分开，建立职能科学、结构优化、廉洁高效、人民满意的服务型政府”。要建立办事高效的政府，就应该创新政府管理方式，优化政府工作流程，政府部门牢固树立现代行政管理观念，实现从微观的、直接的、以行政手段为主的“审批式”、“命令指挥式” 管理观念向宏观的、间接的、以法律手段为主的“亲民服务”、“为民服务” 管理观念转变，把权力还原为为人民服务的责任和义务，切实改进行政工作作风，逐渐提高为人民服务的水平。

3. 改革管理模式，建设公共服务型政府

随着我国经济的快速发展和改革开放的不断深入，人民对于物质文化社会的需求日益提高，呈现多元化趋势。党的十七届二中全会通过的《关于深化行政管理体制改革的意见》对公共服务提出了如下要求：更加注重公共服务，建立健全公正公平、惠及全民、水平适度、可持续发展的公共服务体系，推进基本公共服务均等化；增强地方特别是基层政府提供公共服务的能力。

在实践中，我国已经有越来越多的地方政府认识到建立服务型政府的必要性和重要性，着手改革以往“重管理、轻服务”的政府管理模式，强化公共服务职能，向公众提供更优质的公共产品或服务，包括加强城乡公共设施建设，发展社会就业、社会保障服务和教育、科技、文化、卫生、体育等公共事业，发布公共信息等。南京、上海、北京、重庆等是率先进行服务型政府建设实践的城市。

2.2.3　公共服务市场化的趋势

20 世纪 80 年代以来，美国掀起了行政改革浪潮。与其他发达国家一样，当代美国行政改革的动因主要是国内外环境的变化，政府面临着财政危机、管理危机和信任危机（Osborne & Gaebler, 1992）。自卡特政府起，美国的行政改革从来没有停止过，克林顿政府更是高举“重塑政府”（reinventing government）的大旗，力求创造一个“少花钱，多办事”的政府，彻底转变政府工作的理念，把私营部门的市场化理念引入政府部门，这对美国的经济、社会乃至各个方面都产生了深远的影响。

公共服务输出的市场化是以美国为首的西方发达国家行政改革的主流做法。为了既能减轻财政压力，又能提高公共服务的质量，美国政府改变了以前由政府包办公共服务的传统做法，选择了公共服务输出的市场化取向。它将政府权威与市场交换的功能优势有机组合，提高政府功能的输出能力。

公共服务市场化的要旨有三：一是将有关公共服务的决策和执行分开，通过市场机制连接政府部门和非政府部门，借助非政府部门的资源实现公共目标；二是公共服务供给的多元化，从而破除垄断，以竞争促发展；三是尊重和赋予公民对公共服务的选择权利，提高公民对公共服务的参与和监督。在推进公共服务市场化的进程中，政府主要采取了四种方式：一是合同出租，即政府在确定公共服务的数量和标准之后，公开向私营部门、非营利部门招标，经过竞争和对比分析，中标的承包商与政府签订特定公共服务供给合同；二是公私合作，即政府以政府特许或其他形式吸引中标的私营部门参与或提供特定公共服务，私营部门享有约定的投资收益权，同时必须接受政府依法进行的规制；三是用者付费，即家庭、企业和其他私营部门在实际消费半公共物品时需要缴纳费用；四是凭单制度，即有资格接受特定公共服务凭单的个体到政府指定的公共服务供给组织中“消费”他们的凭单，然后政府用现金兑换各组织接受的凭单（Osborne & Gaebler, 1992）。

我国服务型政府建设的进程起步较晚，但在国际公共行政改革浪潮的推动下，也逐渐形成了具有中国特色的公共服务模式，并不断深化。中共十八大强调，要加强和创新社会管理，改进政府提供公共服务的方式。《关于政府向社会力量购买服务的指导意见》（国办发〔2013〕60 号）明确要求“在公共服务领域更多利用社会力量，加大政府购买服务力度”。预计到 2020 年，在全国基本建立比较完善的政府向社会力量购买服务制度，形成与经济社会发展相适应、高效合理的公共服务资源配置体系和供给体系，公共服务水平和质量显著提高。中国共产党第十八届中央委员会第三次全体会议（以下简称中共十八届三中全会）通过《中共中央关于全面深化改革若干重大问题的决定》（以下简称《决定》）明确了“全面深化改革”的要求，提出“使市场在资源配置中起决定性作用和更好发挥政府作用”，“大幅度减少政府对资源的直接配置，推动资源配置依据市场规则、市场价格、市场竞争实现效益最大化和效率最优化”①。可以断言，公共服务市场化的方向基本明确，公共服务市场化的战略基本确定。

2.3　全面深化改革的方向：治理能力现代化

2013 年，中共十八届三中全会提出了“完善和发展中国特色社会主义制度，推进国家治理体系和治理能力现代化”的全面深化改革总目标。国家治理体系就是规范社会权力运行和维护公共秩序的一系列制度和程序。

推进国家治理体系和治理能力的现代化，是中国特色社会主义现代化建设和政治发展的必然要求。一方面，它是对改革开放 30 余年来我国现代化建设成功经验的理论总结；另一方面，它也是对我国在新的发展阶段所面临的各种严峻挑战的主动回应。

从国家治理的角度看，中国的政治生活在改革开放 30 余年中发生了重大的变革，如依法治国、公民参与、民主决策、社会治理、公共服务、政府问责、政治透明、行政效率、政府审批、地方分权和社会组织发展等方面。中国经济发展和社会转型的成功，或者说，中国能够在社会基本稳定的前提下保持经济的长期发展，首先得益于中国治理改革的成功，不仅对经济体制改革进行了深刻变革，也对政治体制进行了重大变革。

经过 30 余年的改革开放，中国特色的社会主义现代化进入一个新的发展阶段。社会中不同的利益群体已经形成，各种利益冲突日益明显。这就意味着我们在国家治理体制和能力方面，正面临诸多新的严峻挑战。仅以政府治理和社会治理为例，我们就可以发现存在着许多亟待解决的突出问题，包括选举、协商、决策、监督等

---

① 中国共产党第十八届中央委员会第三次全体会议《中共中央关于全面深化改革若干重大问题的决定》。

基本民主治理制度还不健全，公共权力还没有得到有效的制约，公民参与的渠道还不畅通，公共利益部门化现象相当严重，官员的腐败和特权屡见不鲜，政府的公共服务还相当不足，动态稳定的机制尚未完全确立，政治透明程度相对较低，行政成本高而效率低下，社会组织发育不健全，社会自治的程度相当低，主要公共权力机关之间的关系还不够协调，等等（俞可平，2014）。

国家治理体系包括规范行政行为、市场行为和社会行为的一系列制度和程序，政府治理、市场治理和社会治理是现代国家治理体系中三个最重要的次级体系。其中，政府治理（参见 2.1.2 节）占据主导地位。

第三章　中国电子政务建设与转型发展

3.1　中国电子政务的发展

3.1.1　中国电子政务战略和政策

我国政府信息化建设可追溯到20世纪80年代初，20世纪90年代信息技术迅猛发展，特别是互联网技术的普及应用，与政府改革相结合，推动电子政务的兴起。2002年，中央办公厅和国务院办公厅联合发布了《国家信息化领导小组关于我国电子政务建设指导意见》（中办发〔2002〕17号），决定把电子政务建设作为信息化工作的重点，通过"政府先行"带动国民经济和社会发展信息化，掀开了我国全面、快速发展电子政务的帷幕，成为我国电子政务步入快速发展的标志性里程碑。中共十六大进一步指出，转变政府职能，改进管理方式，推行电子政务，提高行政效率，降低行政成本，形成行为规范、运转协调、公正透明、廉洁高效的行政管理体制。

《2006~2020年国家信息化发展战略》指出，围绕改善公共服务、加强社会管理、强化综合监管、完善宏观调控，推行电子政务。《国家电子政务总体框架》进一步明确，推行电子政务是国家信息化工作的重点，是深化行政管理体制改革的重要措施，是支持各级党委、人大、政府、政协、法院、检察院履行职能的有效手段。国家电子政务总体框架的构成包括服务与应用系统、信息资源、基础设施、法律法规与标准化体系、管理体制。《国家"十一五"信息化规划》提出，要扎实推进电子政务，整合政务网络资源，加强政务信息资源建设，完善重点业务系统，提高行政效率，推动政府管理创新和公共服务模式创新，提高治国理政能力，推进政务公开，加快服务型政府建设。《国家电子政务"十二五"规划》提出，以电子政务科学发展为主题，以深化应用和注重成效为主线，转变电子政务发展方式，充分发挥电子政务应用成效，服务经济结构战略性调整，服务保障和改善民生，服务加强和创新社会管理，促进服务型政府、责任政府、法治政府和廉洁政府建设，走一条立足国情、讲求实效、面向未来的电子政务发展道路。《"十二五"国家政务信息化工程建设规划》提出，到"十二五"期末，要形成统一完整的国家电子政务网络，基本满足政务应用需要；初步建成共享开放的国家基础信息资源体系，支撑面向国计民生的决策管理和公共服务，显著提高政务信息的公开程度；基本建成国家网络与信息安全基础设施，网络与信息安全保障作用明显增强；基本建成覆盖经济社会发展主要领域的重要政务信息系统，治国理政能力和依法行政水平得到进一步提升。

3.1.2 中国电子政务建设的成效

十多年来，我国电子政务得到了全面推进，有了较好的基础。在网络基础设施方面，中共中央组织部、中共中央宣传部、中共中央办公厅秘书局建设了业务专网；海关、税务、公安、国土、人保、审计等部门的大型重要业务系统都实现了业务专网 24 小时不间断支撑保障；地方各级各类电子政务网络已经覆盖所有省（自治区、直辖市）90%以上的市和 80%以上的县。在业务应用系统方面，与以“三金”工程为代表的局部性政府信息化建设相比，电子政务建设步伐明显加快，中央部委核心业务信息化覆盖率达到 50%左右，18 个国家级重大电子工程项目共建设信息系统 70 多个，支撑的政府核心业务超过 100 项，有效支撑了政府监管能力和事务处理能力。资源利用方面，国家建成了人口、企业法人等一批重要的基础信息库，金融、税收、质监、社保、教育等关键领域也都建成了一批信息库，成为我国政府重要的信息来源。法规制度方面，中央颁布了电子签名法、政府信息公开条例等法律法规，制定了国家电子政务项目管理办法，出台了信息安全保证、信息资源利用开发等一系列指导文件。管理体制和人才队伍方面，大部分中央国家机关单位和 95%的省级地方政府仿照中央政府成立了信息化领导小组（宁夏、西藏除外），设立了相应的办事机构；有条件的单位开展了中央和地方各级机关的应用系统部署及相应的使用培训，组织相当数量的骨干人员参加了各类工程建设和系统应用的培训，并尝试开展网上教育培训。部分部门还进行了国际交流、考察和研讨活动，有效推进了我国电子政务的建设与发展（周宏仁，2010；杨道玲和王瑾璇，2015a）。

3.1.3 电子政务建设对政府管理创新的意义

电子政务建设对政府管理创新的重要意义，表现在以下三个方面：

1. 电子政务建设促使政府管理内部创新

电子政务对政府管理内部的创新有促进作用，因为电子政务建设，首先直接指向政府管理自身，是通过引进先进的信息技术手段，改革传统的行政管理方式和手段。因此，电子政务的建设，实施政府管理信息化，必然会导致政府管理职能的转变，使政府管理职能由繁杂变得相对简单，使政府的行政干预减少，特别是随着我国市场经济的不断发展和完善，电子政务对政府职能的影响会变得越来越明显；随着政府职能的变化，电子政务的发展还会影响政府组织结构的设置，使政府管理幅度减少，机构设置简化，在机构设置上使政府管理实现创新，并通过良好的信息交流，促进决策体制创新，实现科学决策；从结果来看，电子政务发展会节约大量的人力、物力和财力，减少政府管理成本，提高政府管理效能。

2. 电子政务建设通过政府管理的创新产生积极的社会意义

政府管理的信息化和电子政务建设，不仅会直接导致政府管理创新，而且还会通过政府管理的创新产生积极的社会意义。电子政务和政府信息化建设的一个重要目的，就是实现政府管理与社会公众之间的良好互动，为社会公众提供良好服务，而且，政府管理绩效的一个重要标准，就是看为社会提供的公共服务的数量和质量。具体来说，通过发展电子政务和政府管理创新，可以提高政府管理的透明度，由过去的封闭管理转变为公开的透明管理，充分保证公民知情权的实现；通过政务公开，可以有利于公众对政府管理的参与和监督，保证公民民主政治权利的真实实现；通过政务公开和公众参与监督，可以促进廉政建设，防止腐败的蔓延。由于电子政务对政府管理创新的积极作用，可以在政府与公众之间实现信息的及时交流，有利于消除由于信息不同导致的误解，缓解社会矛盾，促进社会稳定，促进政府与社会公众的互动等。

3. 电子政务建设是参与国际竞争的需要

从国际关系来看，加强电子政务建设来促进政府管理创新，也是参与国际竞争的需要，是我国国家战略的重要一步。电子政务已成为政府改革和创新最重要的促进器。建设中国电子政务是一个历史机遇，换句话说，我们有可能通过中国电子政务的建设，实现在政府管理领域的跨越式发展，大大加快政府信息化过程，从而全面推动国民经济信息化，提高我国的综合国力和竞争力（刘玉宝，2005）。

3.2 当前中国电子政务转型发展的必要性和紧迫性

1. 加快转型是中国经济社会发展的必然要求

即将到来的“十三五”（2016~2020 年）是国家经济社会发展的关键历史时期，国家面临难得的发展战略机遇，改革也正处在一个重要的战略转折期，对电子政务发展提出了新的要求。

一方面，推进电子政务是促进中国实现跨越式发展、加快经济建设步伐的重要途径。加快中国经济跨越式发展步伐，其中一项重要的任务就是推进经济社会各领域信息化的发展，充分发挥信息化驱动工业化、城镇化、农业现代化，推动国家治理体系和治理能力现代化的重要作用，深化电子政务应用和公共服务，为经济社会发展提供更加充足、更加有力的发展条件和空间。

另一方面，推进电子政务是促进政府职能转变和建设服务型政府的有效手段。当前在社会主义市场经济体制日臻成熟的新形势下，市场在资源配置中起决定性作用，对政府职能转变和政府管理经济社会的方式方法提出了新的要求。实践证明，传统的政府管理方式和政务工作模式已经不能满足经济社会发展的需要和人民群众的期望，需要充分利用网络信息技术深化电子政务应用，加快转变政府职能，提高政府管理的能力和服务水平，激发创新活力，提升公众满意度。同时，社会公众对电子政务的认知、需求与期望也随着经济社会与技术的发展而不断提升，这都对中国电子政务的发展提出了更持续、更艰巨、更急迫的巨大需求。

因此，在促进经济发展方式转型和政府职能转变的过程中，电子政务可以也应该发挥更加重要的作用；同时，也只有实现了电子政务自身发展的转型，才能适应新的形势和新的要求（杨道玲和王璟璇，2015b）。

2. 加快转型是电子政务自身发展的迫切需要

在肯定当前中国电子政务所取得成绩的同时，也要看到，电子政务总体发展还比较缓慢。在国际上，中国电子政务整体发展水平仍然不高，处于全球中等水平，同先行国家的差距依然十分明显。与国内电子商务发展相比较，“十年前是‘由电子政务带动电子商务’，十年后的现实却是‘电子商务带动电子政务，培育电子政务’”。当前，电子政务依托的信息技术手段正发生重大变革，经济社会发展，特别是政府治理现代化对电子政务提出了新的更高要求，传统的建设、应用、服务和管理模式都已经越来越不适应新形势的发展要求，资源共享难、互联互通难、业务协同难等“老三难”问题一直困扰并制约着电子政务的长足发展，这些问题既是电子政务发展的瓶颈和难点，也是未来电子政务绩效提升的着力点和潜力所在。面对新的历史机遇和挑战，中国电子政务要取得突破，就必须实现转型发展。因此，必须认清形势、提高认识，加快电子政务转型发展，进一步增强做好电子政务工作的责任感和紧迫感（杨道玲和王璟璇，2015b）。

3.3　中国电子政务转型发展的战略机遇

中国电子政务发展将面临前所未有的重大机遇，从全球来看，信息技术的发展及政府治理模式创新为中国电子政务的发展提供了有利的外部环境；从国内来看，建立在数十年发展基础上的电子政务又迎来政府深化改革的新契机和国家高度重视电子政务发展的强有力的制度保障。

1. 良好的外部发展环境

1）信息革命持续演进为电子政务发展提供强大的科技支撑

当前，全球信息技术革命持续演进，电子政务发展所依托的信息技术手段正面临重大飞跃，以云计算、大数据、物联网和移动互联网等为代表的新一轮信息技术变革浪潮风起云涌，不仅对产业发展、商业模式、媒体传播、金融服务等领域产生强烈冲击，同时也深刻改变了信息化发展的技术环境及条件，为电子政务发展提供了更为强有力的科技支撑，为提高政府管理效能、更好地服务于公众提供了难得的机遇。目前，电子政务领先国家纷纷采取措施，力争抓住新一轮信息革命快速渗透带来的新机遇，普遍利用云计算技术，大力推进基础设施和共性应用的整合、共享和集约化建设，将移动技术广泛应用于农业、应急救险、教育、医疗卫生等领域，创新公共服务方式和内容，同时发布大数据战略，不断挖掘大数据潜力，助力政府智慧服务和管理。

2）全球政府治理模式的创新为电子政务提供了新的广阔的发展空间

构建整体政府、实现政府协同治理已成为全球信息化发展的主要趋势。《联合国 2014 年电子政务调查报告：电子政务成就我们希望的未来》指出，目前主要发达国家更加关注通过电子政务手段建设整体政府和解决协同治理问题，在一体化的电子政务中实现政府治理的高效运作与业务协同。在开放政府方面，政府开放数据运动已在全球逐步兴起，在国家层面制定战略及政策法规，建设数据开放门户网站，逐步向公众开放免费的可机读数据集，促进社会创新发展成为大势所趋。而在新技术新应用的支撑下，各国电子政务建设已经朝着数字化、智能化、人性化的方向发展，更进一步契合了智慧政府的建设要求（杨道玲和王璟璇，2015c）。

2. 国内发展的历史新机遇

1）信息化和电子政务的相关制度红利

政府积极顺应世界潮流，高度重视信息化和电子政务发展，在组织领导、战略布局、政策发布等方面均为电子政务发展提供了强有力的制度保障。

一是电子政务发展有了更强有力的组织领导。2014 年 2 月 27 日，中央网络安全和信息化领导小组正式成立，体现了中国最高层全面深化改革、着力保障网络安全、推动信息化发展的决心。新组建的领导小组层次之高前所未有，党和国家最高领导人出任组长、副组长，第一次比较彻底地体现了信息化是“一把手工程”的内在要求。同时，新的领导小组也体现了党政军一体化融合推进的要求。无论从哪个角度看，今后总揽全局、统筹推进的规划能力和协调能力都将大大提高。作为国家信息化的重要组成部分，电子政务发展也同样有了更强的组织保障。

二是电子政务的战略地位进一步提升。从国家战略层面看，全面深化改革、推进国家治理体系和治理能力现代化，任重而道远。如何形成与国家治理体系相适应的电子政务管理体系，构建适应和推进治理能力现代化的电子政务发展模式，成为今后中国电子政务发展的重要方向。从政府改革层面看，新一届政府对建设创新政府、廉洁政府、法治政府提出了更高的要求，转变政府职能、简政放权的力度明显增强，这些工作都需要电子政务做好支撑。从信息化发展层面看，国家把推进信息化、建设网络强国的战略部署与“两个一百年”的奋斗目标和实现民族复兴的“中国梦”紧密相连，信息化的战略地位前所未有。在此三重背景下，中国电子政务的重要战略地位也不言而喻。

三是电子政务发展的政策保障不断增强。自 2014 年领导小组成立以来，党中央、国务院出台了多个文件，为电子政务发展提供政策指导。2014 年 12 月，国务院办公厅发布《关于促进电子政务协调发展的指导意见》（国办发〔2014〕66 号），从“加强顶层设计，统筹电子政务协调发展”、“深化应用，提升支撑保障政府决策和管理的水平”两大角度提出未来五年电子政务发展的指导意见，产生重要影响。2015 年 1 月，国务院发布《关于促进云计算创新发展培育信息产业新业态的意见》（国发〔2015〕5 号），提出“电子政务云计算发展新模式”，推动政务信息资源共享和业务协同。同月，发布《关于规范国务院部门行政审批行为改进行政审批有关工作的通知》（国发〔2015〕6 号），提出全面实行“一个窗口”受理，积极推行网上集中预受理和预审查，创造条件推进网上审批，加快实现网上受理、审批、公示、查询、投诉等，这些要求为进一步发挥电子政务优势提供了良好契机。7 月出台《关于积极推进“互联网+”行动的指导意见》（国发〔2015〕40 号），提出积极发挥我国互联网已经形成的比较优势，打造大众创业、万众创新和增加公共产品、公共服务“双引擎”。2015 年 6 月，国务院办公厅发布《关于运用大数据加强对市场主体服务和监管的若干意见》（国办发〔2015〕51 号），提出充分运用大数据先进理念、技术和资源，加强对市场主体的服务和监管，推进简政放权和政府职能转变。2015 年 8 月国务院发布《关于印发促进大数据发展行动纲要的通知》（国发〔2015〕50 号），围绕全面推动我国大数据发展和应用、加快建设数据强国这一总体目标，确定三大重点任务：一是加快政府数据开放共享，推动资源整合，提升治理能力；二是推动产业创新发展，培育新业态，助力经济转型；三是健全大数据安全保障体系，强化安全支撑，提高管理水平，促进健康发展，这是指导我国大数据发展的国家顶层设计和总体部署的纲领性文件。此外，在政府网站建设方面，国务院办公厅还出台了《关于加强政府网站信息内容建设的意见》（国办发〔2014〕57 号），中央网信办发布了《关于加强党政机关网站安全管理的通知》（中网办发文〔2014〕1 号）等文件，为政府网站建设和管理提供政策指导。

2）推进政府治理现代化为电子政务发展提供新契机

中共十八届三中全会做出了关于全面深化改革重大问题的决定，提出了完善发展中国特色社会主义制度、推进国家治理体系和治理能力现代化的总目标，部署了加快转变政府职能、强化权力运行制约和监督体系、创新社会治理体制等一系列重大任务，这些重大任务的实施很多都与电子政务工作密切相关；提出建设中国特色社会主义法治体系、建设社会主义法治国家的总目标；贯彻落实依法治国，为依法推进电子政务发展、切实保障国家网络安全提供了基本遵循和最大契机；提出国家治理体系和治理能力现代化的核心是政府治理现代化。当前，政府治理现代化进程中诸多问题的解决离不开电子政务的有力支撑。

一是世界政治、经济、社会、军事形势纷繁复杂，党和国家亟需提升对世界范围内各类重要信息的收集、处理、分析能力，加强政务信息管理能力是信息化条件下加强党的执政能力和政府管理的重要内容。

二是随着互联网的爆炸式发展，各种社会问题日益突出，不稳定因素不断增加，如何通过充分利用好、管理好互联网，特别是如何利用各级各类政务网站来了解民意、化解矛盾，是各级政府在新时期必须解决的重大命题。

三是整合政务资源，为公众提供一体化、网络化的服务是具有竞争力的现代政府的基本特征。目前，中国政府的公共服务能力与公众的迫切需求相比还有较大差距，发挥好电子政务在服务公众方面的优势是建设服务型政府的重要举措。

四是当前政府市场监管面临的压力前所未有，综合治税、食品药品安全、企业信用、环境监测、城市应急等各个方面的管理难度越来越大，而这些监管问题都需要以政务信息共享为基础加以解决。

五是随着城市化进程的加速，流动人口管理、社会保障管理、城市治安管理、社会团体管理的难度不断增加，跨地域、跨部门的协同日益重要，这些问题的解决如果没有电子政务的支撑，将是不可想象的。

3）国家经济社会发展为电子政务提供了良好的现实基础和社会氛围

一方面，中国电子政务发展的物质基础更为坚实。中国作为全球第二大经济体，已经具备足够的物质资源支持国家信息化和电子政务发展，同时，也迫切需要与经济实力相匹配的电子政务支撑能力。作为全球最大的信息产品制造基地和最具潜力的信息消费市场，中国已经具备相对完善的信息产业体系，部分领域已跻身世界前列，网络等信息基础设施的覆盖能力持续提升，以互联网为基础的信息经济迅速崛起，这些都为发展电子政务奠定了坚实基础。

另一方面，电子政务深化应用的社会需求和氛围进一步增强。据中国互联网络信息中心（CNNIC）统计，截至 2014 年 12 月底，中国互联网网民规模达 6.49 亿，互联网普及率为 47.9%，其中手机网民规模达 5.57 亿。有专家预计，到 2020 年前后，中国可能会有 10 亿智能手机用户，即中国的网民可能会达到 10 亿。信息技术的飞速发展和普及应用已经深刻改变了人们的生产方式、生活方式、工作方式和生存环境，公众使用信息技术的意识和能力明显增强。随着社会信息化应用能力的发展，公众对电子政务的认知有了显著提升，对政府权力运行公开、公共服务质量、政府舆论引导以及突发事件应对能力均提出了更高的诉求，这都对未来中国电子政务的发展提出了更加持续、更急迫的需求（杨道玲和王璟璇，2015c）。

第四章 “权力阳光”体系的建设与发展

公开透明是现代政府的基本价值理念。权力行使的透明度如何直接影响制约与监督效能的发挥和执政党地位的巩固，关系着人民的权力是否最终为人民行使的问题。因此，中共十七大报告指出：“确保权力正确行使，必须让权力在阳光下运行。”这是对改革开放以来我们党在探索权力制约和监督机制方面重要经验和实践成果的总结，是对权力监督和运行机制认识的进一步深化。中共十八届四中全会提出，全面推进政务公开，坚持以公开为常态、不公开为例外原则，推进决策公开、执行公开、管理公开、服务公开、结果公开。2015 年政府工作报告也做出承诺，要全面实行政务公开，推广电子政务和网上办事。

4.1 “权力阳光”运行的重要意义

1. “权力阳光”运行是保证权力正确行使的必然选择

公共权力是由社会公民为了维护和实现自身利益而让渡给执政党代表自己所行使，所以，执政党在获得权力以后，应当通过组织政府、招募执政骨干等方式来制定路线、方针、政策，实现和维护自己所代表的民众的利益。而公共权力的两面性是与权力与生俱来无可避免的重要特征，这既由直接行使权力的个体的有限理性所决定，也由权力运行所必需的自主性的内在矛盾所生发，更由权力产生、演化过程中所伴生的种种恶习而强化。将权力蜕变控制在一定的范围内成为制度设计的重要环节。

当前，个别地方和部门存在着权力过分集中的问题，从而导致权力滥用和异化现象的发生。因此，确保权力正确行使，需要推动“权力阳光”运行，对权力运行的程序和过程加以严格规范，使决策更加科学，执行更加有效，监督更加有力，最大限度地体现了权力的公共本质。

2. “权力阳光”运行是发展社会主义民主政治的本质要求

让权力在阳光下运行，是把握广大人民群众的政治意愿，努力适应人民群众政治参与积极性不断提高的新形势，充分发挥人民群众的主体作用，让社会主义民主政治制度不断焕发出新的生机活力。

只有让权力在阳光下运行，才能让人民群众了解权力的使用过程，更好地发挥监督作用，防止权力滥用，实现自己的参与权、决策权等主体权利，真正体现人民当家做主；才能让广大人民群众有机会对政府过程进行有效监督，才能克服人浮于事、铺张浪费、决策失误等不良行为而造成执政成本过高、效率低下的问题，提高办事效率；才能充分调动广大人民群众的政治参与热情，让政府过程成为人民关注焦点，使决策过程和内容更加公开化，增加权力使用透明度，确保各项政策体现人民利益。

3. “权力阳光”运行是惩治和预防腐败的迫切需要

腐败是公共权力的非规范性运作，是公共权力私有化的表现。坚决惩治和有效预防腐败，关系到人心向背和党的生死存亡，是必须始终抓好的重大政治任务。

只有让权力在阳光下运行，把权力的运行过程公开于人民的监督之下，使其成为公共注目的焦点，才能使权力的使用者规范约束自己的行为，权力的运行过程得到有效的监督和制约，才能最大限度地遏制权力的滥用和腐败行为等丑恶现象的发生；只有让权力在阳光下运行，使权力的制约与监督关口前移，从源头上进行遏制，不给腐败产生留下任何寻租的空间，才可能达到有效的防治目的；只有让权力在阳光下运行，政府过程更阳光透明，才可能确保权力的正确行使，从而实现社会的公平正义，社会得以科学、和谐发展。反之，权力行使不公开透明，就会给腐败的产生留下许多可乘之机，也无法对此进行有效的制约和监督，腐败现象就会“割如韭，复发生”，难以从根本上惩治。（汪家斌，2009）

4.2 权力运行及制约监督

4.2.1 惩治预防体系建设的现状

20 世纪 80 年代以来，我国防惩体系的建设有几个标志：一是完善了国家《宪法》及重要法律中反腐的条款；二是行政法规日益完善，明确了公务人员的职责、行为标准和办事程序；三是党内出台了一系列反腐败的文件，其中最重要的有《建立健全教育、制度、监督并重的惩治和预防腐败体系实施纲要》。这是国家控制腐败体系系统化的理论表述，是反腐败的指导性、纲领性文件。

2009 年中共中央政治局召开会议，强调指出：党员领导干部廉洁从政是全面贯彻党的理论和路线方针的重要保障，是从严治党、不断加强党的执政能力建设和先进性建设的重要内容。要从反腐败工作发展规律出发来完善反腐倡廉工作的领导体制和工作机制，坚持标本兼治、综合治理、惩防并举、注重预防、加强教育、发展民主、健全法制、强化监督，把反腐败工作寓于各项重要政策举措之中，努力从源头上防治和杜绝腐败问题。

2010 年中共中央印发的《中国共产党党员领导干部廉洁从政若干准则》也对党员领导干部廉洁从政的重大意义做出了指示和说明。我国防惩体系坚持以邓小平理论、“三个代表”重要思想以及科学发展观等重大战略思想在内的中国特色社会主义理论体系为指导，坚持党委统一领导，部门各负其责，纪委组织办协调，依靠群众的支持和参与。坚持和贯彻“标本兼治，综合治理，惩防并举，注重预防”的十六字方针，从源头上预防、解决腐败问题。

4.2.2　惩治预防体系建设的主要不足

改革开放以来，随着社会主义民主政治建设和政治体制改革的深化，权力运行的方式和机制建设有了很大的进步。但还有许多不同程度的难题存在，对权力在阳光下运行造成了制约和阻碍，亟待解决，主要表现在以下几个方面。

一是对权力运行还未探索出一套科学有效的制约体系，在一定程度上给权力“钻空子”提供了机会，影响了权力的阳光运行。所谓权力运行制约，是指一系列相互衔接、环环紧扣、明确规定的制度安排，构建起权力活动的轨道和程序，以保证权力在规定范围内按照规定程序活动。在当下权力运行过程中，由于制约机制不够完善，导致在某些地方权力运行流于形式；一些制约缺位的“权力阳光”运行变成了政治作秀，为公开而公开，甚至避重就轻，在无关紧要处公开，在要害问题或关键环节上仍然坚持暗箱操作，容易滋生腐败现象。

二是对“权力阳光”运行缺乏刚性的原则规定，人的意志还有着相当大的左右力量。近年来各地尝试的权力公开透明运行，主要是由握有公共权力的政府部门和少数人说了算。某些公共权力行使者处心积虑地谋算什么权力公开运行、如何公开运行，排斥人民群众在权力公开运行问题上的发言权。结果少数干部为逃避监督而严厉控制和垄断群众真正需要的权力运行信息，不仅阻碍了政治体制深化改革，而且大大削弱了执政党在人民群众中的威信，甚至给我们党的政治形象带来了极大损害。

三是行政运行成本高。目前，我国财政供养人员总数和行政管理费支出高企不下。虽然自 2002 年开始，我国政府大力推进政府规制改革，相继公布取消了许多行政审批项目和环节，然而，一些部门改头换面变“审批”为强制性“备案”、“登记”等做法，使人们感到处于社会转型时期的行政机关弹性较大，变数增多，未形成行政公开透明运行规范，甚至使行政运行成本高、效率低，离服务型、效能型政府的目标还有很大差距。

四是权力监督弱化。一个时期以来，我国的行政监督制度不断健全，廉政建设和反腐败斗争也取得一定的成效，但离建立“廉洁高效”、“制约有效”的现代行政权力运行机制还有较大差距。当前，权力监督方面存在监督主体缺位、责任主体不明、用道德教育代替法律制裁的问题，监督不到位，起不到实质性的约束和监督作用，有的反而给权力腐败行为披上“合法化”的外衣（程子勤等，2009）。

4.3 “权力阳光”运行亟需制度的保障

权力在阳光下运行，必须用制度来做保障。加强制度建设，提高制度约束的有效性，是保证权力在阳光下运行的最根本保证。制度不健全、操作性不强、规定有漏洞、执行不严格，制度约束落后于市场经济下权力运行的新变化，是当前一些领域腐败案件多发易发的原因。

因此，一方面，需要进一步推进各项与权力运行相关的体制改革：一要深化行政体制改革，建立起适应“权力阳光”运行的行政管理体制。二要健全政府责任体系，完善公共服务体系，推行电子政务，强化社会管理和公共服务。三要加快推进政企分开、政资分开、政事分开、政府与市场中介分开。四要进一步完善公开办事制度，提高权力运作透明度。围绕管好人权、财权、审批权、监督权不断推进公开制度，确保权力在阳光下正常运行。要普遍推行政务等各类公开办事制度，认真落实政府信息、公开条例，扩大公开范围和层次。五要深化干部人事制度改革。坚持民主、公开、竞争、择优，形成干部选拔、任用机制，干部推荐任用追究责任制，防止考察失职和“带病上岗”等现象的发生，保证权力不被腐蚀和滥用；要严格实行党的民主集中制，充分发扬民主，健全集体领导与个人分工负责相结合的制度，遇到关系民生等的重大事项，必须要按照公示、听证、专家建议等民主决策制度，规范决策和行事行为不被滥用；要深化财税、金融体制改革，完善财经运行、国有资产管理、金融等方面的监督制约机制，防止财权被腐化；要积极拓宽各项“权力阳光”操作领域。

坚持能够让市场配置的让市场配置，能阳光操作的一律阳光操作。用公开透明的办法约束广大干部的用权行为，最大限度地减少权力寻租空间，使权力运行到哪里，制度就约束到哪里。通过政府体制改革和公开制度的建立，搭建起权力在阳光下运行的有效载体。

另一方面，必须要建立起科学有效的权力运行监督体系，营造权力在阳光下有序运行的外部环境，扩大监督合力，提高监督广度、深度和透明度，增强整体监督时效；要以决策和执行为关键环节，以人财物管理为重点，完善监督措施，健全监督机制，防止权力失控、决策失误和行为失范（汪家斌，2009）。

第二篇　江苏“权力阳光”实践模式

本篇为江苏“权力阳光”实践模式部分。从江苏“权力阳光”的基本概念与内涵入手，结合江苏政府管理的创新实践，由理论到实践、一般到具体地梳理了江苏“权力阳光”的实践基础。总结与归纳了江苏“权力阳光”的实践背景、历程、架构、实施路径、实现方法与主要成效，提出了江苏“权力阳光”系统参考模型。从“三个全覆盖”到“三个融合”，逐步实现权力事项运行过程、结果的公开化、透明化、阳光化，形成一系列特色鲜明的江苏模式。主要体现在建成了包括“权力阳光”机制、服务型政府支撑平台、科学的生态系统、基于数据的考核机制、数据资源共享体系，形成了业务驱动的改革、扁平政府的构建、公共服务均等化、技术使能的管理等实战经验与方法。

第五章　江苏“权力阳光”实践

随着经济转型和发展，江苏经济、政治、文化、社会和生态文明建设已经进入一个新的发展阶段，迫切需要通过改革创新构筑体制机制优势，迫切需要通过提高现代治理能力来更好地适应发展阶段的新变化。按照国家有关“切实转变政府职能，深化行政体制改革，创新行政管理方式，增强政府的公信力和执行力，建设法治政府和服务型政府”的精神，落实中共十七大提出的“确保权力正确行使，必须让权力在阳光下运行”的要求，江苏省结合“坚持依法行政、推进简政放权，深化政务公开、强化权力监督，推动电子政务科学发展和加强政务服务”的部署，自 2008 年开始，率先提出建设“权力阳光”工程，推行“行政权力网上公开透明运行”，尝试从根本的、制度的层面着手政府管理与社会服务上的创新改革，建立一个法治、民主、责任、公正、高效的服务型政府。

5.1　江苏“权力阳光”的基本背景

江苏推行行政权力网上公开透明运行（“权力阳光”），是在改革开放、经济社会发展的形势下，加快行政管理体制改革、建设法治型与服务型政府，深化源头治腐工作和科学发展电子政务的必然要求和重要举措。

1. 行政权力网上公开透明运行是上层建筑适应经济基础要求的必然变革

江苏地处东部沿海，经济发展较快，市场化程度和经济外向度较高，工作中遇到的新情况、新问题往往也较早。回顾改革开放以来江苏经济的发展，主要经历三次经济转型。第一次转型以发展乡镇企业为标志，实现了由农业经济向工业经济的跨越；第二次转型以扩大对外开放为动力，实现了由内向型经济向外向型经济的跨越；现在正在进行第三次转型，核心是大力发展创新型经济。经过前两次转型，江苏经济总体上已经处于工业化的中后期（2009 年，全省地区生产总值 34061 亿元，人均 GDP 接近 44300 元，财政总收入 8405 亿元，一般预算收入 3229 亿元），产业结构、所有制结构、区域结构和经济增长动力都在发生新的变化，城镇化和城乡一体化进程步伐加快，对行政管理方式提出了更高的要求。特别是苏州、无锡等苏南地区，早在 2000 年前后，经济发展已经进入工业化后期，县域经济迅速崛起，分散在县、乡、村的中小企业经济活动日趋增多，平均每天申报政府部门办理的事项都超过 1000 件，亟需行政机关提供全方位、高效率的服务。但是，政府部门依然采取传统的工作方式，群众和企业在办事过程中经常遇到“找一个地方找半天也找不到”、“地方找到了人却找不到”的问题，一个营业执照、税务登记证半个月都办不下来。行政管理方式与经济社会快速发展不相适应的矛盾，客观上给群众和企业办事带来了很多不便，提高行政效能、建立新的服务机制迫在眉睫。同时，伴随着经济发展，人民群众的法制观念、民主意识不断提高，有序参加政务活动的意愿也不断增强。因此，从经济社会发展需求看，行政权力网上公开透明运行是经济社会发展到一定阶段，进一步优化发展环境、更好地服务民众的客观需要。

2. 行政权力网上公开透明运行是优化施政方式的内在要求

中共十六大把现代政府的主要职能定位在四个方面：经济调节、市场监管、社会管理和公共服务，并要求“深化行政管理体制改革，进一步转变政府职能”；中共十七大进一步强调要“加快行政管理体制改革、建设服务型政府”。根据党中央和国务院的要求，江苏明确提出“建设人民满意的服务型政府”的奋斗目标。为实现这一目标，重要内容是推进依法行政、规范行政行为、提高行政效能。但是，由于传统观念和体制的影响，行政权力运行不够透明、规范，一些“机关病”根深蒂固，严重影响行政效率和政府形象。一是权力行使依据繁杂，社会公众查询困难。政府部门职权行使的依据，除了国家法律和行政法规之外，还有大量的地方性法规、政府规章和规范性文件，长期以来缺乏一种载体，方便社会公众实时知晓、查询、互动。二是岗位职责不清，推诿扯皮现象大量存在。政府办公场所分散，群众办事需要东奔西走；机关工作程序复杂，流程繁多；岗位责任制流于形式，“大家都负责又都问不了责”，工作不负责任、敷衍、拖拉等问题由此产生。三是办事难、耗时长，引发社会不满。群众、企业到政府部门办事托人情、找关系，部门内部中间梗阻、行政不作为甚至乱作为的现象时有发生。当事人与政府部门工作人员面对面接触，极易引发“吃、拿、卡、要”等不正之风。四是权力封闭运行，制约手段落后。行政权力大多由政府职能部门掌握，在机关内部封闭运行，监察手段较为单一，在内部监督受制于部门利益、小团体利益的情况下，外部监督又难以深入，导致监督不到位。五是考核方式落后，缺乏科学依据。岗位职责的不明确，目标任务的非量化，工作有效时间的难界定，会造成绩效考核标准不统一、方法不科学、结果难以反映实绩的尴尬局面。这些问题，说到底是由于行政权力在不规范、不透明以及人为因素起决定性作用的状态下运行而产生的。推行电子政务，一方面通过虚拟办公、电子邮件交换、远程连线会议等手段，可以改变传统的政务信息传递和交流方式，避免信息传递过程中由于人为因素而导致的信息失真；另一方面，通过实行网上审批、网上办事，减少中间环节，方便群众和企业办事，对于促进管理型政府向服务型政府转变具有积极作用。因此，创新政务管理模式，选择一个更加高效的载体和平台，推动行政权力公开透明运行是建设服务型政府的题中应有之义。

3. 行政权力网上公开透明运行是深化源头治腐工作的重要举措

这些年来，江苏从规范权力运行入手，积极探索建立权力监督制约机制，扎实推进党务公开，深化政务公开，加强部门内控机制建设，全面推行乡镇党代表监督工作，在治本抓源头方面取得明显成效。但是，权力运行还不够规范，一些地方和领域滋生腐败的土壤和条件依然存在，近几年全省查处的违纪违法案件每年都在一万件左右。江苏通过对近年来发生的违纪违法案件进行剖析发现，发现权力底数不清、行使权力不公开甚至“暗箱操作”、缺乏有效的监督是诱发腐败的主要原因之一。如何进一步加强对权力的制约和监督，确保权力规范运行，成为摆在各级党政组织和纪检监察机关面前一个亟待解决的问题。调研中发现，在众多的公共权力中，行政权具有管理领域广、自由裁量度大等特点，决定了它既是与社会公众切身利益最密切相关的一种国家权力，又是最容易违法滥用的一项国家权力。因此，制约和监督权力，首先是制约和监督行政权。只有扎实推进行政权力网上公开透明运行，真正把权力运行置于人民群众监督之下，才能有效预防和减少腐败问题发生，树立为民、务实、清廉的良好形象。

4. 电子政务快速发展为行政权力网上公开透明运行提供了有力支撑

近年来，江苏认真贯彻党中央、国务院和中央纪委的部署，切实深化政务公开，不仅全面实现了省、市、县、乡政务公开和公共企事业单位办事公开，而且不断拓展领域、丰富载体、创新形式、建章立制，呈现出全面推进、不断深入、逐步规范、健康发展的良好态势。同时，坚持把推进政务公开与发展电子政务相结合，积极构建网上公开平台，使电子政务和政务公开互为依托、相互促进、共同发展。各级财政围绕打造阳光政府，不断加大电子政务经费投入，加快信息网络等基础设施建设。据统计，2004 年以来，全省电子政务建设年投入超过 11 亿元，其中省本级年投入达 4 亿元。目前，全省基本形成横向到边、纵向到底、左右衔接、上下贯通的政务网络平台，构建了以省政府门户网站为龙头，覆盖 62 个省级政府部门、13 个省辖市和 106 个县（市、区）的政府网站体系。电子政务的扎实基础，为利用计算机程序固化权力运行流程、实现权力网上运行提供了重要载体。

5.2　江苏“权力阳光”的基本概念

江苏“权力阳光”旨在通过运用现代信息技术，创新行政权力运行机制，推进行政权力依法行使、透明运行。具体而言，“权力阳光”是以规范行政权力运行为目的，以电子政务网络为载体，以现代信息技术为支撑，构建形成权责清晰、程序严密、运行公开、制约有效的“行政权力阳光运行”机制。简单地说，就是通过对所有行政权力的清理和规范，实施行政权力事项全程网上公开透明运行，并对权力运行的全过程进行实时动态监察监控，形成切实有效的常态化的机制。可概括为三句话：“权力在内控中严格规范，权力在阳光下透明运行，权力在网络上全程监察”。

江苏“权力阳光”的目标是实现行政权力运行公开透明。为此，首要是实现所有行政权力向社会公众公开、所有行政权力运行过程接受有权部门监督，让权力在阳光下运行。江苏“权力阳光”的路径是走制度化、规范化、科学化道路，按照国家法规，清理规范行政权力，健全制度、制定规范标准，优化、固化运行流程，运用政务网络和现代信息技术，构建形成权责清晰、程序严密、运行公开、制约有效的“行政权力阳光运行”机制，把权力“关进制度的笼子”里。江苏“权力阳光”的方法是通过建设“一库四平台”（行政权力库、行政权力运行平台、网上政务大厅平台、法制监督平台、行政监察平台），构建全省行政权力网上公开透明运行系统，实现统一的数据交换、信息共享，达到“三个全覆盖”，推进“三个融合”。

5.3 江苏公共管理的创新实践

江苏省处于“长三角”经济较发达地区，有着活跃的市场经济氛围。高速的经济发展对社会事务处理的效率提出了更高要求，人们对政府公共服务的期望也越来越高。为了充分发挥政府在经济调节、市场监控、政府管理和公共服务等方面的积极作用，江苏省积极创新公共管理理念及方法，将建设“让人民满意的服务型政府”作为奋斗目标。为了实现这一目标，现阶段江苏省将创新的重点内容放在了“推进依法行政、规范行政行为、提高行政效能”上，这是转变施政方式的内在需求，也是提供更好的公共服务的内在保障。

5.3.1 江苏政务公开实践

近年来，江苏认真贯彻党中央、国务院和中央纪委的部署，切实深化政务公开，不仅全面实现了省、市、县、乡政务公开和公共企事业单位办事公开，而且不断拓展领域、丰富载体、创新形式、建章立制，呈现出全面推进、不断深入、逐步规范、健康发展的良好态势。具体的做法主要体现在：

1. 政务公开范围从基层逐步向各级行政机关扩散

从 20 世纪 80 年代末开始，各地各部门逐步实行公开办事制度，公开办事结果，接受群众监督，以提高政务活动的透明度。1997 年，江苏省启动乡镇政务公开试点工作。1999年，省政府制定《关于在全省全面推行乡镇政务公开的意见》，至2001年年底，全省全面实现乡镇政务公开，并向城市街道延伸扩展；90%的县（市、区）推行政务公开；13个省辖市中有60%的市级机关推行了政务公开。2002年，召开了全省政务公开工作现场推进会，政务公开工作在全省全面推开，形成了省、市、县（市、区）、乡（镇）整体联动的发展格局。随着“权力阳光”的推进，至2013年江苏在行政权力公开透明运行上已实现“所有县级以上行政机关全覆盖”，政务公开日趋实质化。

2. 政务公开内容从一般性事项逐步向深层次事项延伸

在江苏省推行政务公开的初期，各地各部门公开的内容主要是一些浅层次、基础性的政务信息，目的是使群众了解政务活动的情况。1999年以来，省内先后制定出《关于在全省推行乡镇政务公开的意见》、《关于深化政务公开工作的意见》、《关于进一步深化政务公开工作的意见》、《江苏省政务信息公开暂行办法》以及《关于进一步做好政府信息公开工作的意见》，不断规范和充实政务公开的内容。同时，要求以公权力大、公益性强、公众关注度高的部门公共政策以及群众利益密切相关的事项为重点，将群众关注的教育、医疗、住房、旅游、食品安全等热点问题纳入公开范围，规定了各级乡镇机关以及公共事业单位等四个层次必须公开的重点内容。“权力阳光”运行的成果之一就是政务公开的广度和深度均得到提升，权力事项公开透明、运行结果实时可查。

3. 政务公开方式从单向主动逐步向多元互动的转变

各地各部门更加注重以制度来推动政务公开的多元互动。一是主动公开和依申请公开制度。在2005年省委办公厅、省政府办公厅制定的《关于进一步深化政务公开工作的意见》中明确要求，对于应当让社会公众广泛知晓或参与的事项，要及时主动向社会公开。对于涉及部分人和事，公民、法人和其他社会组织提出公开申请的事项，要在规定期限内做出是否公开的答复，确实不能公开的要及时做好解释工作。在2006年省政府制定出台的《江苏省政府信息公开暂行办法》中，又对依申请公开的时限、方式等进行了具体规定。二是新闻发布制度。2007年和2008年，省委办公厅、省政府办公厅先后出台了《关于进一步改进和加强我省政府新闻发布工作的意见》和《关于建立和完善县级政府新闻发布制度的通知》，对政府新闻发布的主要内容和工作制度等进行了规定。2007年11月，省政府办公厅、省委宣传部联合召开全省新闻发布会议，公布了省政府、58个省级部门、13个直辖市共78位新闻发言人。三是政务信息查询制度。各级政府在本地的国家档案馆、公共图书馆都设立了政府信息公共检索点。省及13个直辖市都建立了公共信息查阅中心，并规定各部门公开的政府信息在规定时限内送交当地档案馆的政府公开信息查询中心，整合分类后提供公众查阅。

4. 政务公开领域从注重结果逐步向全过程拓展

近年来，为提高人民群众的民主参与度，提高政府行政管理的透明度，各地各部门逐步将政务公开贯穿于行政管理的全过程。一是行政决策公开制度。2004 年出台的《江苏省人民政府工作规范》明确要求，"要建立健全群众参与、专家咨询和政府决策相结合的决策机制，完善重大决策的规则和程序，实行依法决策、科学决策、民主决策"。二是行政行为过程公开制度。为使行政权力运行过程公开透明，从 2006 年起省政府先后出台了《关于开展行政权力公开透明运行试点工作的意见》和《关于开展行政权力网上公开透明运行试点工作的意见》及实施方案等一系列文件制度。各地各部门按照统一要求，结合实际，制定了规范行政权力网上公开透明运行的系列制度，通过依法全面清理规范行政权力、建立行政处罚自由裁量基准、实行行政权力全程网上运行、开展网上实施检查控制等，对行政权力运行的全过程公开运行有效监督。三是考核评价制度。2006 年，省政府公开领导小组制定出台《江苏省政府信息公开工作考核办法（试行）》；2008 年，省政府办公厅出台了《江苏省政府信息公开工作考核办法》、《江苏省政府信息公开工作过错责任追究办法》等五项制度。各地各部门也都按照要求制定了相关制度，逐步建立、完善政府信息公开制度体系。

5. 政府公开形式从常规方法逐步向现代科技手段深化

电子政务作为政务公开的重要载体和有效手段，发挥着越来越重要的作用。2007 年，省政府办公厅出台《关于进一步推进全省电子政务建设的意见》，要求加强各级政府门户网站的建设，扩大政务公开的范围及内容，及时准确地发布政务信息。《江苏省政府信息公开暂行办法》明确规定，政府信息必须于生成之日起 10 个工作日内在政府网站上进行公开，从而保证政务信息公开的及时性。目前，全省县级以上政府和所有省级机关都建立了门户网站，统一设置政府信息公开专栏，及时发布和更新政府信息，开设政府信息公开意见箱，听取公众对政府信息公开工作的意见。"中国江苏"网站，现有 28 个板块，68 个栏目，每天发布信息 200 条左右，提供居民和企业办事项目 720 多个，截至 2015 年年底，访问量超过 3.5 亿人次。

推行政务公开是一项政治性、政策性、技术性都很强的系统工程，推进过程需要统筹规划，突出重点，不断增强政务公开的针对性和有效性。江苏省在推行工作时的总体思路可以总结为以下"五个结合"：

（1）与建设服务型政府相结合。围绕建设人民满意的服务型政府，切实把政府职能转变到市场主体服务和创造良好的发展环境上来、转变到推进社会发展和改善民生上来，更好地履行经济调节、市场监管、社会管理和公共服务的职能，促进政府机关施政方式、管理方法和办事作风的转变，增强依法行政、依法管理、依法办事的能力，提高为发展服务、为基层服务、为群众服务的水平。

（2）与提高行政效能相结合。政务公开工作要始终围绕党委、政府的中心工作，为推动科学发展观的落实和社会主义和谐社会的构建服务。要把公开透明原则贯穿于各项重大决策和工作的全过程，确保政令通畅，以公开促进效率，以公开促进落实。

（3）与维护群众切身利益相结合。推进政务公开要坚持以人为本，围绕群众最关心的、反映最强烈的热点问题和容易出现不公平、不公正的问题进行公开。充分调动人民群众的积极性和创造性，充分听取群众意见，解决人民群众最现实、最关心的问题，实现好、维护好、发展好最广大人民的根本利益。

（4）与推进民主法治建设相结合。推进政务公开要适应社会主义民主法治建设的要求，统筹考虑、整体规划、循序渐进。要注意扩大基层民主，充分保障人民群众的知情权、参与权、表达权和监督权；要严格依照法律法规以及党和国家的相关政策进行，进一步增强法制观念，不断提高依法决策、依法办事、依法处理问题的水平，推动法制政府的建设。

（5）与构建惩防体系相结合。将政务公开制度作为建立健全惩治和预防腐败体系的重要内容，注重从决策和执行环节加强对权力运行的公开，进一步强化对权力的制约和监督，促进行政机关及工作人员依法行政，防止权力滥用，从源头上预防和治理腐败，促进反腐倡廉建设。

5.3.2　江苏“权力阳光”建设

推行行政权力网上公开透明运行，简称“权力阳光”，是现代公共管理等理论发展和我国政府管理创新实践的结合，是在推进服务型政府建设进程中提出的政务创新理念。“权力阳光”的主要目标有两点：一是让权力在阳光下运行；二是把权力关进制度的笼子里。

“权力在阳光下运行”意在用制度管人、用制度管事，使国家机关信息公开，行政权力公开透明运行。2013 年 1 月，习近平总书记在中国共产党第十八届中央纪律检查委员会第二次全体会议上讲话时指出，要加强对权力运行的制约和监督，把权力关进制度的笼子里，形成不敢腐的惩戒机制、不能腐的防范机制、不易腐的保障机制。

“权力阳光”是在推进服务型政府建设进程中提出的政务创新理念，实质是以规范行政权力运行为目的，以电子政务网络为载体，以现代信息技术为支撑，积极构建权责清晰、程序严密、运行公开、制约有效的“行政权力阳光运行”机制。

简单地说，就是通过对所有行政权力的清理和规范，实施行政权力事项全程网上公开透明运行，并对权力运行的全过程进行实时动态监察监控。“权力阳光”可以概括为三句话：权力在内控中严格规范，权力在阳光下透明运行，权力在网络上全程监察。

（1）权力在内控中严格规范，是指在依法对所有行政权力事项进行清理的基础上，进一步优化和固化工作流程，利用现代信息技术实行计算机自动流程控制，并按照权力运行的轨迹排查风险，采用预警提醒、操作规范、标准控制、专项监督等手段超前防控，力求把权力运行的风险降到最低，切实做到权力界限清晰、流程规范、责任明确。

图 5.1 为江苏省交通厅 2013 年第四季度“权力阳光”平台各部门办件量与办件预报警率的统计情况。可以看出，对于有问题的办件，系统会发出预警提示，随后记录在案，便于日后汇总进行统计分析。

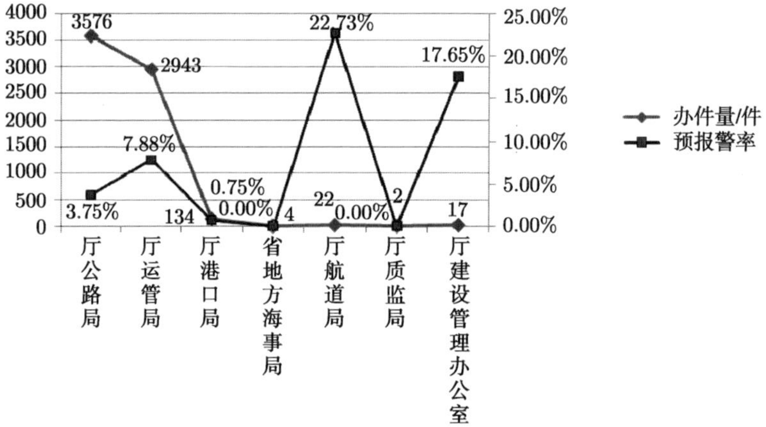

图 5.1　江苏省交通厅 2013 年第四季度办件量与预报警率对比

（2）权力在阳光下透明运行，是指所有依法确定的行政权力事项逐一编码上网运行，执法主体、法定依据等权力要素同步公开，所有网上行政权力的行使环节、行使步骤、办理结果都能实时查看，网上运行平台真实记录权力事项的办理全过程，同时建立省、市、县三级数据交换平台，实现不同部门、不同系统之间权力数据的实时交换，切实做到权力要素全公开、权力运行全透明、办理过程全留痕、内网外网全贯通。

以江苏省交通厅为例，图 5.2 为其“权力阳光”平台结果公示栏的情况。该栏公开了业务办理的申请人、申请事项、受理日期以及许可结果等信息，使得企业可以实时查看自己业务办理情况，达到了政府业务办理全透明、全留痕等的目标。

结果公示

办结时间 从 2014-03-15 至 2014-04-15 查 询

序号	项目编号	申请人	申请事项	受理日期	决定日期	许可结果	满意度调查
1	0000010319	江苏丰泰石油化工仓储...	建设港口设施使用港口岸线的...	2014-03-07	2014-04-14	准予许可	
2	0000010335	中交一公司第一工程有...	通航水域水上水下施工作业许...	2014-04-04	2014-04-14	准予许可	
3	Y647	苏州市东方客运有限公司	跨省及省内市际道路客运（班...	2014-03-19	2014-04-10	准予许可	
4	S11412	江苏南京长途客运集团...	跨省及省内市际道路客运（班...	2014-03-25	2014-04-10	准予许可	
5	0000010329	江苏省水文地质工程地...	通航水域水上水下施工作业许...	2014-03-19	2014-04-08	准予许可	
6	S11407	常熟汽车运输集团有限...	跨省及省内市际道路客运（班...	2014-03-10	2014-03-31	准予许可	
7	S11408	常熟汽车运输集团有限...	跨省及省内市际道路客运（班...	2014-03-10	2014-03-31	准予许可	

共有19记录，每页显示7条，共分3页 1 [2] [3] 后一页 末页

图 5.2 江苏省交通厅“权力阳光”平台结果公示栏

（3）权力在网络上全程监察，是指网上电子监察系统把所有行政权力事项全部纳入监察范围，对权力事项运行的每一个环节进行实时监察，对网上全部行政行为的程序、效率、合法性等所有方面的异常情况及时预警，同时还在电子监察系统中设置多个统计模型和分析模型，定期对权力数据进行成因分析，为党委、政府以及相关职能部门进一步改进工作提供量化的决策依据，切实做到权力事项全覆盖、运行过程全监控、异常状况全预警。

以江苏省交通厅为例，图 5.3 为其 2013 年第四季度“权力阳光”平台数据统计，深色线条为发起督办，浅色线条为及时反馈率。可以看出，除省地方海事局、厅质监局和厅建设管理办公室不存在及时反馈外，其余四个部门中有三个部门的及时反馈率达到了 100%，电子监察的效果可见一斑。

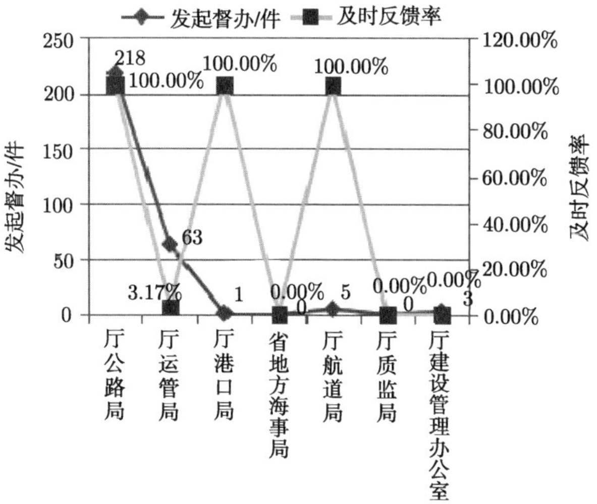

图 5.3 江苏省交通厅 2013 年第四季度发起督办与及时反馈率对比

5.3.3 江苏“权力阳光”的发展历程

江苏“权力阳光”自 2000 年起步至今，发展历程大体上可以分为五个阶段：

起步阶段、探索阶段、突破阶段、推进阶段和深化阶段，见图 5.4。

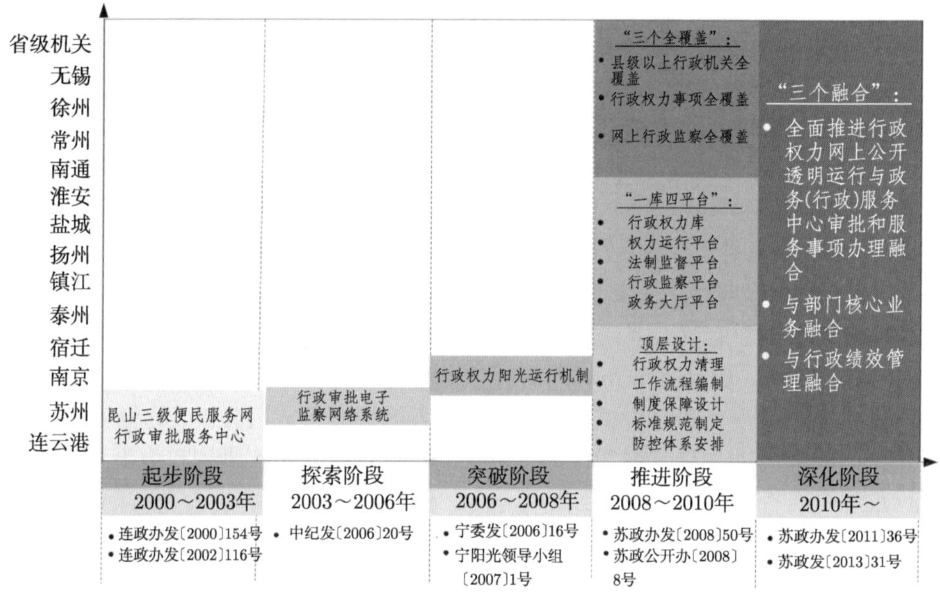

图 5.4　江苏“权力阳光”发展阶段图

1. 起步阶段——连云港的“行政审批服务中心”和昆山的“三级便民服务网”

改革开放以来，特别是随着社会主义市场经济体制的建立和完善，传统的行政审批制度已经不能适应时代的需要，成为制约经济社会发展的消极因素。按照党中央、国务院的决策部署，自 2000 年开始，江苏先后进行四轮行政审批制度改革，精简审批项目、优化审批流程、创新审批机制、提高审批效率，取得明显成效。

2000 年 10 月，连云港在全国建立第一家行政审批服务中心，把所有的审批部门集中在一个大厅里，对企业登记注册、房地产开发、外商投资企业、技术改造、基本建设等 5 个涉及多个部门审批的重大项目制定“一条龙”联合审批办法，确定 5 个相应的牵头部门，明确各自职责，印制标明详细流程的“一本通”，使办事效率大为提高。2003 年 2 月，昆山按照“窗口围绕群众转、部门围绕窗口转、中心围绕社会转”的服务理念，利用现代信息技术，对分散的行政、服务资源进行整合，在全国率先建成“三级便民服务网”，实行“三集中、三到位”，即部门审批职能向一个处室集中、处室整体向中心集中、行政权力向电子政务平台集中，进驻中心的审批项目落实到位、对窗口办理审批事项授权到位、电子监察系统建设到位，实现了行政审批服务中心“一窗受理、内部运作、上下联动、全程服务”。连云港和昆山的做法较好地解决了权力下放、简化流程、提高效率和方便群众的问题。但是，对于多数审批项目，行政审批服务中心只是受理窗口，审批工作仍然需要部门通过传统方式办理，形成“前店后厂”现象，未能有效解决对审批权力的监管难题。

连云港行政审批服务中心为保证审批权力的使用公正廉洁，实行审批内容、办理程序、申报材料、审批依据、办结时限、收费标准“六公开”，保证办事群众享有充分知情权；同时要求每个审批事项的受理、缴费、领取结果三个环节都在中心办理，坚持开票、收款分离，增加办事透明度，杜绝“暗箱操作”；建立“一次投诉查实待岗制度”和“审批责任追究制度”，从制度上规范审批行为。该市纪委、监察局在中心设立投诉受理机构，负责受理对行政机关及其工作人员违规违纪行为的投诉。此外，邀请人大代表、政协委员对中心审批项目办理情况、承诺兑现情况进行明察暗访，发现问题及时通报。上述传统监督手段取得一定效果，但存在一个共同的缺陷，那就是依然停留在事前政务公开、事后投诉处理层面，事中难以实施动态监督，事后评价主观随意。在行政审批事项数量巨大、办理部门众多、工作环节复杂的情况下，传统“人盯人”的监察模式在预防性、动态性、及时性和周延性方面的缺陷日益暴露。有限的监察人员、传统的监察手段已经难以适应急剧增加的监察工作量。要想实现对行政许可办理过程进行全程监督，就必须转变思路，改进方式，寻求一种新的有效手段。

2. 探索阶段——苏州模式的“行政审批电子监察网络系统”

如何巩固行政审批制度改革的成果，切实提高监督行政权力的效果，吸引着国内外关注的目光。2003 年，国家监察部和联合国开发计划署共同合作，启动了旨在总结我国廉政建设经验、借鉴国外反腐倡廉做法、积极探索政府廉政勤政建设有效措施的“中国廉政建设”项目。

2005 年，在中央纪委、监察部的关心支持下，江苏省苏州市承担了该项目的子课题——“行政审批制度改革的探索和实践”，提出根据监察机关特点建立一个“横向独立、纵向统一”的网上监察系统的设想，初步构建“独立运行、全程监控、简便适用、上下延伸、成本低廉”的行政审批电子监察网络系统。在这一期间，省纪委、省监察厅多次到苏州调研，认为苏州经过前三轮行政审批制度的改革，不仅大幅削减了行政审批事项，而且建立了较为完善的电子政务平台，逐步推行网上审批、建立电子监察网络系统的条件日臻成熟，决定在苏州试点，由苏州与国家信息产业部共同研制开发“苏州市行政审批电子监察网络系统”。该系统在中国电子科技集团公司第十研究所的技术支持下，于 2005 年 6 月 20 日通过专家组鉴定并正式运行。苏州市行政审批电子监察网络系统把行政审批的信息采集、分析、处理、评估、监管有机结合，实现了对苏州市所有行政许可事项的全过程监察。

苏州模式在全国产生了较大影响，并且得到了联合国开发计划署的肯定。2006

年，中央纪委、监察部和国务院信息化工作办公室、国务院审批制度改革办公室联合发出《关于开展行政审批电子监察工作的通知》(中纪发〔2006〕20号)，充分肯定了江苏省苏州市和广东省深圳市开展行政审批电子监察工作的做法和成效，并要求全国有条件的地区推广深圳、苏州等地的经验和做法。然而，随着实践的发展和技术的进步，苏州模式作为一种新生事物所具有的不够深入、不够完善的缺陷也日益显现，主要表现在三个方面：一是从广度上看，这种模式的监察监控对象仅仅是行政审批权，诸如行政处罚、行政征收、行政强制等其他行政权力事项未能纳入监督范围。经过权力清理，实际上许可类权力只是整个行政权力中很少的一部分，只占 10%~20%。二是从监控的深度上看，仅局限于对许可主体、许可依据、申报材料、办理程序、承诺时间、收费标准等是否进行公示以及是否依法受理、反馈等层次，对更为重要和更具实质内容的内部流程则鞭长莫及。这种浅层次的监控，只能对服务大厅所受理的程序简易的即办件起到约束作用，而大量的环节多重、程序复杂的承诺件仍然游离于网上监察范围之外，对这些内部流程的监督不得不仍然借助于传统监察方式。三是从技术角度看，由于行政审批服务中心仅仅实现了受理阶段的网上登记，受理后的内部环节仍然在网下以传统的方式办理，行政审批电子监察网络系统也就成了无源之水、无本之木。因此，从实际效果上说，苏州模式的里程碑意义主要表现在权力监控理念、思路和方式上，而不是在功能、应用和成效上。

3. 突破阶段——南京模式的“行政权力阳光运行”机制

在学习借鉴苏州模式的基础上，经济社会发展较快的南京、无锡、常州等地相继开展行政权力网上运行的新探索，其中较为成熟的是南京模式，把江苏的权力公开运行和监察工作又向前推进了一大步。

2006 年 2 月，南京市委、市政府出台《加快电子政务建设，构建权力阳光运行机制的意见》，通过清理规范行政权力事项，对行政权力运行流程进行再造和固化，全面推行网上电子监察，推动行政权力网上规范、透明、廉洁、高效运行，开始构建“权力阳光运行机制”。南京在推进工作的实践中，注意运用现代信息技术，对权力运行过程中容易滋生腐败的关键环节加以规范，在深度、广度和机制等方面取得突破。一是把所有行政许可、行政处罚和其他行政权力事项纳入“权力阳光”运行系统之中，汇集到网上政务大厅公开运行，为实施对行政权力全面有效的监督制约奠定基础。二是把行政权力分解到具体执法部门和执法岗位，使每个行政执法事项运行的每个环节都有责任人，由于计算机全程留痕，可以准确考核出每个行政权力事项运行过程以及各个岗位、各个责任人所用的时间和操作内容，实现权力运行全过程可查可控的效果。三是把行政处罚划分为案件登记、立案、调查、处罚、结案等若干标准环节，在法定的自由裁量权限内，再分解为若干不同处罚档次和若干种情形，建立行政执法标准数据库，根据违法事实和情节轻重由系统软件自动控制处罚幅度，有效压缩了经办人员的自由裁量空间。四是在行政权力全覆盖、全上网的基础上，通过电子监察监控系统，全方位、多层次地对权力的网上运行情况进行实时动态监控，实现电子监察的全覆盖。

南京市这项工作得到各方面的高度关注和积极评价，《人民日报》、《中国纪检监察报》、《中国监察》杂志和中央电视台等媒体做了专题报道，美国联合通讯社、法国新闻社等 20 多家中外主流媒体记者团进行了联合采访。实践表明，这是从源头上防治腐败的一项重要举措，既抓住了监督制约公共权力这个关键，也有助于提高权力的规范、阳光运行水平，从行政监察的角度去抓，发挥行政监察的优势，更有利于政府对这项改革的领导，更有利于把各项要求落到实处。因此，省纪委、省监察厅从一开始就积极参与这项工作，并会同有关部门对各地的做法加以规范和引导。在多次观摩和调研的过程中，研究发现，南京模式还有一些值得完善的地方：一是行政权力库是静态的，仅仅起到目录的作用，没有发挥对整个运行机制的核心作用；二是行政权力虽然实现了流程固化，但是与权力事项相对分离，没有放在数据库里面，而且是嵌入在运行系统里，不仅为政府部门擅自变更流程提供了操作空间，而且使电子监察失去了依据。

4. 推进阶段——全省推行“行政权力网上公开透明运行”

在对苏州、南京模式的做法、成效与不足进行分析对比的基础上，江苏省逐步形成了较为明确的工作思路，提出在全省推行行政权力网上公开透明运行。江苏省委、省政府对这项工作高度重视。

2006 年，全国政务公开领导小组在河北邯郸召开推进行政权力公开透明运行工作座谈会后，江苏省及时召开会议部署试点工作，选择南京、徐州、连云港、泰州 4 个省辖市和人事、科技、国土资源等 3 个省直部门开展试点。2008 年 6 月，在认真总结试点经验的基础上，江苏省政府办公厅下发了《关于开展行政权力网上公开透明运行工作的意见》（苏政办发〔2008〕50 号）、《关于行政权力网上公开透明运行信息系统建设的实施方案》等文件，并召开全省行政权力网上公开透明运行推进会，开始在全省部署开展这项工作。时任江苏省省长的罗志军同志专门做出批示，时任江苏省常务副省长的赵克志同志做动员部署，中央纪委常委、监察部副部长、全国政务公开领导小组副组长屈万祥出席会议并讲话。同年，省委、省政府把推行行政权力网上公开透明运行工作纳入党风廉政建设责任制考核内容和省政府年度重点工作，进行责任分解和检查考核。各地各部门迅速行动，精心部署，积极推进，稳步实施，相继建立了党委政府统一领导、有关部门各负其责、信息部门和法制部门制订具体工作方案、纪检监察机关监督检查、人民群众积极参与系统建设的领导体制和工作机制。省里专门成立工作小组，具体负责工作的组织协调、业务指导和监督检查，着重抓好信息系统的规划制定、方案实施和总体推进工作。2010 年 1 月 20 日，江苏省行政权力网上公开透明运行系统正式开通运行，标志着江苏行政权力网上公开透明运行机制基本建立。江苏省的做法得到了中央和中央纪委领导的充分肯定。

2008 年 11 月，全国深化政务公开经验交流会在江苏召开，时任江苏省省长的罗志军同志在会上做了专题发言，得到何勇、马馼等领导及与会代表的一致好评。2010 年全国反腐倡廉建设创新经验交流会召开前夕，贺国强同志视察了连云港、无锡、南京等地，对江苏推行行政权力网上公开透明运行，让权力在内控中规范、在阳光下运行、在网络上监察的做法给予高度评价。

5. 深化阶段——深入推进“权力阳光”的三个融合

2008 年 6 月以来，各地、各部门认真贯彻落实省委、省政府的部署要求，统一思想认识，完善工作机制，强化推进措施，分类督查指导，基本实现了“所有县级以上行政机关全覆盖、所有行政权力事项全覆盖、网上行政监察全覆盖”的工作目标，取得了阶段性成效，得到了中央和省委、省政府领导的充分肯定。但也清醒地看到，一些地方和部门对行政权力网上运行工作的重要作用的认识还不到位，行政权力网上运行工作整体水平还不高，行政权力网上运行工作的深度和广度还有待进一步拓展。深化行政权力网上运行，是深入推进依法行政、建设服务型政府的内在要求，是进一步推进政务公开、加快构建惩防体系的迫切需要，也是积极推进政府管理手段和服务方式创新的重要举措。因此，省委、省政府主要负责同志明确要求，各地、各部门要深入推进行政权力网上运行，不断完善功能，健全制度，提升运行水平，发挥重要作用，为服务型政府建设做出贡献。

在巩固 “三个全覆盖”的基础上，力争通过两到三年的努力，使行政权力网上运行工作实现“三个融合”，即与政务（行政）服务中心审批和服务事项办理融合，与部门核心业务融合，与行政绩效管理融合，真正做到权力取得有据、配置科学、运行公开、行使依法、监督到位。省辖市、省级机关各部门考核优良率达到 90%以上。

2011 年，着重推进省、市两级“三个融合”，提升县级行政权力网上运行质量，使系统功能更加完善、权力清理更加全面、网上办事更加便捷、监察标准更加严格、法制监督更加规范。各有关省辖市、省级机关部门深化行政权力网上运行试点工作取得明显成效。省辖市考核优良率达 80%，省级机关优良率达 60%。

5.4　江苏“权力阳光”系统参考模型

江苏“权力阳光”实践是围绕建设目标、实施路径、实现方法和形成机制不断发展、不断推进的过程，通用的参考模型见图 5.5。

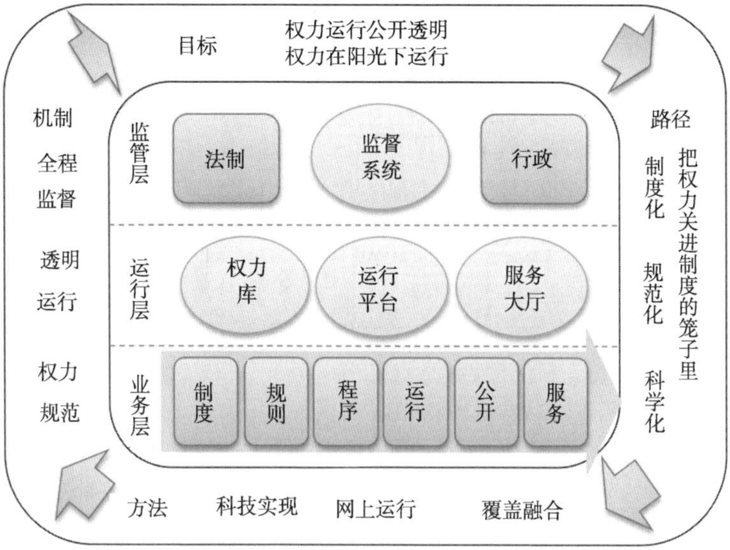

图 5.5　“权力阳光”参考模型

其目标是按照“权力的取得要有依据、权力的配置要科学、权力的运行要公开、权力的行使要依法、权力的监督要到位”的建设思路，实现权力运行公开透明，即“让权力在阳光下运行”。建设路径是权力行使、运行和监督走制度化、规范化、科学化道路，健全制度，规范运行，技术实现，形成机制，即“把权力关进制度的笼子里”。主要方法是运用网络和信息技术等现代科技手段，建立“一库四平台”，实现权力网上公开透明运行系统。实现“三个全覆盖”，推进“三个融合”。构建形成权责清晰、程序严密、运行公开、制约有效的“行政权力阳光运行”机制，把权力关进制度的笼子里。

在业务层，根据国家法规，健全权力制度、制定权力规则，固化权力程序、网上实现运行，对外政务公开、网上政务服务，形成规范权力运行机制。在运行层，运用信息技术，建立由行权制度、行权规则等组成的权力数据库，实现权力运行依法规范；根据权力运行程序，建立行政权力运行信息平台，实现权力网上公开透明运行；根据政务公开和服务的要求，建立网上政务服务大厅，实现对外政务公开、为人民办事服务，让人民监督权力。在监督层，建立行政监察和法制监督系统，形成内控机制，实现权力网上公开透明运行全程监督。

5.5　江苏“权力阳光”的建设架构

江苏全省推行“权力阳光”主要从战略、组织、业务和技术四个层面进行架构（图 5.6），实施顶层设计的战略部署，建立科学合理的工作机制，发展业务驱动的电子政务，实现资源集约的技术支撑。

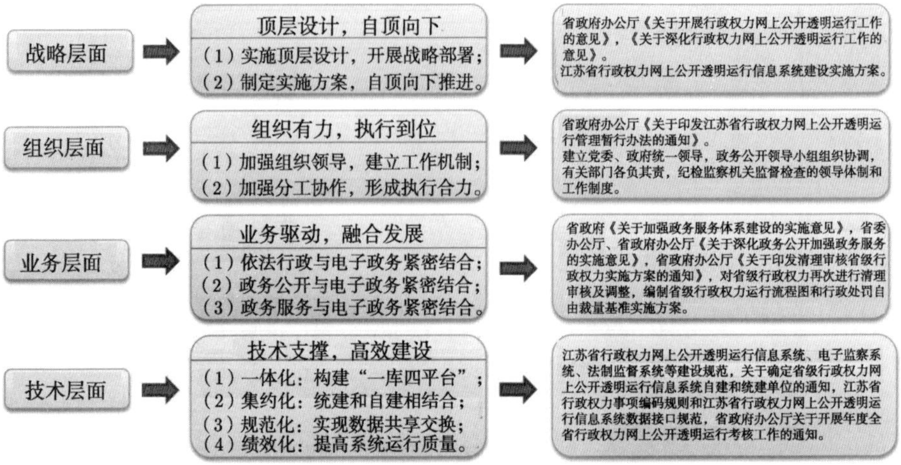

图 5.6　江苏“权力阳光”基本架构

5.5.1 战略层面——顶层设计，自顶向下

“权力阳光”建设既是江苏的一项重要举措，也是一项重点工程。按照系统工程的方法，开展了战略规划，实施顶层设计，自顶向下推进，提出了有效推进此项“权力阳光”系统工程的总体方案、路线图和时间表。2008 年，省政府办公厅发布了《关于开展行政权力网上公开透明运行工作的意见》，对运用现代信息技术，创新行政权力运行机制，推进行政权力依法行使、透明运行进行了战略规划和整体设计。要求各地各部门按照顶层设计，结合当地实际，制订具体实施方案，自顶向下，推进“权力阳光”建设。

1. 实施顶层设计，开展战略部署

1）实现基本目标

按照中共十七大提出的“确保权力正确行使，必须让权力在阳光下运行”的要求，坚持依法实施、公开透明、全程监督、便民高效，与贯彻全面推进依法行政实施纲要的进程相一致，与建立健全惩治和预防腐败体系相衔接。到 2010 年年底，使行政权力网上公开透明运行逐步成为各级政府施政的一项基本制度，基本建立了权责清晰、程序严密、运行公开、制约有效的行政权力网上公开透明运行机制。

2）完成主要任务

一是从行政许可、行政征收、行政处罚、行政强制等方面，依法对现有的行政权力进行全面清理。二是按照建立“外网受理、内网办理、外网反馈”的行政权力网上公开透明运行机制的要求，实行行政权力网上运行和实时监察。三是合理利用电子政务资源，建立“一库四平台”（即行政权力库、权力运行平台、网上政务大厅、行政监察平台、政府法制监督平台），确保行政行为依法、透明、廉洁、高效运行。

3）注重制度建设

健全行政执法程序制度、行政执法考核制度、行政执法投诉处理制度，逐步形成行政执法制度体系，确保行政权力依法规范运行。实行行政权力网上公开透明运行公众评议制度，通过政府网站或其他形式，组织公众对各部门实施行政权力网上公开透明运行的情况进行评议，定期公布评议结果。建立行政权力网上公开透明运行过错责任追究制度，严格落实责任制。

4）强化监督检查

各级行政机关要主动向人大常委会汇报、向政协通报行政权力网上公开透明运行工作的情况，自觉接受监督。要将行政权力网上公开透明运行作为加强机关作风建设的重要方面，广泛听取社会各方面的意见和建议，不断改进工作、提高水平。纪检监察机关要认真履行监督检查职能，把开展行政权力网上公开透明运行工作作为落实党风廉政建设责任制的重要内容，严格组织检查考核，确保各项任务和要求落到实处。新闻单位要加强对行政权力网上公开透明运行工作的舆论监督。

2. 制定实施方案，自顶向下推进

1）依法清理规范行政权力

江苏省政府办公厅下发《清理审核省级行政权力实施方案》（苏政办发〔2008〕87号），对省级行政权力进行全面清理，摸清权力底数，明晰职责分工，编制运行流程，建立裁量基准，确保行政权力依法、公开、规范、高效运行，为“推进科学发展、建设美好江苏”提供制度保障，也为开展行政权力网上公开透明运行工作奠定了良好的基础。

2）加快信息系统平台建设

江苏省政务公开办下发《行政权力网上公开透明运行信息系统建设实施方案》，按照2010年年底基本建立全省行政权力网上公开透明运行机制的总体目标，以信息技术为手段，依托政府门户网站和电子政务内网平台，固化行政权力运行流程，逐步建立省市县三级行政权力网上公开透明运行机制，实现网上政务公开、协同办公、监察监控三大功能，满足社会公众知情办事、行政机关高效办公、各级领导科学决策和相关部门有效监督等四个方面的需求，力争整体工作走在全国前列。

3）基本实现“三个全覆盖”

江苏省政府第三次廉政工作会议提出，2010年年底前实现行政权力网上公开透明运行“三个全覆盖”。为此，成立由省政府办公厅、省监察厅、省经济和信息化委、省编办、省法制办等部门及有关方面专家组成的省考核验收工作小组，对各地各部门行政权力网上公开透明运行全面开展了考核验收工作。基于统一的建设标准、统一的数据交换规范，52 个省级机关部门、13 个省辖市及所辖 106 个县（区、市）全部建成行政权力网上公开透明运行信息系统，实现全省数据交换、信息共享，实现“县级以上行政机关全覆盖、所有行政权力事项全覆盖、网上行政监察全覆盖”。

4）深入推进“三个融合”

为巩固、扩大全省行政权力网上公开透明运行工作成果，确保权力在阳光下运行，促进服务型政府建设，2011 年，江苏省政府办公厅发布了《关于深化行政权力网上公开透明运行工作的意见》，在巩固 “三个全覆盖”的基础上，力争通过两到三年的努力，使行政权力网上运行工作实现“三个融合”，即与政务（行政）服务中心审批和服务事项办理融合，与部门核心业务融合，与行政绩效管理融合，真正做到权力取得有据、配置科学、运行公开、行使依法、监督到位。省辖市、省级机关各部门考核优良率达到 90%以上。

5.5.2 组织层面——组织有力，执行到位

强有力的组织领导和科学完备的工作机制、强有力的执行操作和合理有效的分工协作是实现“权力阳光”系统工程的基本保障和前提，江苏省政府办公厅发布的《江苏省行政权力网上公开透明运行管理暂行办法》对组织领导和工作机制等做出了明确规定，各地各部门组成业务协调和专业队伍，各负其责，协同配合，形成合力，确保各项目标任务的落实和执行到位。

1. 加强组织领导，建立工作机制

建立党委、政府统一领导，政务公开领导小组组织协调，有关部门各负其责，纪检监察机关监督检查的领导体制和工作机制。建立江苏省行政权力网上公开透明运行工作小组，由省政府办公厅、省监察厅、省信息产业厅、省编办、省政府法制办、省政务公开办等有关部门和单位负责同志组成，负责全省行政权力网上公开透明运行工作的组织协调、业务指导和监督检查。各市、县（市、区）也要建立相应的工作机构，明确责任分工，确保各项目标任务的落实。

江苏省委、省政府对推行行政权力网上公开透明运行工作高度重视，江苏省委书记罗志军同志亲临讲话和多次批示。其中，在省行政权力网上公开透明运行暨电子监察系统开通仪式上的讲话指出，一要深刻认识行政权力网上公开透明运行的重大意义，二要全面落实行政权力网上公开透明运行的工作举措，三要切实保障行政权力网上公开透明运行工作健康有序推进。

2. 加强分工协作，形成执行合力

江苏省政务公开领导小组办公室是全省行政权力网上公开透明运行工作的主管部门，负责全省行政权力网上公开透明运行规划、指导、协调、监督工作。省政府办公厅负责协调指导全省行政权力网上公开透明运行系统建设工作，会同有关部门拟定相关标准和技术规范，组织省级行政权力网上公开透明运行系统建设及日常维护工作。省经济和信息化委员会负责行政权力网上公开透明运行系统前瞻性研究并提供技术研发支持，协助相关部门制订规划及拟定相关政策、标准和技术规范。省监察厅负责协调指导全省行政监察平台建设、管理和维护工作，组织开展全省行政监察。省政府法制办公室负责协调指导全省行政权力库和政府法制监督平台建设、管理和维护工作，组织开展全省法制监督。

设区的市、县（市、区）人民政府应当确定行政权力网上公开透明运行工作主管部门，负责本行政区域行政权力网上公开透明运行规划、指导、协调、监督工作。省以下实行垂直管理的部门，由相应的省级部门负责本系统行政权力网上公开透明运行推进、指导、协调、监督工作。实施主体应当建立健全行政权力网上公开透明运行工作制度，指定机构具体负责行政权力网上公开透明运行工作。实施主体应当在每年 1 月 31 日前，向行政权力网上公开透明运行工作主管部门报送上年度的行政权力网上公开透明运行情况报告。主管部门应当建立健全行政权力网上公开透明运行信息共享机制，充分运用现代信息网络技术，采取联合审批、联动监管等形式，提高工作效能。

5.5.3　业务层面——业务驱动，融合发展

现阶段，推动电子政务科学发展，以促进服务型政府建设为目标，坚持深化应用和注重成效相结合，转变电子政务发展方式，充分发挥电子政务应用成效，形成电子政务服务体系。江苏“权力阳光”系统工程建设是在依法行政、政务公开、政务服务等业务驱动下，推动政务与技术融合和推进电子政务发展的模式创新与实践。

1. 依法行政与电子政务紧密结合

2008 年，江苏省开始加快推进网络互联互通，依托全省统一的电子政务网络平台，进一步加强网络基础设施建设，增强网络的可靠性、稳定性、安全性，逐步实现政务网络平台“通部门、进处室、到桌面”。积极开展业务协同，合理利用电子政务资源，完善省、市两级政务平台，推行网上公文办理、并联审批、联动监管等跨地区、跨部门办公业务。着力提高政府网站建设水平，利用政府网站平台，建立内外网信息交互机制，开发外网受理和反馈系统，规范信息发布、业

务受理、结果反馈流程，充分发挥政府网站在行政权力网上公开透明运行中的重要作用。

江苏省委书记罗志军在省行政权力网上公开透明运行暨电子监察系统开通仪式上的讲话中指出，促进政府依法行政，要求深入推进行政权力网上公开透明运行。把行政纳入法制化轨道，严格依法行政，是各级政府机关必须遵循的原则。推进行政权力网上公开透明运行，规范固化行政事项的办理程序和行政处罚的幅度，既能促进行政权力机关及其工作人员认真学法、带头守法、严格执法，按照法定的权限、程序、方式和时限履行职责、行使权力；又能促进行政权力行使有规、监督有效，防止伤害民权、侵害民利的事情发生，带动全社会尊重法律、遵守法律、维护法律，营造良好的法治氛围。

依法清理规范行政权力是依法行政的前提和基础。从行政许可、行政征收、行政处罚、行政强制等方面，依法对现有的行政权力进行全面清理。按照权力的类别编制职权目录，逐项列明权力名称、行使依据、公开形式、承办部门及人员等相关信息。按照权力运行的程序、承办岗位、职责要求、监督制约环节、相对人的权利、投诉举报途径及方式等项目编制流程图。编制的职权目录和流程图，经政府法制部门审核确认后，通过政府门户网站等载体向社会公布。部门行政权力调整和改变，应及时修订职权目录和流程图，重新申报和向社会公布。省政府在《关于加强政务服务体系建设的实施意见》（苏政发〔2013〕31 号）中规定：在法定职权范围内，依照《中华人民共和国行政许可法》和相关法律、法规和规章的规定办理行政审批、公共服务、公共资源交易等事项。行政事业性收费应依法征收、依据公开、收取有据。

坚持依法行使权力，深入推进行政权力运行程序化，确保行政机关和公务员严格依照法律规定的权限履职尽责。巩固行政权力网上公开透明运行“三个全覆盖”成果，加快实现行政权力网上运行工作与政务服务中心审批和服务事项办理融合，与部门核心业务融合，与行政绩效管理融合。按照职权法定、程序合法的原则，进一步梳理审核行政职权，继续清理、调整和减少行政审批事项，及时公布本地区本部门不涉及国家秘密、商业秘密和个人隐私的行政审批项目目录，公开办理程序，强化过程监控，健全行政审批事项动态管理制度。强化政府法制监督平台功能，及时纠正违法行使行政权力的行为。完善电子监察标准，加大监察监控力度，构建在内控中规范、在阳光下运行、在网络上监督的“三位一体”权力运行监控体系①。

电子政务与依法行政的紧密结合，有利于依法行政工作更好地开展。目前流行的投资服务“一站式”电子政务系统，以及利用电子政务系统建立的政府审批服务中心，使审批程序、收费标准、各流程处理情况在网上公开，实行网上交互式办公，有效地提高了工作效率，限制了政府的自由裁量权，促进政府依法行政。为防止行

① 《关于深化政府公开加强政务服务的实施意见》（苏办发〔2011〕56 号）。

政机关滥用职权，必须对行政权力予以相应的制约。电子政务的发展，为实现对行政权力的监督和制约，促使行政机关依法行政提供了有利条件和保障。

2. 政务公开与电子政务紧密结合

近年来，各地区、各部门认真贯彻中央和省委、省政府决策部署，大力推进政务公开和政务服务工作，取得了显著成效，政务公开不断深化，政府信息公开、公共企事业办事公开、基层政务公开有序推进，行政权力网上公开透明运行基本实现“所有县级以上行政机关、所有行政权力事项、网上行政监察”全面覆盖，政务服务体系框架初步形成，“四级便民服务网”快速发展，服务群众功能明显增强。《关于深化政务公开加强政务服务的意见》（中办发〔2011〕22 号）为做好新形势下政务公开和政务服务工作指明了方向，提出了新的更高的要求。各地区、各部门要切实把思想统一到中央的决策部署上来，充分认识深化政务公开、加强政务服务对于推进行政管理体制改革、提高政府执行力和公信力，加快政府职能转变、建设服务型政府，强化行政权力监督制约、从源头上防治腐败等方面的重要意义，进一步加大政务公开推进力度，把公开透明的要求贯穿于政务服务各个环节，以公开促进政务服务水平的提高，创造条件保障人民群众更好地了解和监督政府工作。在基层政务公开方面，总结推广基层政务公开的成功做法，大力推进乡镇（街道）政务公开，及时公开城乡社区居民关心的事项，包括强农惠农政策措施落实情况，各类专项资金管理使用情况，以及征地补偿、涉农补贴、救灾救助资金管理使用等方面情况。加强村级财务公开，健全农村集体资金、资产、资源管理制度，为深入推进村务公开夯实基础。制定深化和规范公共企事业单位办事公开工作意见，明确办事公开目录编制、岗位职责、服务承诺、收费项目、工作规范、办事纪律、监督渠道等。所有面向基层服务的医院、学校、公交等公共企事业单位都要全面推行办事公开，主动接受群众监督。主管部门要切实承担起对公共企事业单位办事公开的组织协调、监督指导职责①。

省政府在《关于加强政务服务体系建设的实施意见》（苏政发〔2013〕31 号）中也提出，按照“公开、公平、公正”原则，通过办事指南、公告公示、网站等途径，公开服务事项、办事程序、申报材料、承诺期限等。对行政审批、公共服务和公共资源交易事项、依据、条件、数量、程序、收费、期限，以及需要提交的全部材料目录与申请书示范文本等应当全面公示。行政机关做出的准予行政许可等决定应当依法予以公示，方便公众查阅、接受社会监督。按照方便群众知情、便于群众监督的原则，进一步拓宽公开领域，深化公开内容，丰富公开形式。不断创新政务公开载体，依托电子政务平台，实现行政权力网上公开透明运行。充分发挥政务服务中心窗口作用，通过政府网站、政府公报、信息公开查阅点、手机终端、电子屏

① 《关于深化政务公开加强政务服务的实施意见》（苏办发〔2011〕56 号）。

等形式公开服务动态，切实提高政务公开水平。

国务院办公厅在《关于开展依托电子政务平台加强县级政府政务公开和政务服务试点工作的意见》（国办函〔2011〕99号）中提出，试点县（市、区）要建立、使用统一的电子政务平台，平台由电子政务网络、政府网站、业务管理系统、应用及数据服务中心和信息安全保障体系等组成。要加强规划设计，整合信息化建设资源，充分利用现有政府网站和政务（行政）服务中心基础设施，结合集约化社区服务信息网络平台建设，对现有电子政务平台进行调整、升级和改造，满足政务公开和政务服务应用需要。没有统一电子政务平台的县（市、区），要统一规划、统一建设。电子政务平台的功能和性能要通过国家专业评测机构的技术评测。监察部、工业和信息化部、国家预防腐败局要联合编制依托电子政务平台加强县级政府政务公开和政务服务实施指南，加强对电子政务平台建设的指导。同时，试点县（市、区）政务公开和政务服务目录要在电子政务平台的政府网站上公布，同时通过其他多种方式进行公布，使全社会广泛知晓。要在平台上全面、准确发布目录中的政府信息公开事项，将目录所列行政职权纳入平台的业务系统办理，通过平台的乡镇（街道）窗口终端办理便民服务事项，并使电子监察覆盖行政职权和便民服务事项办理流程的各个环节。要加强对平台使用情况的监督检查，防止规避平台，确保平台充分使用。鼓励逐步将行政处罚事项纳入电子政务平台进行监控。

要把政务公开和电子政务紧密结合起来，充分发挥电子政务发展快、信息化程度高的优势，进一步加强政府门户网站建设和管理，扩大网上办事范围，加强与网民的交流互动。政府部门之间实现了信息互通和资源共享，进一步提高办事效率，逐步实现行政管理的信息化、电子化。

3. 政务服务与电子政务紧密结合

江苏省委书记罗志军在省行政权力网上公开透明运行暨电子监察系统开通仪式上的讲话中指出，建设人民满意的服务型政府，要求深入推进行政权力网上公开透明运行。建设人民满意的服务型政府，是一贯的指导思想和一抓到底的奋斗目标。政府工作公开透明，是服务型政府的重要特征。推进行政权力网上公开透明运行，对行政权力进行清理规范，有利于推动政府职能进一步向创造良好发展环境、提供优质公共服务、维护社会公平正义转变；推进行政权力网上公开透明运行，对行政权力运行流程进行优化再造，有利于提高行政决策的科学性和权力运行的规范性；推进行政权力网上公开透明运行，对行政权力运行进行实时监控，有利于促进政府机关转变工作作风，更好地为发展服务、为基层服务、为群众服务。

按照建设服务型政府的要求，将政府及其部门的政务服务体系建设纳入基本公共服务体系建设范畴，完善相关政策规定和管理措施，整合政务服务资源，健全政务服务平台，促进政务服务均等化、规范化、高效化，提供让群众满意的高质量政务服务。在完善市、县、乡镇（街道）、城乡社区（村）“四级便民服务网”的基础上，加快推进省级政务服务中心建设，逐步形成以省级政务服务中心为龙头，以市、县级政务服务中心为主体，以乡镇（街道）便民服务中心、城乡社区（村）便民服务站点为基础，覆盖全省、上下联动、功能完善、运行高效的政务服务体系。充分运用现有电子政务平台和网络，强化纵向集成和横向协调，有效提高政务服务信息化水平。完善服务中心网上审批服务平台建设，实现与行政权力网上运行系统的有机融合。建立健全行政审批和公共服务网上运行机制，推进行政审批和公共服务事项向电子政务平台集中，实现“外网受理、内网办理、外网反馈、全程监督”，有条件的地方可向乡镇（街道）、城乡社区（村）延伸，逐步实现各级服务中心的联网运行。深化服务中心电子监察系统和政府法制监督系统应用，充分发挥实时监控、预警纠错、督查督办、投诉处理、统计分析和绩效评估等功能作用，强化对行政权力和公共服务事项的全程实时监控。服务中心电子监察和政府法制监督系统要分别与同级政府电子监察平台、政府法制监督平台联网运行，不断扩大网上监督覆盖面①。

省政府在《关于加强政务服务体系建设的实施意见》（苏政发〔2013〕31号）中也对政务服务提出了一些要求：①高效便民——以方便群众办事为目的，简化办事程序和环节，科学设置服务事项和流程，提供便捷、高效的服务；实行首问负责、一次性告知、一表式登记、一次性收费、限时办结、服务承诺等制度，提高办结率。采取超前服务、预约服务、上门服务、自助服务、协办或代办服务，以及并联审批、联合办理、网上审批等方式，提高服务效率。②系统整合——充分利用现代信息技术，实现实体大厅与虚拟大厅的融合，创建高效、便捷、智能、透明的政务服务平台；完善政务服务中心网上审批平台系统，统一开发软件，实现信息互联互通并与行政权力网上公开透明运行系统有机融合；建立健全行政审批、公共服务、公共资源交易网上运行机制，推进行政审批和公共服务事项向电子政务平台集中，外网受理、内网办理、外网反馈、全程监督，逐步实现各级政务服务中心协同办理和联网运行；积极探索省、市、县纵横联办，实现网上政务服务中心为企事业单位和公众提供“无接触式”管理与服务。

政务服务与电子政务的紧密结合，以政府网站、行政审批、电子监察、网上评审、数字大厅、市民主页、移动政务服务等为代表的电子政务应用为代表，正不断完善政务服务体系，成为推动政务服务形式创新、能力提升的重要支撑，从而强化了行政权力的透明运行，为社会公众提供便捷高效、公平公正的政务服务。

5.5.4　技术层面——技术支撑，高效建设

按照2010年年底基本建立全省行政权力网上公开透明运行机制的总体目标，

---

①《关于深化政务公开加强政务服务的实施意见》（苏办发〔2011〕56号）。

加快信息系统平台建设。省政务公开办下发《行政权力网上公开透明运行信息系统建设实施方案》，以信息技术为手段，依托政府门户网站和电子政务内网平台，固化行政权力运行流程，逐步建立省市县三级行政权力网上公开透明运行机制，实现网上政务公开、协同办公、监察监控三大功能，满足社会公众知情办事、行政机关高效办公、各级领导科学决策和相关部门有效监督等四个方面的需求，力争整体工作走在全国前列。

1. 一体化：构建“一库四平台”

按照建立“外网受理、内网办理、外网反馈”的行政权力网上公开透明运行机制，一体化设计和构建全省行政权力网上公开透明运行系统基本构架，概括起来讲就是“一库四平台”：行政权力库、两个业务平台（网上政务大厅平台、行政权力运行平台）、两个监督平台（法制监督平台、行政监察平台），其中行政权力库是整个系统运行的基本数据库，其他平台的运行都要依靠行政权力库。系统平台结构如图 5.7 所示。

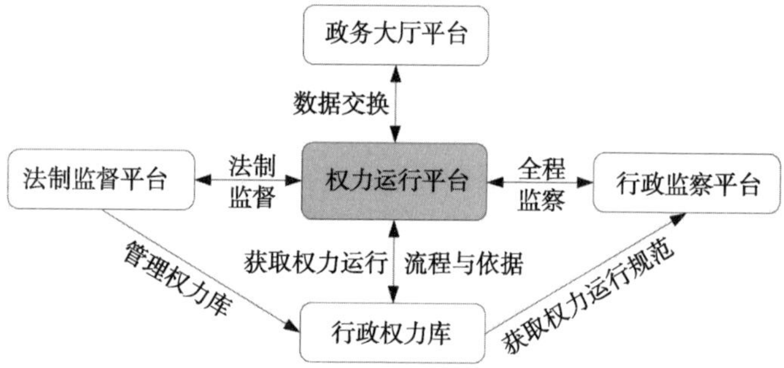

图 5.7　江苏“权力阳光”基础构架

（1）依法全面清理现有的行政权力，认真梳理、优化规范、合理调整行政权力运行业务流程，建立行政权力库。

（2）结合机关信息化建设，对与行政权力运行相关的信息进行统一管理，实行全程电子化运行，建立行政权力运行平台。

（3）充分利用政府网站，结合政府信息公开和政务服务，建立网上政务大厅平台。

（4）加强网上行政监察，实现信息采集、流程监控、自动预警、绩效评估、异常处理以及实时报送等功能，建立电子监督平台。

（5）对行政权力运行情况进行实时监控监察，确保行政行为依法、透明、廉洁、高效运行，建立法制监督平台。

2. 集约化：统建和自建相结合

基于各地各部门的电子政务建设和业务系统应用的实际情况，按照集约化建设思路，节省资源，降低成本，避免重复浪费，采用统建和自建两类方案，加快信息系统平台建设。

统建和自建在建立行政权力库的要求上是一致的，各单位必须按照系统需求规范，对本单位所行使的行政权力全面梳理，规范流程，制定相应的权力运行内外流程图。使用统建系统的单位需要把梳理的信息上报到统建系统，由统建系统为该单位建立行政权力库，行政权力库集中存放在统建系统同一的数据库平台上。自建单位把行政权力库相关信息上报省行政权力网上公开透明系统，同时，在本单位的自建系统中建立行政权力库，数据库由本单位自行管理。

统建单位行政人员登录统建的权力运行平台处理行政事项，行政事项的处理过程将被记录下来。自建单位行政人员登录自建的权力运行平台处理行政事项。

自建系统采用数据库推送方式或 Web Service 调用方式向省行政权力网上公开透明运行平台报送数据。数据库推送方式：自建部门接口程序定时将权力数据直接写入前置库；Web Service 调用方式：自建部门接口程序通过 Web Service 接口实时或定时将行政权力数据写入前置库。

自建系统向前置库提交 8 类信息：行政权力办件基本信息表、行政权力办件过程表、行政权力办件结果表、行政处罚办件基本信息表、行政处罚办件过程表、行政处罚办件结果表、部门统计数据表、部门监察数据表，相互间关系如图 5.8 所示。

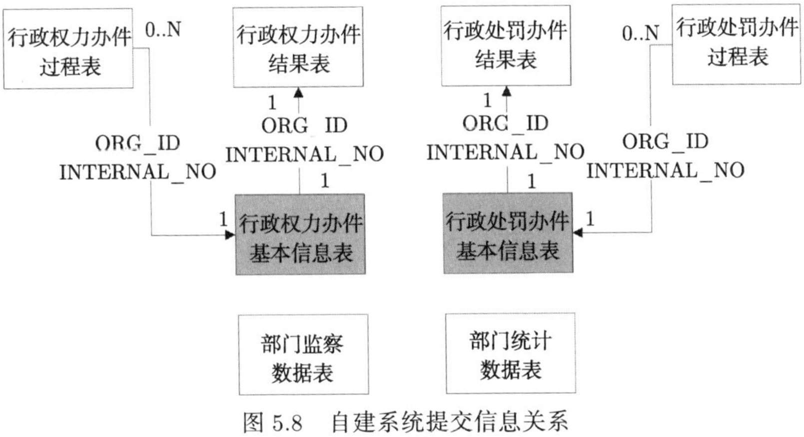

图 5.8 自建系统提交信息关系

自建系统需按照《江苏省行政权力网上公开透明运行电子监察系统建设规范》和《江苏省行政权力网上公开透明运行法制监督系统建设规范》要求，建设“电子监察平台”和“法制监督平台”。单位监察室和法规处工作人员通过自建的这两个平台实时督察行政权力运行状态。统建单位相关工作人员通过统建平台督察本单位行政权力运行状态。总体体系结构见图 5.9。

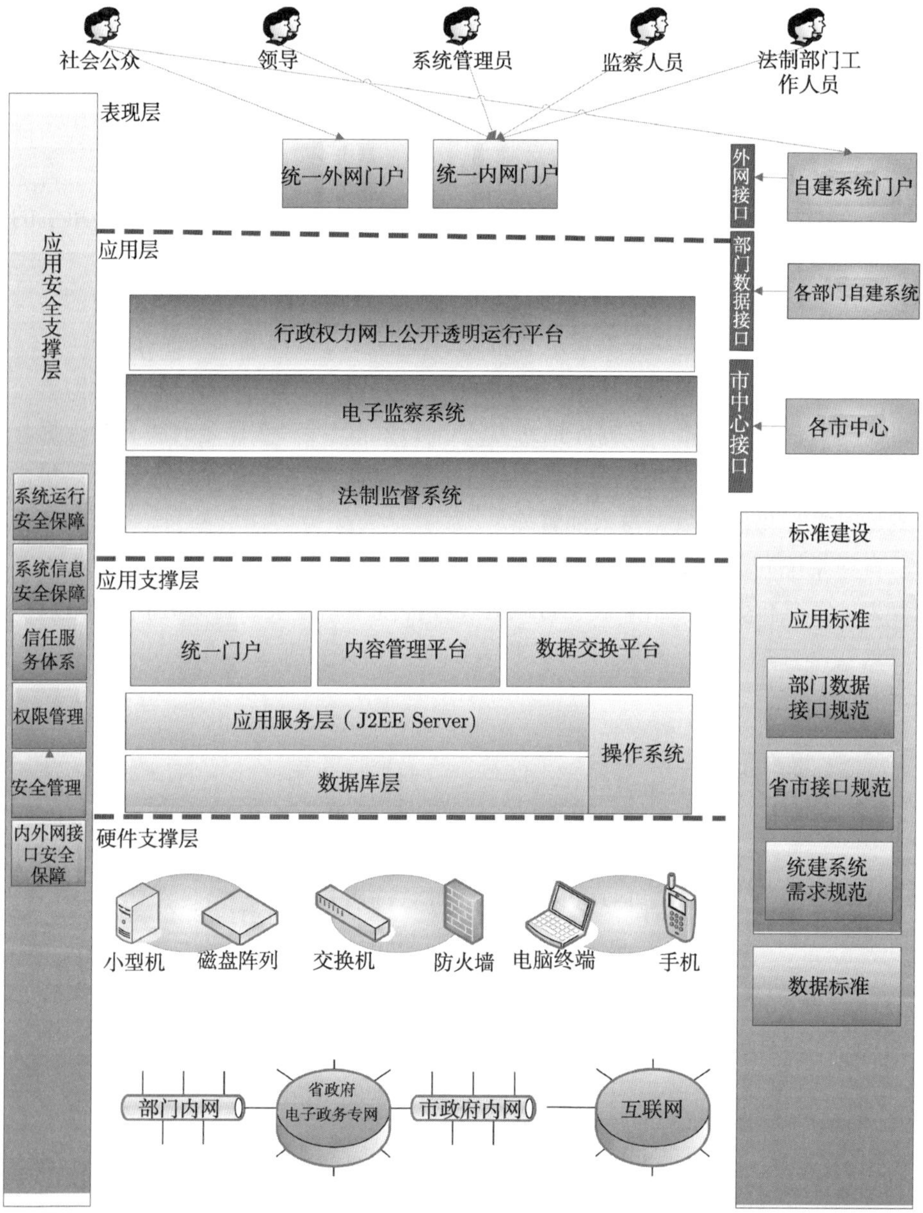

图 5.9 总体体系结构图

3. 规范化：实现数据共享交换

省政务公开办对系统建设总体构架做了统一规范，即按照“一库四平台”构架进行设计。

制定行政权力数据库建设规范，要求各单位对行政权力进行全面梳理，编制行政权力内、外流程图，建立行政权力库：

每项行政权力事项要按照以下4类10张表的要求规范填写。A1(A1_1、A1_2、A1_3、A1_4、A1_5、A1_6、A1_7、A1_8、A1_9、A1_10、A1_11)、A2、A3表是行政权力事项的静态信息，在政府网站上对外公开。B1、B2表是行政权力事项在单位内部运转的过程信息。C1、C2、C3、C4表是对行政权力事项运转需求的进一步细化。Z1是附表，统计行政权力事项的年使用频率。

（1）行政权力公开表。规范行政权力事项的静态信息，通过政府网站建立专栏集中对外公开，接受群众监督，方便群众办事。包括A1_1表：行政许可类公开项目表；A1_2表：行政处罚类公开项目表；A1_3表：行政征收类公开项目表；A1_4表：行政强制类公开项目表；A1_5表：非行政许可的行政审批事项类公开项目表；A1_6表：行政给付类公开项目表；A1_7表：行政奖励类公开项目表；A1_8表：行政确认类公开项目表；A1_9表：行政征用类公开项目表；A1_10表：行政裁决类公开项目表；A1_11表：其他类公开项目表。

（2）服务表格。A2表为服务表格表，服务表格是行政权力事项申请材料的空白表格，公众与企事业单位可在政府网站下载。

（3）外部流程图。外部流程图是对社会公开、便于公众知情办事的流程，经省行政权力网上公开透明运行工作小组审定后在政府网站上对外公开。

（4）内部流程图。内部流程图按照各单位业务工作程序制定，细化到本单位内部的具体办理人员，定岗、定人、定要求。

（5）岗位说明。B2表为岗位说明表，对内部流程图中的每个岗位按照表格栏目分别说明岗位的相关信息。

（6）数据项。C1表为数据项表，数据项指行政权力行使过程中由申请人提交的申请表格中各个栏目，以及办理人员内部办理填写的相关信息，如申请人的身份证、审批意见等。对每个岗位分别说明相关数据项。

（7）数据字典。C2表为数据字典表，数据字典是固定格式选项或者系统可以默认的一些项目，可减少用户操作，提高效率，便于统计，如案件来源。

（8）逻辑校验规则。C3表为逻辑校验规则表，逻辑校验规则指需要在环节或者页面中做的一些校验或者业务逻辑。

（9）岗位文书。C4 表为岗位文书表，在行政权力事项办理过程中产生的应提交给行政相对人的各种文书，以及按照档案管理的要求需要存档的各类文书。统一规范文书格式。对每个岗位分别说明岗位的相关文书。

（10）附表。Z1 表为附表。

各单位行政权力运行数据的共享交换，通过八类数据表实现。

（1）行政权力办件基本信息表（INF_APPLY）。此表记录除行政处罚外所有行政权力办件的基本信息。

（2）行政权力办件过程表（INF_APPLY_PROCESS）。此表记录行政权力办件的具体处理内容，用于还原业务轨迹。

（3）行政权力办件结果表（INF_APPLY_RESULT）。此表记录行政权力办件的处理结果信息。

（4）行政处罚办件基本信息表（INF_PUNISH）。此表记录所有行政处罚办件的基本信息。

（5）行政处罚办件过程表（INF_PUNISH_PROCESS）。此表记录行政处罚办件的具体处理内容，用于还原业务轨迹。

（6）行政处罚办件结果表（INF_PUNISH_RESULT）。此表记录行政处罚办件的处理结果。

（7）部门统计数据表（INF_STAT）。此表记录经省行政权力网上公开透明运行工作小组同意可采用统计方法所产生的部门数据结果。

（8）部门监察数据表（INF_SUPERVISE）。此表记录部门监察、法规处室开展行政监察和法制监督所产生的信息。

4. 绩效化：提高系统运行质量

为加强行政权力网上公开透明运行绩效化管理，检验工作成果，指导各地、各部门深入开展工作，使之逐步成为各级政府施政的一项基本制度，每年度对行政权力网上运行工作进行考核。考核对象为 52 个省有关部门、13 个省辖市和 106 个县（市、区）。

考核内容：按照巩固“三个全覆盖”、推进“三个融合”的要求，对各地、省各有关部门进行考核。省辖市主要考核组织管理、行政权力库、权力运行平台、网上政务大厅、行政监察平台、政府法制监督平台、县（市、区）权力运行情况 7 个方面内容；县（市、区）参照省辖市考核。省有关部门主要考核组织管理、行政权力库、权力运行平台、网上政务大厅、行政监察平台、政府法制监督平台 6 个方面内容；其中省工商局、省质监局、省地税局 3 个垂直管理部门参照省辖市考核。

考核方法：考核采取年终网上测评与平时重点考评相结合的方式进行，并按百分制量化计分。其中年终网上测评占 70%，平时重点考评占 30%。年终网上测评主要考核行政权力库、网上政务大厅（含组织管理专栏）、权力运行平台；平时重点考评主要考核组织管理、行政监察平台和法制监督平台。对县（市、区）的考核采取抽样考核的方式，按比例随机抽取，按照省辖市网上考核指标进行考核，考核结果的 10%计入省辖市的总成绩。

考核步骤：①自查评估。各地、省有关部门按照行政权力网上运行工作考核指标体系开展自查评估。发现问题立即整改，形成自查评估报告。②年度报告。各地、省有关部门将本辖区或本部门年度行政权力网上公开透明运行情况书面报送省政务公开办。③平时考评。省行政权力网上运行工作小组成员单位根据平时考核指标对各省辖市、省各有关部门进行考评，考评结果书面报省政务公开办。④网上测评。省政务公开办会同有关部门按照考核指标体系，组织专业测评机构和有关专家，对被考核单位进行网上测评。⑤综合评价。根据年终网上测评和平时重点考核情况，进行综合评分，85 分（含）以上为优秀，75 分（含）以上为良好，60 分（含）以上为合格，60 分以下为不合格。⑥通报整改。考核结束后，对全省行政权力网上运行考核结果予以通报。考核不合格的，给予 2 个月整改期，未按要求整改到位、复查仍不合格的，按照《江苏省行政权力网上公开透明运行管理暂行办法》进行处理。

组织实施：在省政务公开领导小组的领导下，从省政府办公厅、省监察厅、省经济和信息化委、省政府法制办等部门抽调人员及有关方面专家组成省考核工作小组，具体实施考核工作。各县（市、区）考核工作由各省辖市参照省考核要求自行组织考核；各省辖市会同省工商局、省质监局、省地税局 3 个垂直管理部门对辖区内市县局进行考核，考核结果随年度工作报告一并报省政务公开办。坚持考核标准，做到实事求是、客观公正；加强考核监督，对违反考核工作纪律的，直接列为不合格单位，并追究有关责任人的责任。

5.6　江苏“权力阳光”的实施路径

江苏省级“权力阳光”建设自 2006 年开始探索，遵循系统工程的理论和方法，开展顶层设计，提出全省推行“权力阳光”的建设路线图、推进措施和实施方法。具体实施路径如图 5.10 所示。

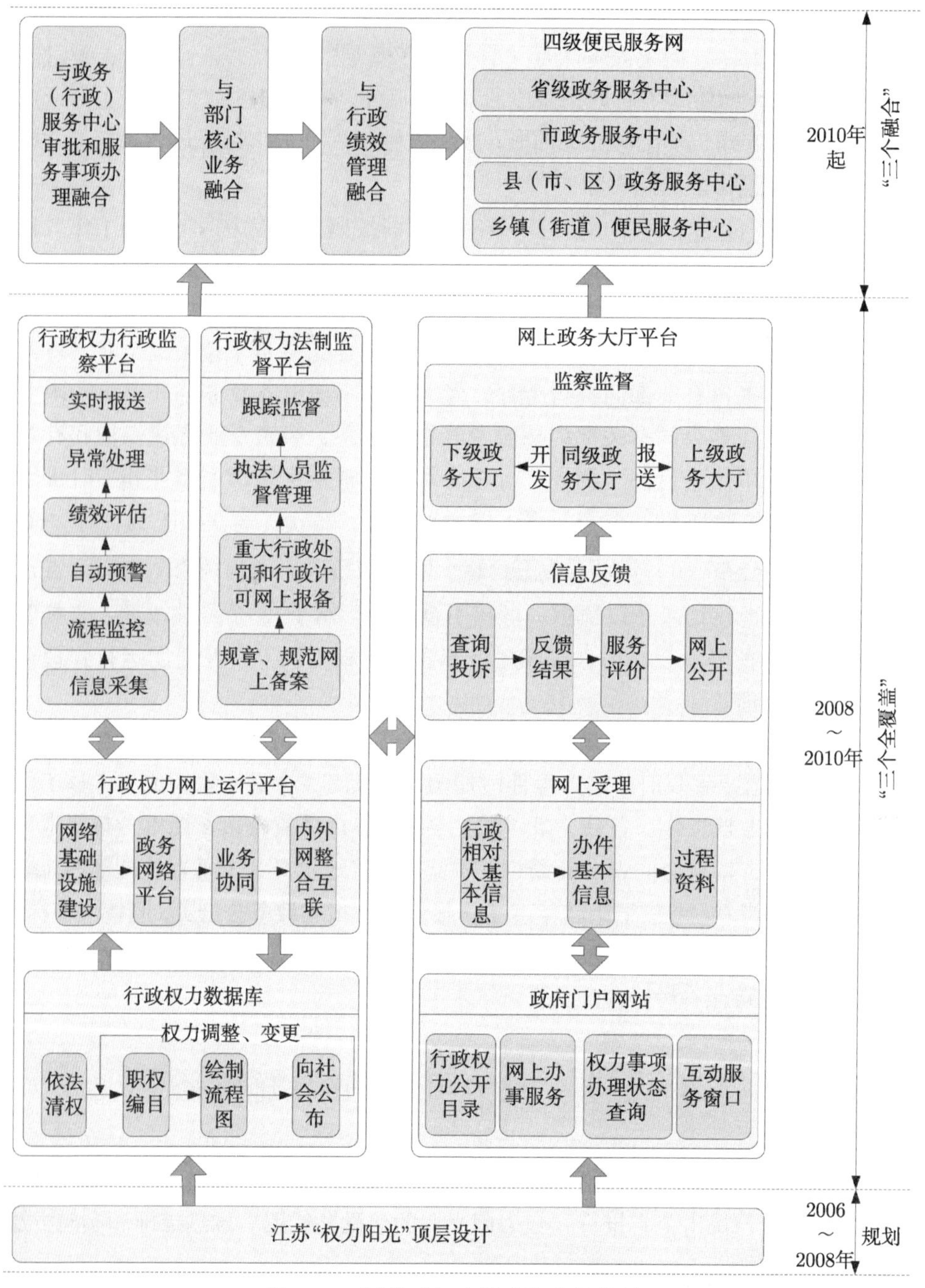

图 5.10　江苏“权力阳光”实施路径

5.6.1　确立建设目标

2006~2008 年，在地方多年的实践探索基础上，优化和提升，完成全省“权力阳光”运行的顶层设计。2008 年省政府办公厅发布了《关于开展行政权力网上公开透明运行工作的意见》(苏政办发〔2008〕50 号)，提出了要确保权力正确行使，必须让权力在阳光下运行的要求，从维护人民群众根本利益出发，运用现代信息技术，创新行政权力运行机制，推进行政权力依法行使、透明运行，转变政府职能，提高行政效能，强化廉政建设，为加快服务政府、法治政府、责任政府和廉洁政府建设提供制度保障。目标任务是坚持行政权力网上公开透明运行与贯彻全面推进依法行政实施纲要的进程相一致、与建立健全惩治和预防腐败体系相衔接，经过两年多的努力，到 2010 年年底，使行政权力网上公开透明运行逐步成为各级政府施政的一项基本制度，基本建立权责清晰、程序严密、运行公开、制约有效的行政权力网上公开透明运行机制。

5.6.2　全面清理审核行政权力

在确定目标后，为了加快推进行政权力网上公开透明运行工作，开展了清理审核省级行政权力的工作，《关于印发清理审核省级行政权力实施方案的通知》(苏政办发〔2008〕87 号)围绕建设服务政府、法治政府、责任政府和廉洁政府的总体目标，对省级行政权力进行全面清理，摸清权力底数，明晰职责分工，编制运行流程，建立裁量基准，确保行政权力依法、公开、规范、高效运行，为“推进科学发展、建设美好江苏”提供制度保障，也为开展行政权力网上公开透明运行工作奠定了良好的基础。

5.6.3　建立“省、市、县”三级运行机制

江苏省还进一步制定了行政权力网上公开透明运行信息系统建设实施方案。按照 2010 年年底基本建立全省行政权力网上公开透明运行机制的总体目标，以信息技术为手段，依托政府门户网站和电子政务内网平台，固化行政权力运行流程，逐步建立省、市、县三级行政权力网上公开透明运行机制，实现网上政务公开、协同办公、监察监控三大功能，满足社会公众知情办事、行政机关高效办公、各级领导科学决策和相关部门有效监督四个方面的需求，力争整体工作走在全国前列。

5.6.4　优化、固化行政权力运行流程

2009 年，省政府办公厅在《编制省级行政权力运行流程图和行政处罚自由裁量基准实施方案》中提出在全面清理行政权力事项的基础上，优化、固化行政权力运行流程，建立行政处罚裁量基准，运用现代信息技术，推动行政权力依法行使、

透明运行，逐步实现行政权力运行数据化、流程标准化、办公网络化、信息公开化，满足社会公众知情办事、行政机关协同办公、领导科学决策和相关部门有效监督四个方面的需求。

5.6.5　在线办理行政审批服务事项

在 2010 年市行政服务中心工作要点中提出充分发挥“三合一”网络行政审批服务功能的作用。充分运用网络平台加强对各部门审批服务的监管，有效规范服务行为。进一步完善网络服务功能，实现行政审批服务事项在政府审批服务平台上进行办理，部门事项实现网上在线办事，方便企业群众，发挥网络平台在扩大政务公开、提高行政效能、推进廉政建设等方面的作用。

5.6.6　达到“三个全覆盖”

为贯彻落实省政府第三次廉政工作会议精神，确保 2010 年年底前实现行政权力网上公开透明运行“三个全覆盖”，经省行政权力网上公开透明运行工作小组研究，决定对省级行政权力再次进行清理审核和调整（苏政公开办〔2010〕7 号）。此次调整包括了关于省级行政权力的调整、关于行政权力流程图的调整、关于行政处罚自由裁量基准的制定、关于行政权力及其流程图调整的具体要求以及关于行政权力数据库建设等方面。

同年，为贯彻落实《关于开展行政权力网上公开透明运行工作的意见》（苏政办发〔2008〕50 号），督促指导各地各部门扎实推进行政权力网上公开透明运行工作，确保年底前实现“县级以上行政机关全覆盖、行政权力事项全覆盖和网上行政监察全覆盖”，使行政权力网上公开透明运行逐步成为各级政府施政的一项基本制度，决定开展行政权力网上公开透明运行考核验收工作。

5.6.7　逐步实现政务服务均等化

2011 年，全国政务公开领导小组发表了《关于开展依托电子政务平台加强县级政府政务公开和政务服务试点工作的意见》（国办函〔2011〕99 号）。以邓小平理论和“三个代表”重要思想为指导，深入贯彻落实科学发展观，以统一的电子政务平台为载体，推进行政权力公开透明运行，逐步实现政务服务均等化，全面提高县级政府政务公开和政务服务水平。江苏省省政府办公厅也提出了《关于深化行政权力网上公开透明运行工作的意见》（苏政办发〔2011〕36 号），深化行政权力网上运行，是深入推进依法行政、建设服务型政府的内在要求，是进一步推进政务公开、加快构建惩防体系的迫切需要，也是积极推进政府管理手段和服务方式创新的重要举措。省委、省政府主要负责同志明确要求，各地、各部门要深入推进行政权力网上运行，不断完善功能，健全制度，提升运行水平，发挥重要作用，为服务型政府建设做出贡献。《江苏省国民经济和社会发展第十二个五年规划纲要》明确提出，要“深入推进政务公开，加快电子政务建设，实现行政权力网上公开透明运行”。省人民政府已将深化行政权力网上运行工作列入2011年54项重点工作之一。各地、各部门要充分认识深化行政权力网上运行工作的重要性和必要性，进一步统一思想、提高认识，以高度的责任感和使命感，加大工作力度，狠抓措施落实，确保全省行政权力网上运行工作继续走在全国前列。

5.6.8 推进“三个融合”

2012年，省政府办公厅继续开展了全省行政权力网上公开透明运行考核工作，按照巩固“三个全覆盖”、推进“三个融合”的要求，对各地、省各有关部门进行考核。省辖市主要考核组织管理、行政权力库、权力运行平台、网上政务大厅、行政监察平台、政府法制监督平台、县（市、区）权力运行情况七方面内容。这一考察既是对之前的工作的总结，更为以后的工作的开展奠定了良好基础。

江苏省委书记罗志军在“江苏省行政权力网上公开透明运行暨电子监察系统开通仪式”上的讲话中指出：经过几年来的探索和实践，全省行政权力网上公开透明运行工作已经取得了初步成效，积累了一些经验。各地、各部门要以今天的开通仪式为新的起点，按照权责清晰、程序严密、运行公开、制约有效的要求，更大力度地推进行政权力网上公开透明运行，重点抓好以下几个方面：一是拓展覆盖范围，二是健全管理机制，三是提高应用水平，四是放大综合效应。行政权力网上公开透明运行暨电子监察系统虽然已开通运行，但如何规范提高、如何确保行政权力真正全部上网运行，还有大量工作要做。各地、各部门要进一步明确责任，精心组织，加强培训，严格考核，务求实效。最后，他总结道：“推进行政权力网上公开透明运行是一个崭新的探索，也是一项长期的任务。江苏要坚持以邓小平理论和‘三个代表’重要思想为指导，深入贯彻科学发展观，以更加积极的态度、更加务实的作风、更加扎实的举措，全面深入地推进行政权力网上公开透明运行工作，努力建设人民满意的服务型政府，为‘推动科学发展、建设美好江苏’做出新的贡献。”

5.7 江苏“权力阳光”的实现方法

江苏“权力阳光”实现方法包括管理方法与技术实现两个方面。

5.7.1 管理方法

江苏“权力阳光”通过行政权力运行基本制度的建立形成管理方法。

1. 组织领导

各地、各部门要认真贯彻执行《江苏省行政权力网上公开透明运行管理暂行办法》，坚持和完善党委政府统一领导、政务公开领导小组组织协调、有关部门各负其责、纪检监察机关监督检查的领导体制和工作机制。省政务公开领导小组办公室要加强对全省行政权力网上运行的指导、协调和监督工作。省各有关部门要各司其职、通力协作，共同推进行政权力网上运行工作。

2. 系统培训

要加强对各级领导干部的培训，使其进一步转变施政理念和管理服务方式，更加重视支持行政权力网上运行工作。要加强对各级机关工作人员的培训，进一步提高其法律意识、业务水平和信息化技能。要加强对各级电子政务管理人员的培训，切实增强其专业保障服务能力。

3. 健全制度

健全行政执法程序制度、行政执法考核制度、行政执法投诉处理制度，逐步形成行政执法制度体系，确保行政权力依法规范运行。实行行政权力网上公开透明运行公众评议制度，通过政府网站或其他形式，组织公众对各部门实施行政权力网上公开透明运行情况进行评议，定期公布评议结果。建立行政权力网上公开透明运行过错责任追究制度，严格落实责任制。

4. 规范运行

江苏省构建的行政权力网上公开透明运行机制涉及 52 个省级机关、13 个省辖市及 106 个县（市、区）的所有行政机关，是在各级、各部门信息化基础上的拓展和提升。这项工作顺利推进面临的首要技术问题是“书不同文、车不同轨”。这就需要在充分利用各地、各部门现有信息化资源的基础上，通过适当的增量投入来打破地区之间、部门之间的“信息壁垒”和“业务割据”，实现网络互通、业务互联、信息共享，从而实现电子监察“无时不有、无处不在”。在实践中，江苏对南京模式、苏州模式以及江苏其他试点地方和部门的经验和教训进行了认真的分析研究，发现必须在起步阶段就制定技术标准和业务规范，明确各级各部门的建设内容和功能要求，以便对照省里的标准及时改造升级完善。为此，江苏主要制定下发了“一库四平台”（行政权力数据库、网上政务大厅、行政权力运行系统、电子监察系统、法制监督系统）建设的标准规范。

5. 绩效考核

要将行政权力网上运行工作纳入政府绩效考核、党风廉政建设责任制考核、依法行政考核，与各项业务工作同部署、同落实、同检查、同考核，要重点加强对县级行政权力网上运行工作的检查考核。行政权力网上公开透明运行工作主管部门应当加强对行政权力网上公开透明运行工作的绩效考核，每季度通报一次行政权力网上公开透明运行情况，并根据行政权力网上公开透明运行工作开展情况定期组织检查考核。

6. 试点推广

省行政权力网上运行工作小组要加强调查研究，定期组织开展业务交流。要及时总结推广试点经验，不断提升行政权力网上运行工作整体水平。各地、各部门要认真分析行政权力网上运行工作中出现的新情况、新问题，尽快研究提出解决措施。要以编制《行政权力网上运行国家建设指南》为契机，加强工作制度和技术规范研究，促进我省行政权力网上运行工作再上新台阶。

7. “三个全覆盖”

依托全省统一的电子政务网络平台，推进行政权力网上公开透明运行工作向广度和深度拓展，力争 2010 年年底前实现三个全覆盖：第一，县级以上行政机关全覆盖。加快推进县级行政权力网上公开透明运行，有条件的地方向乡镇一级延伸。加强对市、县两级行政权力网上公开透明运行工作的分类指导和督促检查，力争 2010 年年底前实现省、市、县三级平台互联互通。第二，行政权力事项全覆盖。强化系统功能的拓展延伸，分阶段、分层次、分类型推进行政许可、行政处罚、行政征收、行政强制等各类行政权力网上运行，凡是没有经过审核确认的行政权力一律不得行使，凡是没有在网上公开透明运行的行政权力一律不得行使。定期把各单位实际办理事项与网上办理事项的数量进行比对，进一步提升网络监控技术，及时发现和纠正个别权力事项网下手工办理、事后网上补录的现象，逐步解决行政权力网上、网下“双轨”运行的状况。第三，网上行政监察全覆盖，实现对所有在网上运行权力的监察监控。

8. “三个融合”

在巩固 “三个全覆盖”的基础上，力争通过两到三年的努力，使行政权力网上运行工作实现“三个融合”，即与政务（行政）服务中心审批和服务事项办理融合，与部门核心业务融合，与行政绩效管理融合，真正做到权力取得有据、配置科学、运行公开、行使依法、监督到位。省辖市、省级机关各部门考核优良率达到 90% 以上。2011 年，着重推进了省、市两级“三个融合”，来提升县级行政权力网上运行质量，使系统功能更加完善、权力清理更加全面、网上办事更加便捷、监察标准更加严格、法制监督更加规范。各有关省辖市、省级机关部门深化行政权力网上运行试点工作取得明显成效。省辖市考核优良率达 80%，省级机关优良率达 60%。

5.7.2　技术实现

江苏“权力阳光”运用网络和信息技术等现代科技手段，构建全省行政权力网上公开透明运行系统，形成技术方法。其核心是建设“一库四平台”，见图 5.11。

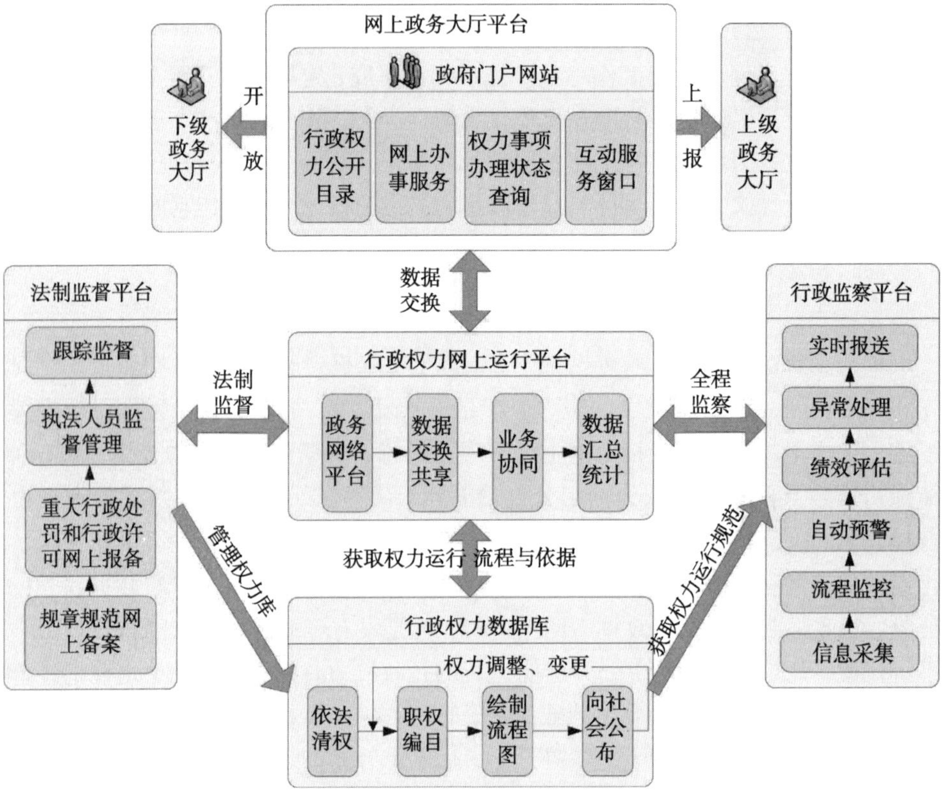

图 5.11　江苏“权力阳光”技术实现

1. 行政权力库

行政权力库是行政权力网上公开透明运行系统的基础数据库，是网上政务大厅、行政权力运行平台、行政监察平台和法制监督平台运行的依据。行政权力库主要包括行政权力基本信息、外部流程图、内部流程图和行政处罚裁量基准等信息。具体做法是：依法清理行政权力并经同级人民政府法制机构审核确认后 10 日内录入行政权力库；未经审核确认的行政权力及相关信息，不得擅自录入行政权力库；依法增加、取消行政权力或进行变更的行政权力，实施主体应在发生之日起 20 日内向同级人民政府法制机构提出申请；向社会公开的行政权力及有关信息应当与行政权力库保持一致。

2. 行政权力网上运行平台

依据行政权力库，通过电子政务网络和信息技术应用，对与行政权力运行相关的信息进行统一管理，实行全程电子化运行，建立行政权力运行平台，实现所有行政权力事项办理及全业务、全流程网上运行。它也是行政权力库、网上政务大厅、行政监察平台和法制监督平台的数据共享交换和信息管理平台。其功能包括：对每项行政权力事项设定独立的内部流程，固化流转环节，办理过程操作，传输和保留基本信息、材料和办理信息，具备流程检查、自动控制、自动审查、超规限时自动提醒、异常操作控制和提醒、对超越法律法规限定及自由裁量限定的处罚决定进行控制和提醒等流程控制功能，以及存储和备份等。

3. 网上政务大厅平台

该平台是借助于政府网站，对外实行行政权力公开、网上办事服务、社会监督的窗口。依据行政权力库和行政权力运行平台，结合政务公开和政务服务，在政府网站上建立网上政务大厅。网上政务大厅平台功能包括：行政权力公开目录、网上办事、行政权力事项办理状态查询以及网上咨询、投诉、求助、举报等服务窗口，通过行政权力运行平台建立网上受理、内部办理、信息反馈和监察监控工作机制，实现与行政监察平台、法制监督平台、部门网站及部门业务系统的信息交换共享，设立对外受理窗口、接收申请材料，限时办理网上咨询、投诉事项，及时反馈处理结果，由行政相对人对办理情况进行评价，并通过网络向社会公开。

4. 法制监督平台

法制监督平台的建设目标是对行政权力运行情况进行实时监控、监察，对行政权力运行的合法性、适当性进行监督。政府法制监督平台主要功能包括：规章和规范性文件监督、行政执法主体与人员监督、行政执法行为监督、行政复议应诉监督；对行政复议应诉案件情况进行统计分析，对行政复议应诉人员进行管理、行政权力数据库维护管理等；对政府法制机构实施法制监督，对违法行使的行政行为发起督办。

5. 行政监察平台

行政监察平台的建设目标是对行政权力网上运行情况进行全过程的实时监控，确保行政行为依法、透明、廉洁、高效运行。行政监察平台实行分级管理，上级监察机关与下级监察机关、同级监察机关与实施主体之间建立数据交换和二次监管关系。行政监察平台主要功能包括实时报送、全程监控、预警纠错、投诉处理、统计分析、绩效评估、督查督办等。其工作原理是：行政监察平台设置监察规则库，自动筛选、交叉比对行政权力事项办理过程中出现的问题及异常；实施主体和监察机关指定专门机构与专门人员处理行政监察平台事务；下级行政监察平台管理部门应当主动接受上级行政监察平台管理部门的管理，按照工作要求完成投诉处理、督查督办工作；承办单位应当及时接受督查督办任务，按照时限要求准确地反馈办理过程和结果；不能按时完成的，应当在规定的期限内说明理由和进展情况；行政监察平台预警纠错、投诉处理、督查督办等的认定结论纳入部门责任追究和绩效考核的重要内容。

5.8　江苏“权力阳光”的主要成效

2013 年度（1~12 月），省平台汇总 52 个省级机关、全省 13 个省辖市及 106 个县（市、区）的办件所涉及行政权力数量共 22009 项，其中包括行政许可 7691 项，行政处罚 6813 项，行政征收 599 项，行政强制 106 项，行政审批 1858 项，其他权力数量 4942 项。涉及的权力事项的数量、占总体的百分比的具体情况如图 5.12 所示。

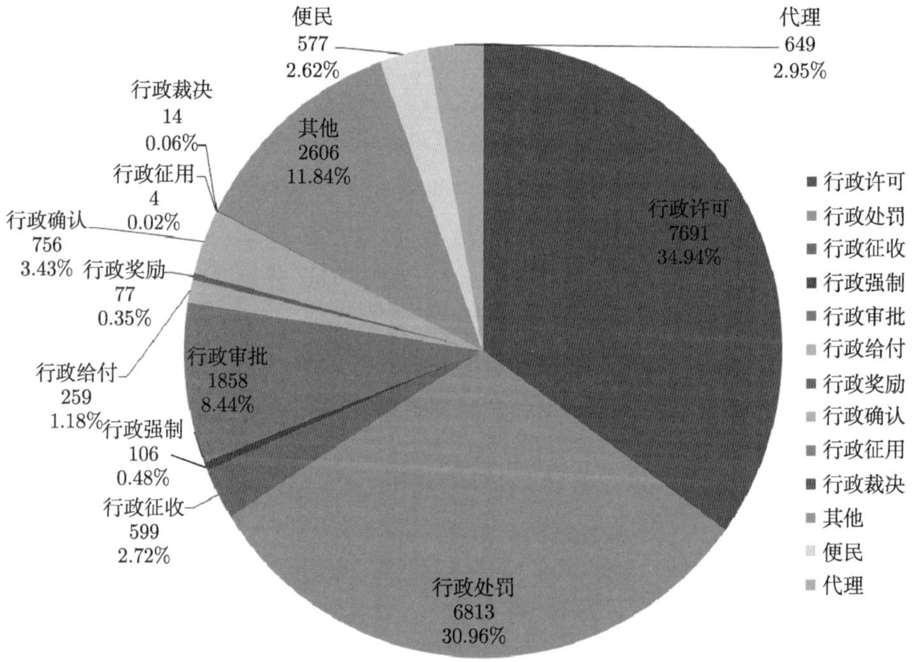

图 5.12　省平台入库权力分布图（2013 年度）（单位：项）

2013 年度（1~12 月），省平台汇总 52 个省级机关、全省 13 个省辖市及 106 个县（市、区）各类行政权力发生的总办件量为 41525776 件，其中行政许可办件 4391780 件、行政处罚办件 7295386 件、行政征收办件 9116249 件，行政强制办件 1915 件，行政审批办件 2070734 件，其他权力办件共 18649712 件。办件数量及所占百分比情况如图 5.13 所示。

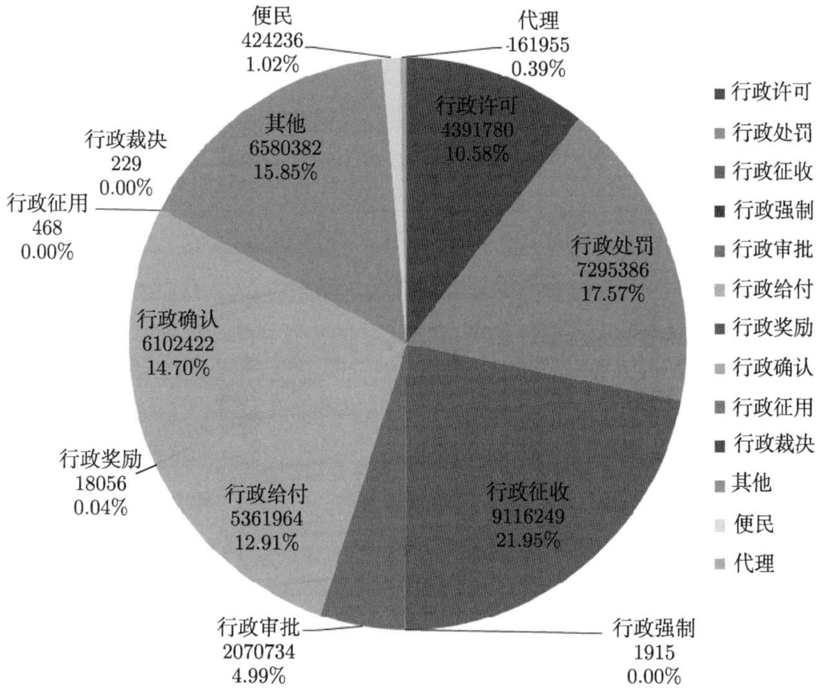

图 5.13　省平台汇总办件分布图（2013 年度）（单位：件）

江苏“权力阳光”工程的建设对江苏转变施政方式、提高行政效率、实现政府管理方式创新和政府职能转变、促进服务型政府建设发挥了重要作用。随着各部门信息化应用水平的不断提高，一批跨部门、跨领域、跨行业信息资源共享和业务协同项目的相继建成或完善提高，发挥了行政权力公开透明运行的综合效应。主要成效体现在以下五个方面。

1. 制度落实，机制形成

江苏“权力阳光”运行按照“权力的取得要有依据、权力的配置要科学、权力的运行要公开、权力的行使要依法、权力的监督要到位”的工作思路，通过一系列制度和规则的建立、信息化手段的运用、“一库四平台”信息标准体系的落实，逐步实现权力事项运行过程、运行结果的公开化、透明化、阳光化，形成了“权力事项全覆盖、运行过程全监控、异常状况全预警”的“权力阳光”机制，实现了“权力在内控中严格规范，权力在阳光下透明运行，权力在网络上全程监察”的建设目标。据统计，全江苏省 2010~2013 年平台上运行的权力数量分别为 2.37 万项、1.95 万项、2.24 万项和 2.20 万项，对应的办件量依次为 608 万件、1204 万件、2492 万件和 4153 万件，见图 5.14。

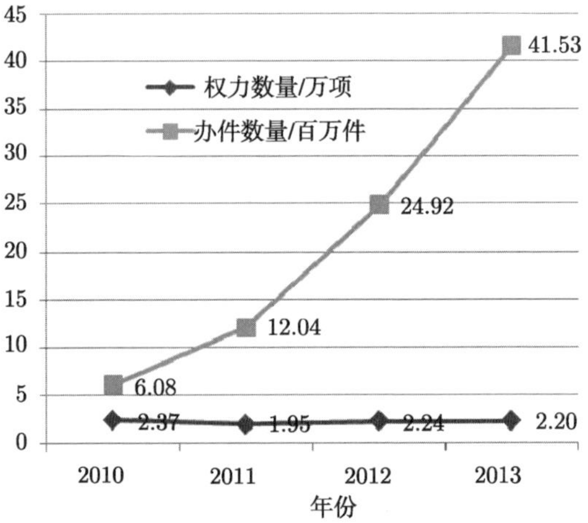

图 5.14 江苏“权力阳光”运行数据统计情况（2010~2013 年度）

2. 依法行权，简政放权

结合政府职能转变和机构改革，按照国务院有关取消和下放一批行政审批项目的决定，依法清理行政权力，规范行政权力运行，建立和完善行政权力库。对现有行政许可项目和非行政许可审批项目继续清理，取消和下放一批行政审批项目，规范行政处罚的自由裁量权，加强对入库权力的动态调整，减少政府对微观层面的干预，适应市场经济和社会发展的需要。通过几轮清理，至 2013 年年底全省共减少行政权力 2951 项（由 2010 年权力数量减去 2013 年代理、便民除外的权力事项数得到），减幅为 12.4%，权力事项数总体呈下降趋势（参见图 5.15 趋势线）。

3. 优化流程，高效服务

一方面，通过行政权力信息平台的建立和运行，规范和优化行政权力运行内外流程，公开和监督行政权力事项办理过程，提高办理行政事项的时效性、办结率。另一方面，加强了政府部门之间、政府与企业之间以及政府与公众之间的信息分享，辅助对政府业务重组、流程再造等方式创新，推动政府管理结构向扁平化转变，全面提升了政府的社会管理和公共服务能力。目前，政府部门办理行政事项的时间普遍比法定时限缩短了一半以上，审批事项提前办结率明显上升，群众对机关作风和行政效率满意率逐年提高。

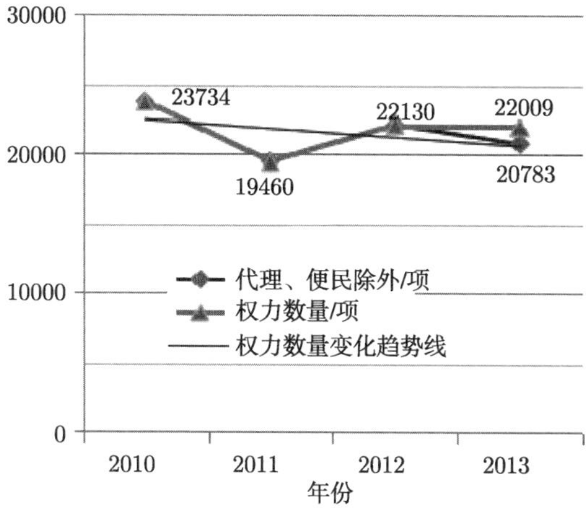

图 5.15　江苏“权力阳光”清权数据情况（2010~2013 年度）

4. 信息公开，社会监督

通过政务服务大厅的信息公开和对外服务，为社会和公民提供办事咨询服务和投诉、监督的渠道。搭建与人民互动的平台，推动了政府决策的民主化、科学化。通过意见征集、网上调查、社会听证等栏目，对涉及经济社会发展全局、与人民群众利益密切相关的重大事项，公开向社会征求意见，充分调动了广大人民群众有序参与政务的积极性。听取网民意见、回应网民诉求、引导网上舆情，已经成为政府工作的一个重要方法和途径。

5. 内控机制，防治腐败

通过行政监察平台和法制监督平台的建立和运行，创新监察手段，深化了源头防治腐败工作；通过设立廉政风险点，及时预警纠错、投诉处理、督查督办，实现了内部监督和外部监督的有机结合，实现了事后监督向全过程监督、单层次监督向多层次监督的转变，从源头上有效地预防了腐败现象的发生。很多部门领导反映：“权力网上公开透明运行系统建成以后，说情打招呼的现象明显减少。”

6. 推动电子政务科学发展，促进基本公共服务均等化

信息技术和网络是行政权力网上公开透明运行的载体和支撑，通过“权力阳光”工程建设，政务网络达到了互通，政务信息实现了共享，政务应用和服务不断扩展和延伸。建立了省、市、县三级信息共享交换机制和平台，积极开展县级政务公开和政务服务试点工作，推进了村镇、社区网上政务公开和政务服务，推动了电子政务科学发展，促进基本公共服务均等化。

针对苏南、苏中、苏北不同地区选择了 12 个县（市、区）开展试点，其中 4 个作为国家试点县（市、区）。通过一年左右时间，实现电子政务平台覆盖县（市、区）、乡镇（街道）、村（社区）三级。 2012 年，邳州等 12 个试点县（市、区）将

政务公开和政务服务事项向 120 个乡镇（街道）延伸，覆盖率达 88.2%；向 1830 个村（社区）延伸，覆盖率达 82%；共梳理政务信息公开事项 755 项，行政职权 51692 项，便民服务 628 项。

截至 2013 年年底，全省入库行政权力共 22009 项，其中省本级共有行政权力 2316 项，省辖市 4731 项，县（市、区）14962 项。各类行政权力的省、市、县三级分布汇总数据见图 5.16。省平台汇集省、市、县三级部门办件 4153 万多件，其中行政许可 439 万件，行政处罚 729 万件，非许可审批 207 万件，其他行政权力办件 2778 万多件，涉及省、市、县三级 2877 个部门，办件数量的省、市、县三级分布汇总数据见图 5.17。

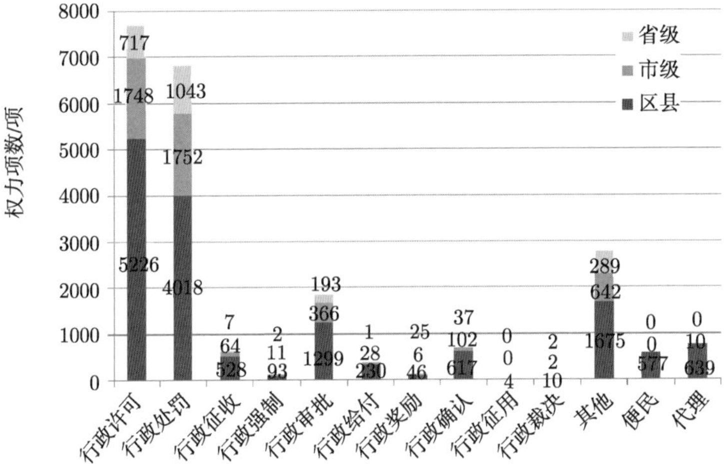

图 5.16　江苏省省、市、县三级权力项数分布（2013 年度）

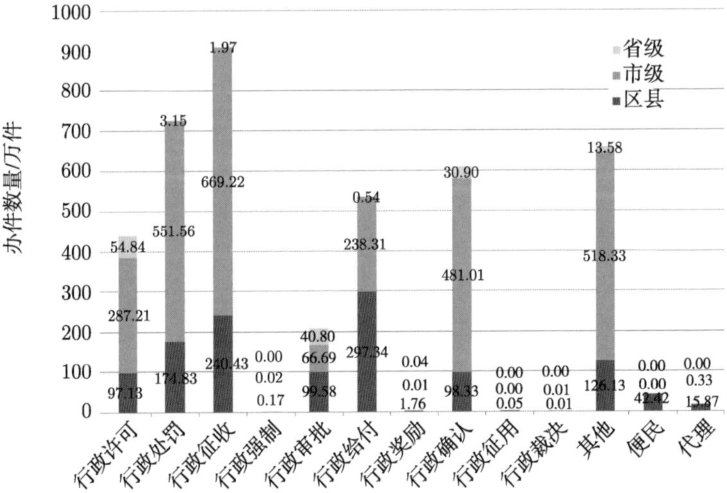

图 5.17 江苏省省、市、县三级办件数量分布（2013 年度）

第六章　“权力阳光”机制：制度编织的“笼子”

江苏行政权力网上公开透明运行，又称“权力阳光”，是希望通过运用现代信息技术，创新行政权力运行机制，推进行政权力依法行使、透明运行。本质上是行政权力的理性回归，反映了我党“切实转变政府职能，深化行政体制改革，创新行政管理方式，增强政府公信力和执行力，建设法治政府和服务型政府”[①]的内生性动力与实践行动。

江苏“权力阳光”旨在建立系统的防腐（通过监督、监察来威慑、预防腐败的发生）、反腐（发现违规线索、保全腐败证据）机制，因为“阳光是最好的防腐剂”。通过权力清理、权力运行、行政监察、法制监督以及各级职能部门办公室、法规处、信息中心、监察处等的联合推进，实现了信息采集、流程监控、自动预警、绩效评估、异常处理以及实时报送等功能，对政府信息公开、行政权力运行情况进行实时监控监察，确保了行政行为依法、透明、廉洁、高效地运行。

机制的建立使“权力阳光”运行成为常态，“三个全覆盖”、“三个融合”的深化推进，让权力运行真正发挥效能，并初步攻克了数据共享的动机、动力与行动问题，为构建扁平政府、法治政府、服务型政府又向前迈进了一步，有力支撑江苏“两个率先”的经济与社会发展目标的实现。

6.1　“权力阳光”的倡导

随着我国政治、经济等领域改革的深化，政府行政权力的运行走向日益透明的新路子。党的十七大报告提出：

> “要确保权力正确行使，必须让权力在阳光下运行，从维护人民群众根本利益出发，运用现代信息技术，创新行政权力运行机制，推进行政权力依法行使、透明运行，转变政府职能，提高行政效能，强化廉政建设，为加快服务政府、法治政府、责任政府和廉洁政府建设提供制度保障。”（胡锦涛，2007）

进一步地，党的十八大报告提出：

> “推进权力运行公开化、规范化，完善党务公开、政务公开、司法公

① 《中国共产党第十八届中央委员会第三次全体会议公报》。

开和各领域办事公开制度，健全质询、问责、经济责任审计、引咎辞职、罢免等制度，加强党内监督、民主监督、法律监督、舆论监督，让人民监督权力，让权力在阳光下运行。”（胡锦涛，2012）

与之相呼应，在中国共产党第十八届中央纪律检查委员会第二次全体会议上，习近平总书记深入地阐释了新一届党中央反腐倡廉的战略布局，指出：

“要加强对权力运行的制约和监督，把权力关进制度的笼子里，形成不敢腐的惩戒机制、不能腐的防范机制、不易腐的保障机制。”①

中国共产党第十八届中央委员会第三次全体会议研究了全面深化改革的若干重大问题，做出如下决定：

“坚持用制度管权管事管人，让人民监督权力，让权力在阳光下运行，是把权力关进制度笼子的根本之策。必须构建决策科学、执行坚决、监督有力的权力运行体系，健全惩治和预防腐败体系，建设廉洁政治，努力实现干部清正、政府清廉、政治清明。”②

“让权力在阳光下运行”、“把权力关进制度的笼子”、“用制度管权管事管人”、“让人民监督权力”，是我党在新形势下对政府行政权力运行本质的准确认识，也是对国内外公共行政与公共管理主流思想理论与我国实际情况相结合的力行与实践。

6.2 “权力阳光”的载体：电子政务

传统模式下，政府“金字塔”式的层级组织结构在监督机制上具有先天的不足，易使政府部门滋生滥用职权、以权谋私、贪污受贿、不讲责任等问题（高云涛，2013）。而电子政务的推行，逐渐改变着这种传统的组织结构，将科学的管理方式、业务流程与 IT 有机融合，实现了自动化、程序化、透明化的政府业务办公流程。这使行政权力行使的过程、时间、结果、依据等实现透明化、公开化，有效地防止了暗箱操作。另外，网络服务模式也在权力行使过程中，有效地将权力“使受”双方、公共服务的“供需”双方有效隔离，破除权力腐败的温床，形成有效的防腐机制。正如原江苏省政务公开领导小组副组长解畅所言：

“行政权力网上公开透明运行，是在推进服务型政府建设进程中提出的政务创新理念，实质是以规范行政权力运行为目的，以电子政务网络为载体，以现代信息技术为支撑，积极构建权责清晰、程序严密、运行公开、制约有效的行政‘权力阳光’运行机制。”

---

① 《中国共产党第十八届中央纪律检查委员会第二次全体会议公报》。

② 《中共中央关于全面深化改革若干重大问题的决定（2013 年 11 月 12 日中国共产党第十八届中央委员会第三次全体会议通过）》。

6.3　江苏“权力阳光”机制的演变

回顾江苏“权力阳光”机制的发展演变，大体上可以分为五个阶段：起步阶段、探索阶段、突破阶段、推进阶段和深化阶段，见第 5.3.3 节。

6.4　江苏的“权力阳光”机制

归纳起来，江苏“权力阳光”机制由工作机制、运行机制、保障体系三部分组成，见图 6.1。

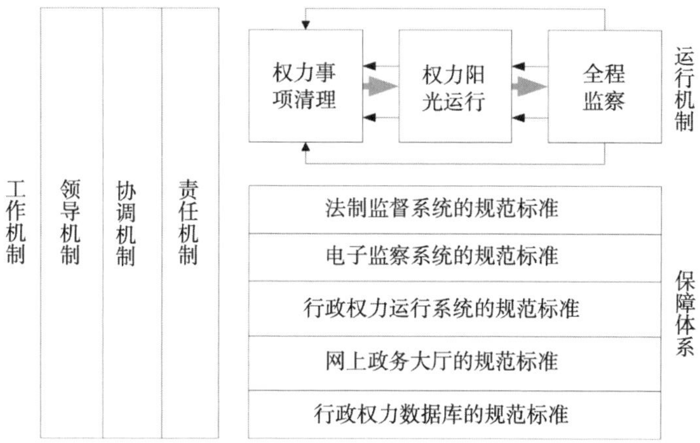

图 6.1　“权力阳光”机制

6.4.1　江苏“权力阳光”工作机制

江苏省政府办公厅发布的《关于开展行政权力网上公开透明运行工作的意见》（苏政办发〔2012〕50 号）明确了江苏“权力阳光”的工作机制，由领导机制、协调机制、责任机制 3 个部分共 14 项具体工作组成。

1. 工作机制

（1）领导机制。建立党委、政府统一领导，政务公开领导小组组织协调，有关部门各负其责，纪检监察机关监督检查的领导体制和工作机制。

（2）协调机制。建立省行政权力网上公开透明运行工作小组，由省政府办公厅、省监察厅、省信息产业厅、省编办、省政府法制办、省政务公开办等有关部门和单位负责同志组成，负责全省行政权力网上公开透明运行工作的组织协调、业务指导和监督检查。

（3）责任机制。各市、县（市、区）也要建立相应的工作机构，明确责任分工，确保各项目标任务的落实。

2. 具体工作

（1）省政府办公厅负责协调指导全省行政权力网上公开透明运行系统建设工作，会同有关部门拟定相关标准和技术规范，组织省级行政权力网上公开透明运行系统建设及日常维护工作。

（2）省经济和信息化委员会负责行政权力网上公开透明运行系统的前瞻性研究并提供技术研发支持，协助相关部门制定规划及拟定相关政策、标准和技术规范。

（3）省监察厅负责协调指导全省行政监察平台建设、管理和维护工作，组织开展全省行政监察，对相关监察、监控数据进行分析整理，对异常情况进行督办，并对相关违规行为进行处理。

（4）省政府法制办等法制部门负责对全省行政权力事项进行动态管理和执法监督。协调指导全省行政权力库和政府法制监督平台建设、管理和维护工作，组织开展全省法制监督。积极配合相关部门制定出台行政权力网上公开透明运行相关配套制度，进一步健全行政执法程序制度、行政执法考核制度、行政执法投诉处理制度、行政权力网上公开透明运行公众评议制度以及过错责任追究制度，加快形成保证行政权力网上公开透明运行的长效机制。

（5）省政务公开办会同省政府办公厅、法制办、经信委等有关部门，根据全流程、全业务、全覆盖的原则，研究制定科学合理的考核验收标准，组织对全省各级行政机关权力网上运行情况进行考核验收，年内全部验收完毕，使行政权力网上公开透明运行成为全省各级政府施政的一项基本制度。

（6）省政府办公厅、省信息产业厅负责行政权力网上公开透明运行电子政务建设的规划制订、业务指导工作，负责对省级“网上政务大厅”、网上行政监察系统、省政府门户网站升级等工程项目建设的组织实施和日常维护工作，并对各地、各部门技术实施方案进行审核，对各部门自建的行政权力电子系统进行检查验收。

（7）省政府办公厅、省政府法制办等负责编制行政权力运行流程图和建立行政处罚自由裁量基准的组织协调工作。

（8）省辖市纪检监察部门负责对本市行政权力网上运行情况进行监督、控制、综合分析和数据的筛选应用。

（9）市级机关的纪检监察部门和各县（市、区）的纪检监察、法制等部门，负责对本部门、本地区行政权力事项的流程监控、效能监控、异常报警、异常处理等进行监督处理的工作。

（10）县级政务公开领导机构负责具体组织实施，编制县级政府政务公开和政务服务目录，加强统筹协调和检查评估，及时报告试点工作进展情况。

（11）县级政府部门依据职能梳理、清理并严格规范政府信息公开、行政职权和便民服务事项，依托县级平台向社会公众公开信息、提供服务。

（12）县级政府编制和法制部门负责对各部门政府信息公开、行政职权和便民服务事项的具体内容进行初步审核。

（13）工业和信息化部门负责指导协调做好县级平台的应用设计、平台构建、运行维护、技术保障、技术培训和评测等工作。

（14）监察部门负责制定监察规则，充分利用电子监察应用系统，对行政职权和便民服务事项的办理进行全过程监察。

6.4.2 江苏“权力阳光”运行机制

江苏“权力阳光”运行机制包含三个层次（图 6.2）：

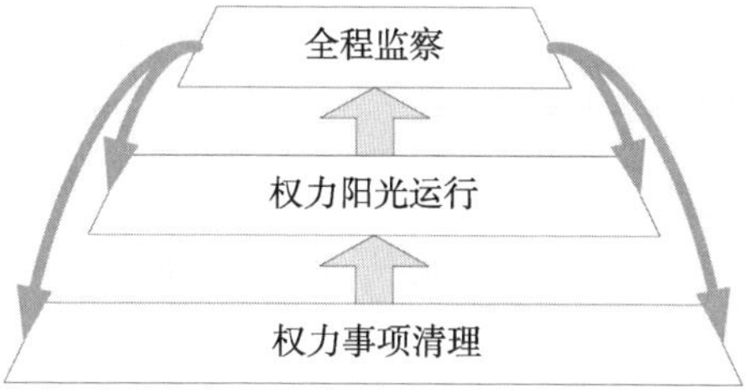

图 6.2 “权力阳光”运行机制

1. 严格规范的权力内控机制

该机制（图 6.3）首先依法对行政权力进行清理、规范。从行政许可、行政征收、行政处罚、行政强制等方面，依法对现有的行政权力进行全面清理。按照权力的类别编制职权目录，逐项列明权力名称、行使依据、公开形式、承办部门及人员等相关信息。按照权力运行的程序、承办岗位、职责要求、监督制约环节、相对人的权利、投诉举报途径及方式等项目编制流程图。编制的职权目录和流程图，经政府法制部门审核确认后，通过政府门户网站等载体向社会公布。部门行政权力调整和改变，应及时修订职权目录和流程图，重新申报和向社会公布。

在依法对所有行政权力事项进行清理的基础上，进一步优化和固化工作流程，利用现代信息技术实行计算机自动流程控制，并按照权力运行的轨迹排查风险，采用预警提醒、操作规范、标准控制、专项监督等手段超前防控，力求把权力运行的风险降到最低，切实做到权力界限清晰、流程规范、责任明确。

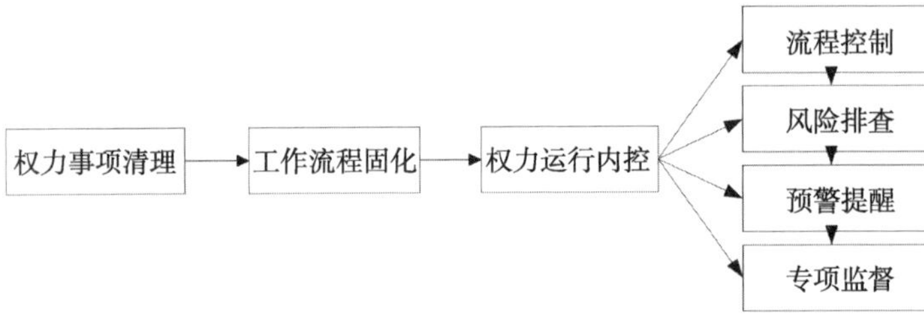

图 6.3　权力内控机制

2. 阳光、透明的权力运行机制

该机制（图 6.4）是指所有依法确定的行政权力事项逐一编码上网运行，执法主体、法定依据等权力要素同步公开，所有网上行政权力的行使环节、行使步骤、办理结果都能实时查看，网上运行平台真实记录权力事项的办理全过程，同时建立省、市、县三级数据交换平台，实现不同部门、不同系统之间权力数据的实时交换，切实做到权力要素全公开、权力运行全透明、办理过程全留痕、内网外网全贯通。

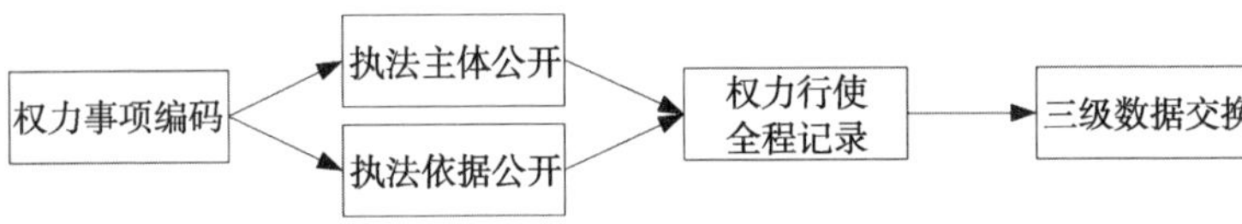

图 6.4　权力透明运行机制

3. 权力的网上全程、实时监察机制

全程监察机制（图 6.5）是指按照建立“外网受理、内网办理、外网反馈”的要求，网上电子监察系统把所有行政权力事项全部纳入监察范围，对权力事项运行的每一个环节进行实时监察，对网上全部行政行为的程序、效率、合法性等所有方面的异常情况及时预警，同时还在电子监察系统中设置多个统计模型和分析模型，定期对权力数据进行成因分析，为党委、政府以及相关职能部门进一步改进工作提供量化的决策依据，切实做到权力事项全覆盖、运行过程全监控、异常状况全预警。

图 6.5　权力监察机制

6.4.3　江苏“权力阳光”制度保障体系

江苏“权力阳光”机制的建立涉及 52 个省级政府部门、13 个省辖市和 106 个县（市、区）的所有行政机关，是在各级各部门信息化基础上的拓展和提升。这项工作顺利推进面临的首要技术问题是“书不同文、车不同轨”。这需要在充分利用各地各部门现有信息化资源的基础上，通过适当的增量投入来打破地区之间、部门之间的“信息壁垒”和“业务割据”，实现网络互通、业务互联、信息共享，从而实现电子监察“无时不有、无处不在”。必须在起步阶段就制定技术标准和业务规范，明确各级各部门的建设内容和功能要求，以便对照省里的标准及时改造升级完善。为此，自 2008 年起主要制定下发了“一库四平台”建设（行政权力数据库、网上政务大厅、行政权力运行系统、电子监察系统、法制监督系统）的标准规范，见图 6.6。

平台四：法制监督系统的规范标准
平台三：电子监察系统的规范标准
平台二：行政权力运行系统的规范标准
平台一：网上政务大厅的规范标准
“一库”：行政权力数据库的规范标准

图 6.6 “一库四平台”规范标准体系

1. 行政权力数据库的规范标准

省级行政权力数据库汇集全省各级各部门行政权力事项信息，是行政权力网上公开透明运行的基础，是网上政务大厅、行政权力运行系统、电子监察系统、法制监督系统运转的基准，各级各部门行政权力数据库必须与省级行政权力数据库相一致。该标准定义了进入数据库的行政权力事项必须具有三方面信息：一是向社会公众公开的信息，如行政许可事项必须包括编码、名称、法律依据、受理条件、是否收费、办理期限、承诺期限、办理部门、办理地点、联系电话、办理流程图、服务指南、服务表格、常见问题解答、监督电话、外网在线办理链接等内容；二是机关工作人员操作规程，主要有按照岗位设置、岗位职责、人员安排形成的内部流程图，以及流程中各个环节信息，如果是行政处罚事项，还必须包括细化量化的自由裁量基准，以及行使自由裁量权的适用规则或实施办法；三是行政监察、法制监督工作规则，主要是对行政权力事项办件进行全程监控的监察规则，如同交警设置的红绿灯、感应线、测速仪。

2. 网上政务大厅的规范标准

网上政务大厅是行政权力网上公开透明运行的枢纽，是电子监察系统、法制监督系统运转的信息来源。该标准要求，各级各部门行政权力事项办件环节信息在 24 小时之内必须按照统一的数据接口规范上报到网上政务大厅，包括行政相对人基本信息、办件基本信息、由行政相对人提交和工作人员在办理过程中产生的文件资料。

3. 行政权力运行系统的规范标准

运行系统是行政权力网上公开透明运行的关键。该标准定义了系统必须具备四个功能：一是能够实现所有行政权力事项全过程网上办理，各个岗位工作人员均在网上审阅材料、填写意见、制作文书、做出决定；二是能够实现各类行政权力事项在受理和办理过程中可能发生的补正、暂停、退回、多项处罚并案等各种操作，并记录异常操作理由；三是对超过规定办理时限的事项能够进行自动提醒，对超越法律法规限定以及自由裁量限定的处罚决定能够进行控制和提醒；四是具备流程合法性检查、材料完整性自动审查、各个岗位操作痕迹保留、存档材料打印功能。

4. 电子监察系统的规范标准

电子监察系统是行政权力网上公开透明运行的重要保障。该标准定义了系统必须具备三个功能：一是通过技术手段设置警示形式，对办件超期、关键数据未报送或延时报送、弄虚作假、事后登记等违规行为进行及时督察纠错；二是对时效性、流程合法性、上网信息的完整性等监察监控内容能够自动发现、提醒、督办、考核；三是能够提供辅助手段，采取定期统计分析、随机抽查、重点项目跟踪等方式，对法律法规适用的准确性、操作行为的规范性和合理性进行辅助监控。

5. 法制监督系统的规范标准

法制监督系统是行政权力网上公开透明运行的重要支撑。该标准定义了系统必须具备的四个功能：一是能够开展地方性政府规章和规范性文件网上备案，对文件名、编号、发布主体权限、备案材料完整性等进行形式审查，自动将文件中的关键词标记出来，供审查人员进行实质审查；二是支持重大行政处罚和行政许可网上报备，审查人员按照规定的流程和审查要点进行审查，如实施的主体是否合法，适用法律、法规或规章等依据是否正确，认定的事实是否清楚，程序是否合法，行使自由裁量权是否适当等；三是对具有行政执法权的主体单位以及具有执法证的人员进行监督管理，建立行政执法人员库，可以进行注册、换证、责任追究以及国家部委核发执法证备案；四是对各地各部门办理的行政复议与应诉案件进行跟踪监督。

6.5　江苏“权力阳光”机制的落地

2008 年 6 月，江苏省政府办公厅下发了《关于开展行政权力网上公开透明运行工作的意见》（苏政办发〔2008〕50 号），并召开了全省行政权力网上公开透明运行推进会，罗志军同志做了重要批示，赵克志同志做了讲话，明确提出了今后工作的要求和指导意见，明确指出到 2010 年年底“权力阳光”系统要成为各级政府施政的一项基本制度。这标志着江苏“权力阳光”建设的正式启动。

2010 年 1 月 20 日，江苏省“权力阳光”系统正式开通运行，标志着我省“权力阳光”机制基本建立。据统计，省和 13 个省辖市共清理行政权力 80352 项，依法确认行政权力 70761 项，削减 9591 项，削减率达 12%。截至 2012 年 12 月底，全省入库行政权力共 341812 项，省本级共有行政权力 7064 项，省辖市有 71714 项，县（市、区）有 263052 项。在 2012 年度全省考核中，13 个省辖市考核优良率 100%，52 个省级机关考核优良率达 70%。

至 2012 年，江苏各地各部门紧紧围绕服务型政府建设的战略导向，以“‘权力阳光’成为各级政府施政的一项基本制度”为目标任务，以规范权力事项为前提，以权力全程网上运行为重点，以监察监控为手段，以制度建设为保障，在“全上网、真上网”上下工夫，进一步加强系统整合，强化监察监控，巩固“三个全覆盖”，全面推进“三个融合”（行政权力网上公开透明运行与政务（行政）服务中心审批和服务事项办理融合，与部门核心业务融合，与行政绩效管理融合），努力提升行政权力网上运行质量，使系统功能更加完善、权力清理更加全面、网上办事更加便捷、监察标准更加严格、法制监督更加规范。

从“权力阳光”平台接收到的数据看，全省办件量增长迅猛，数据完整率、报送及时率有明显提升。据统计，2010~2013 年度省平台汇集省、市、县三级部门办件数量和与上一年相比增长率如图 6.7 所示。从图中变化趋势及数据可以看出，办件数量增长迅猛，2011 年、2012 年和 2013 年的年增长率分别为 97.88%、107.02% 和 66.62%，其中 2013 年度的办件量达 41525776 件。

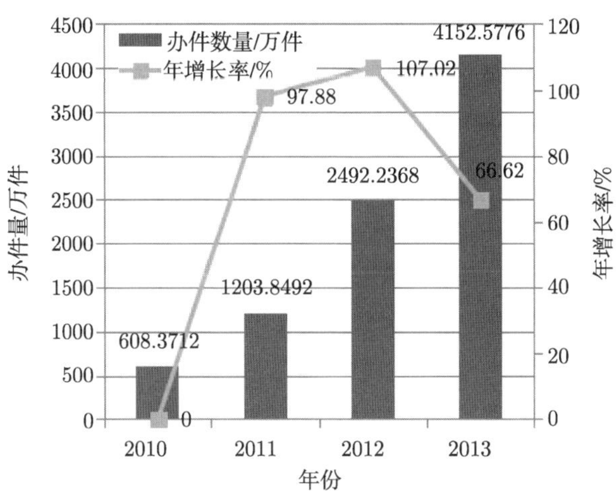

图 6.7　2010~2013 年省平台汇总的办件量及年增长率变化趋势图

图 6.8 反映了 2010~2013 年省平台汇总的各类行政权力事项发生的办件数量变化趋势（便民、代理从 2013 年开始统计，因此是散点）。可以看出各类行政权力事项的办件量总体呈现上升趋势。从 2012 年起在 12 个县（市、区）试点向乡镇（街道）、村（社区）延伸，以实现老百姓办事“小事不出村，大事不出镇”，因此，2013 年省平台汇总信息增加了便民事项和代理事项的办件。

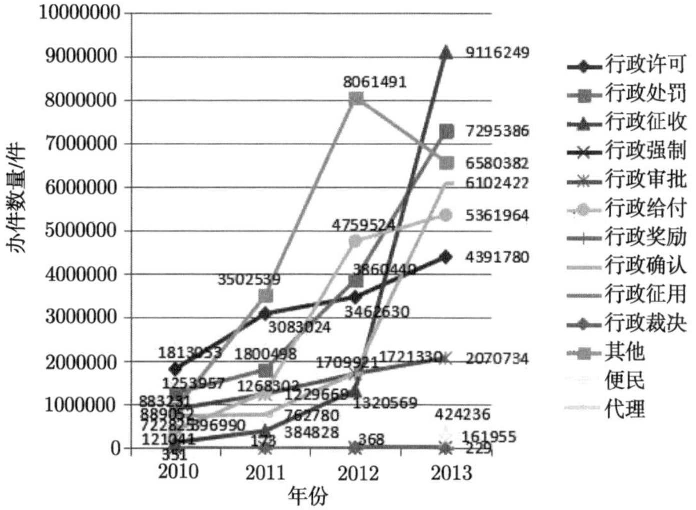

图 6.8　2010~2013 年省平台汇总各类权力事项的办件量变化趋势图

办件涉及权力事项数量如图 6.9 所示。图 6.9 反映 2010~2013 年的省平台汇总办件涉及权力事项数量变化情况，其中 2013 年在 11 个权力事项类目基础上又增加了便民事项、代理事项的情况下，整体的权力事项数量比上年度仍然有所下降。

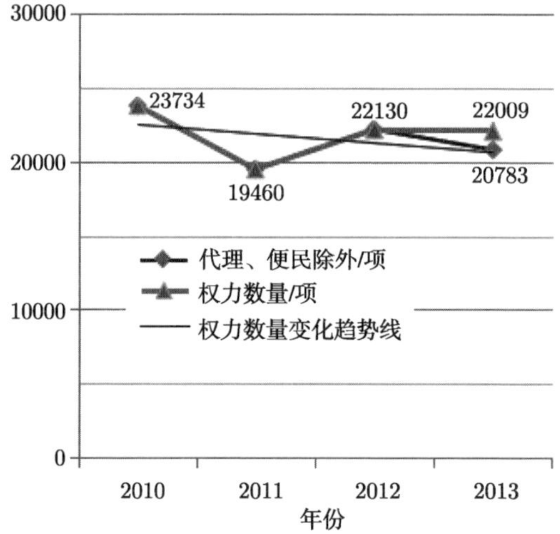

图 6.9　2010~2013 年省平台汇总办件涉及权力事项数量变化趋势图

图 6.10 反映了 2010~2013 年省平台汇总的办件涉及的各类行政权力事项数量变化趋势（便民、代理从 2013 年开始统计，因此是散点）。可以看出各类行政权力事项的数量总体呈现逐渐下降趋势，其中数量比较多的权力事项类目是行政许可、行政处罚、其他和非许可审批。

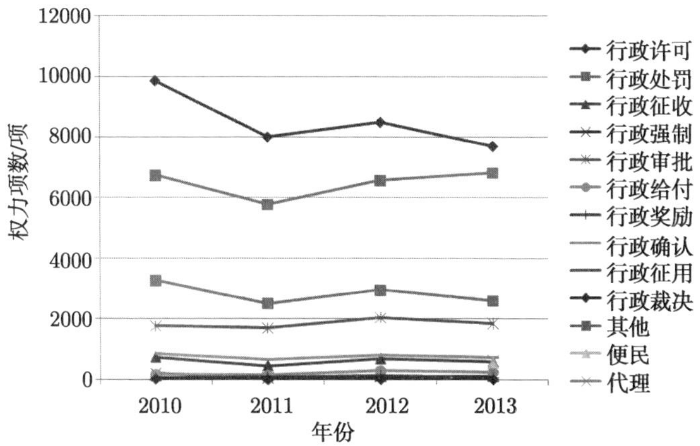

图 6.10　2010~2013 年省平台汇总各类权力事项变化趋势图

通过统计 2010~2013 年省平台办件数量和涉及权力事项数量，可以简单比照两者的变化趋势，如图 6.11 所示，权力数量总体呈现小幅下降趋势，而办件量呈现迅猛增长趋势。

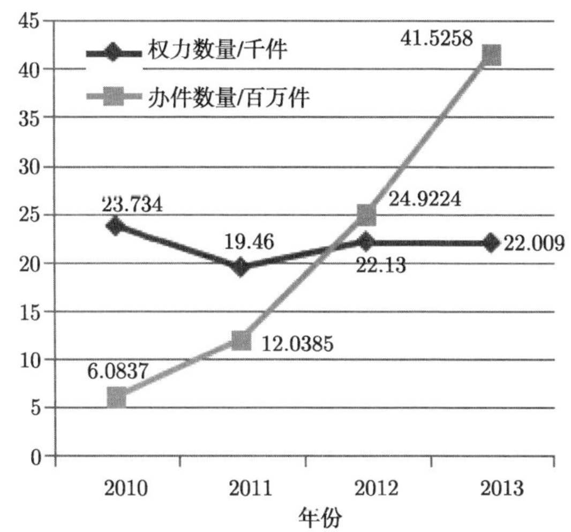

图 6.11　2010~2013 年省平台权力事项数量与办件量对照图

以南京为例，通过“行政‘权力阳光’运行机制”的建立，清理规范了行政权力事项，对行政权力运行流程进行再造和固化，全面推行网上电子监察，推动行政权力网上规范、透明、廉洁、高效运行。南京在推进工作的实践中，注意运用现代信息技术，对权力运行过程中容易滋生腐败的关键环节加以规范，在深度、广度和机制等方面取得突破。具体而言，南京通过四步建立了该机制。一是把所有行政许可、行政处罚和其他行政权力事项纳入“权力阳光”运行系统之中，汇集到网上政务大厅公开运行，为实施对行政权力全面有效的监督制约奠定基础。二是把行政权力分解到具体执法部门和执法岗位，使每个行政执法事项运行的每个环节都有责任人，由于计算机全程留痕，可以准确考核出每个行政权力事项运行过程以及各个岗位、各个责任人所用的时间和操作内容，实现权力运行全过程可查可控的效果。三是把行政处罚划分为案件登记、立案、调查、处罚、结案等若干标准环节，在法定的自由裁量权限内，再分解为若干不同处罚档次和若干种情形，建立行政执法标准数据库，根据违法事实和情节轻重由系统软件自动控制处罚幅度，有效压缩了经办人员的自由裁量空间。四是在行政权力全覆盖、全上网的基础上，通过电子监察监控系统，全方位、多层次地对权力的网上运行情况实时动态监控，实现电子监察的全覆盖。

南京市的经验表明，这是从源头上防治腐败的一项重要举措，既抓住了监督制约公共权力这个关键，也有助于提高权力的规范、阳光运行水平，从行政监察的角度去抓，发挥行政监察的优势，更有利于政府对这项改革的领导，更有利于把各项要求落到实处。

6.6　江苏“权力阳光”机制的展望

中共十八大报告提出的“加强党内监督、民主监督、法律监督、舆论监督，让人民监督权力，让权力在阳光下运行”，十八届中纪委二次全会明确的“要加强对权力运行的制约和监督，把权力关进制度的笼子里，形成不敢腐的惩戒机制、不能腐的防范机制、不易腐的保障机制”，以及中共十八届三中全会决定的“坚持用制度管权管事管人，让人民监督权力，让权力在阳光下运行，把权力关进制度的笼子”的精神，为我省做好新形势下政务公开和政务服务工作指明了方向，提出了更新、更高的要求。

江苏省也在全面总结上一阶段工作经验与不足的基础上，明确了进一步完善行政权力网上公开透明运行机制的目标：“各地区、各部门要切实把思想统一到中央的决策部署上来，充分认识深化政务公开、加强政务服务对于推进行政管理体制改革、提高政府执行力和公信力，加快政府职能转变、建设服务型政府，强化行政权力监督制约、从源头上防治腐败等方面的重要意义，进一步加大政务公开推进力度，把公开透明的要求贯穿于政务服务各个环节，以公开促进政务服务水平的提高，创造条件保障人民群众更好地了解和监督政府工作。”

具体工作要求上，“要以邓小平理论和‘三个代表’重要思想为指导，深入贯彻落实科学发展观，坚持以人为本、执政为民，以服务‘两个率先’为首要任务，以人民群众满意为根本标准，以改革创新为强大动力，以制度建设为重要保障，按照深化行政管理体制改革的要求，转变政府职能，推进行政权力运行公开透明；按照公开为原则、不公开为例外的要求，及时、准确、全面公开群众普遍关心、涉及群众切身利益的政府信息；按照便民利民的要求，进一步改进政务服务，提高行政效能，推进政务服务体系建设，努力在解决群众关心的问题上取得新突破，在推动服务型政府建设上取得新进展，在促进社会和谐稳定上取得新成效”。

预计通过完善行政权力网上公开透明运行机制，着重推进省、市两级“三个融合”，提升县级行政权力网上运行质量，使系统功能更加完善、权力清理更加全面、网上办事更加便捷、监察标准更加严格、法制监督更加规范。各有关省辖市、省级机关部门深化行政权力网上运行试点工作取得明显成效。

第七章 “权力阳光”对服务型政府建设的推进

2004 年 2 月，国务院总理温家宝在中央党校省部级主要领导干部“树立和落实科学发展观”专题研究班结业典礼上正式提出“建设服务型政府”的口号。2006 年 10 月，中共十六届六中全会通过的《中共中央关于构建社会主义和谐社会若干重大问题的决定》，进一步明确要求“建设服务型政府，强化公共服务和社会管理职能”。从此之后，服务型政府建设被写入执政党的指导性文件中。2007 年 10 月，党的十七大报告对进一步推进改革发展做了总体部署，并明确提出把“加快行政管理体制改革，建设服务型政府”作为发展社会主义民主政治的重要内容。2012 年 11 月，党的十八大召开，报告首次提出建设“服务型”执政党的号召，预示着中共执政理念和方式的嬗变。中央社会主义学院原副院长甄小英指出，建设服务型政党是改革开放以来，基于社会变革，中共正在完成的新转变（符永康，2012）。“服务型执政党”的提法从根本上完善了“服务型政府”建设战略的生产要素体系。

时至今日，我国已经具备了建设服务型政府的时代条件（经济条件、政治条件和社会条件）。从经济上看，我国已经完成计划经济体制向市场经济体制的转变，社会主义市场经济体制基本确立。从政治上看，随着我国基层民主的不断发展，人民群众的法律意识和公民意识日益增强，服务型政府建设更顺应民意。从社会来看，经济多元、社会开放、全球交流、诉求多样化，各种社会团体、非政府组织、公益性机构成为经济社会管理的重要参与者，从而实现基层社会，乃至整个国家的善治。中共十八届三中全会《中共中央关于全面深化改革若干重大问题的决定》明确提出：“必须切实转变政府职能，深化行政体制改革，创新行政管理方式，增强政府公信力和执行力，建设法治政府和服务型政府。”①建设中国特色服务型政府势在必行。

7.1 江苏服务型政府建设实践

进入 21 世纪以来，江苏服务型政府建设速度不断加快。通过创新社会管理、规范决策行为、完善民主决策机制、严格依法行政、优化体制结构、打造阳光政府、创新公共服务工具、加强绩效管理，无论是在体制机制，还是在制度建设层面都有

① 《中共中央关于构建社会主义和谐社会若干重大问题的决定》。

所创新，有力推动了江苏服务型政府建设的全面发展。江苏取得的经验对全国服务型政府的建设都具有重要的借鉴作用。

具体而言，江苏的经验主要体现在如下四个方面：一是将促进就业放在政府公共服务职能的首位。2003 年以来，江苏不断完善市场导向的就业机制，把扩大就业作为经济社会发展的优先目标，实施积极的财税、信贷等优惠政策，采取多种形式促进充分就业，探索建立失业监测预警机制，严格控制失业率。城镇登记失业率连续五年下降，2007 年年底降到 3.19%，比全国平均水平低 0.81%。二是进一步完善社会保障体系。2008 年，江苏城镇企业职工养老保险覆盖率达到 98%，36 个县（市、区）开展了新型农村社会养老保险试点。初步建立了覆盖城乡居民的基本医疗保险制度，城镇职工基本医疗保险覆盖率达到 95%，城镇居民基本医疗保险参保率达到 88%，新型农村合作医疗农民参合率稳定在 95%。三是强化政府公共卫生服务职能，提高群众健康水平。江苏各市积极推进医疗卫生体制改革，经过探索，出现了四种模式：无锡的“管办分离”模式、宿迁的市场化模式、南京的药房托管模式、镇江的医保带动模式。四是大力推进行政权力网上公开透明运行，为服务型政府建立高科技支撑平台。

省平台汇集的各类权力事项在省、市、县三级发生办件的总数及对比情况，如图 7.1 所示。发生办件数量最多的类目是行政征收、行政处罚、其他和行政确认。在省（包括 52 个省级机关）、市（全省 13 个省辖市）、县（106 个县（市、区））三级层面上来说，除了便民和代理事项，市一级部门发生的办件量占绝大多数；县一级部门发生的办件量其次，在便民和代理事项这两项占绝大多数；省一级部门发生的办件量最少，主要办件集中在行政许可、行政审批和行政确认。

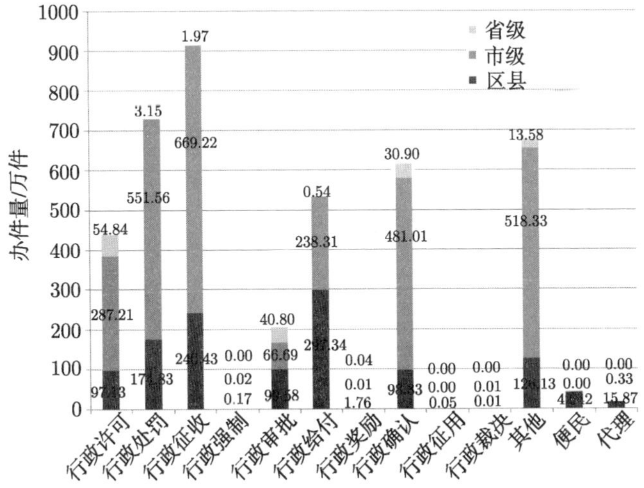

图 7.1　各类行政权力事项在省、市、县三级发生的办件量对比图（2013 年度）

在省、市、县三级发生办件涉及的各类行政权力事项对比，如图 7.2 所示。各类权力事项中，不管是从总体还是省、市、县三级来说，行政许可、行政处罚、其他和行政审批类数量是最多的。在省（包括 52 个省级机关）、市（全省 13 个省辖市）、县（106 个县（市、区））三级层面上来说，县一级的权力事项最多，市一级其次，省一级最少。

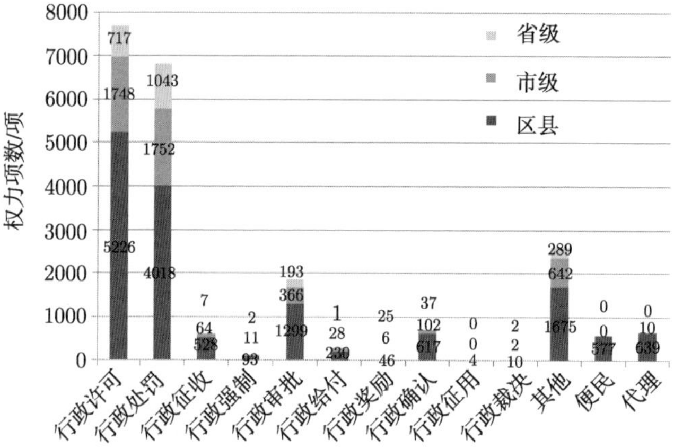

图 7.2　在省、市、县三级发生办件涉及的各类行政权力事项对比图（2013 年度）

对照图 7.1 和图 7.2，从省、市、县三级层面上来说，办件量和涉及权力数量基本成反比趋势，说明多数权力事项办件量不多，如行政许可、代理等；少数权力事项集中了大部分办件，如行政征收、行政给付、行政确认等。

7.2　“权力阳光”：推进服务型政府建设

7.2.1　“权力阳光”保驾网上服务

从 2003 年起，江苏省部分地方从促进政府职能转变、提高公共服务水平、打造服务管理新机制着手，通过横向整合和纵向联动，积极探索构建以村便民服务室为基础，镇便民服务中心为主体，县（市、区）、市行政审批服务中心为依托的四级便民服务网络。2006 年，省委出台落实惩治与预防腐败体系的实施意见，对便民服务网建设提出明确要求。省政府将“四级便民服务网”建设列入年度 50 件实事，明确 2008 年为省“四级便民服务网”建设的推进年。按照省委、省政府的要求，省纪委、省监察厅始终把这项工作作为行政监察工作的重中之重来抓，连续三年列入行政监察工作要点。正式把“权力阳光”与便民服务相结合，目的在于用“权力阳光”来支撑便民服务。

实践中，江苏注意因地制宜，坚持分类指导，利用现代技术和制度规范，对市、县、镇、村（社区）分散的行政、服务资源进一步进行整合，实行“三集中、三到位”，即部门审批职能向一个处室集中、处室整体向中心集中、行政权力向电子政务平台集中，进驻中心的审批项目落实到位、对窗口办理审批事项授权到位、电子监察系统建设到位，促进了政府职能从管理型向服务型的转变。截至 2008 年年底，全省 13 个市和 106 个县（市、区）已经全部建立行政服务中心；乡镇（街道）便民服务中心覆盖率达到 99%；村（社区）便民服务室覆盖率达到 98%。2013 年的实地调研结果表明，无锡市滨湖区的行政服务中心实现面向镇（街道）办理的政务服务事项 27 项，包括其他行政权力类 13 项，代理类 12 项，便民服务类 2 项；村（社区）政务服务事项 50 项，包括代理类 22 项，便民服务类 28 项。已覆盖 9 镇（街道）110 村（社区），见图 7.3。基本建立了“以政府门户网站为窗口，以电子政务平台为基础，以政务服务公开运行为核心”的惠民网络平台。

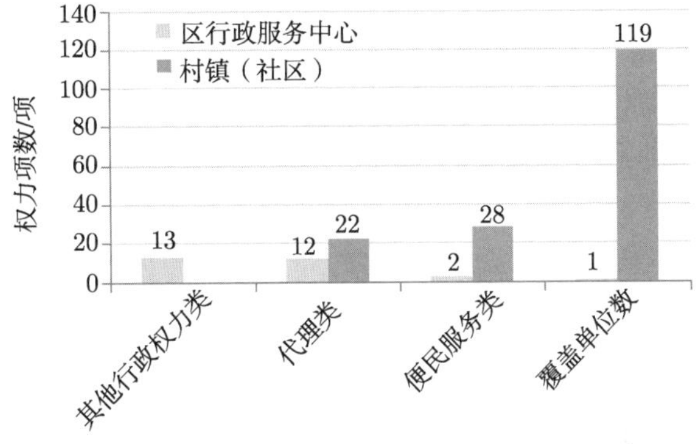

图 7.3 无锡市滨湖区“便民网络”建设情况

为把便民服务网建设好、管理好，江苏省在加强制度建设、搞好常态管理的同时，坚持与行政权力网上公开透明运行相结合，推行行政审批服务全程电子化运作，建成以省辖市政务外网为基础的数据交换平台，对接入网上审批服务平台中所有审批事项的网上运行情况进行实时监督、控制和综合分析，实现对审批过程的流程监控、效能监控、异常报警和投诉处理，保证了便民服务中心的高效运行。

靖江市的经验也表明，通过建立“市行政服务中心－镇便民服务中心－村便民服务室”的三级联办组织机构，初步实现包括民政、计生、劳动、农机服务，咨询类、服务类、审批类等 12 项权力的“村级受理－镇级审批－市集中办理”的便民服务系统。

经过近 10 年的努力，江苏省的行政权力公开透明运行机制和“四级便民服务网”成效已经开始显现。一方面，通过及时公开政府信息、权力网上公开透明运行，把政府职能转到为市场主体服务、为人民服务上来，促进了政府职能转变，加速了各级政府从管理型向服务型的转变，既节约了行政资源，降低了行政成本，又大幅度减少了企业和群众在办事过程中时间、精力、财力的消耗。另一方面，通过打造阳光政府，促进了机关作风转变，提高了工作效率，为经济社会发展提供了良好的政务环境。这些改革不仅推动了服务型政府的建设，更是促进了江苏省行政权力网上公开透明运行项目的开展，使江苏省在创建“阳光政府”这条路上又向前迈了一大步。

7.2.2 “权力阳光”保驾服务型政府建设

经过 6 年多的发展，行政权力网上公开透明运行为江苏服务型政府建设提供了一个高科技支撑平台，有效地促进了服务型政府的建设。

1. 提高行政的效率

行政权力网上公开透明运行机制为深化政务公开提供了全新、高效的载体和平台，所有办事环节以图表方式清晰显现，时效考核以秒为单位精确统计，并做到全过程痕迹保留。一些单位尝试将权力公开透明运行系统与内部办公系统有机整合，同步设立“网上申报窗口”，开设短信平台，实现了与行政管理相对人的实时互动。目前，政府部门办理行政事项的时间普遍比法定时限缩短了一半以上，审批事项提前办结率明显上升，群众对机关作风和行政效率满意率逐年提高。2010 年南通市对建设、规划、交通、安监 4 个部门行政许可事项所需时间情况的初步统计表明：行政权力网上公开透明运行系统使用前平均每件约需时间为建设 20 天、规划 9 天、交通 6.9 天、安监 10.5 天；系统使用后为建设 12 天、规划 7 天、交通 5.7 天、安监 8 天，平均比原办件时间缩短了 25.8%。以电子政务 CA 证书和电子公章为基础的公文无纸化传输在省、市两级全面实施，进一步提高了公文运转效能。

2. 促进政府管理方式的创新

行政权力网上公开透明运行借助现代信息技术，通过对政府业务重组、流程再造等创新方式，推动政府管理结构向扁平化转变，改变了政府公务员的思维和行为方式，改变了政府部门之间、政府与企业之间以及政府与公众之间的信息分享方式，全面提升了政府的社会管理和公共服务能力。通过规范固化行政权力事项的办理程序和行政处罚的幅度，既促进了行政机关及其工作人员依法行政，又带动了全社会尊重法律、遵守法律、维护法律，营造良好的法治氛围。

3. 促进政府职能的转变

结合政府机构改革，通过清理行政权力，进一步加强行政权力数据库动态调整工作力度，对现有行政许可项目和非行政许可审批项目继续清理，能削减的坚决削减，尽量减少政府对微观经济运行的干预。通过前两轮清理，全省共减少行政审批事项 2099 项，减幅为 67.8%；2008 年以来，我省组织开展了四次行政事业性收费项目清理，共为企业、社会减轻负担 205.65 亿元。

以南京市为例，2006 年以来，南京市在全国首创“权力阳光”运行机制，54 个市级机关部门和 13 个区、县已初步建立起以行政权力运行为主体的网上政务办公系统，实行内容公开、运行公开、运行结果公开。经核定的行政权力及运行流程全部在政府及各行政部门网站公布。只要登录南京门户网，点击“行政执法”一栏，就能查到 54 个行政部门的权限，包括行政许可、行政处罚、行政强制、行政征收、其他行政行为在内的各项行政权力及法律依据。南京市的“权力阳光”运行引起了中央媒体的关注。全球反腐非政府组织透明国际专家也对南京推行的“权力阳光”运行机制给予了高度评价，认为它在预防腐败、提高政府效率、方便百姓等方面发挥了重要作用。随后，江苏在全省推行了行政权力公开透明运行工作，对行政权力进行全面清理审核、编制职权目录、制定行政职权流程图，实现了行政权力运行的动态公开，并且促进了服务型政府的建设。

至 2012 年年底，邳州等 12 个试点县（市、区）将政务公开和政务服务事项向 120 个乡镇（街道）延伸，覆盖率达 88.2%；向 1830 个村（社区）延伸，覆盖率达 82%；共梳理政务信息公开事项 755 项，行政职权 51692 项，便民服务 628 项。基本建立了“以政府门户网站为窗口，以电子政务平台为基础，以政务服务公开运行为核心”的网络便民惠民平台。政府信息公开条例规定的 20 个事项公开内容更加全面、规范、完整，45 项财政专项资金管理和使用情况首次公开，基本都公开到乡镇（街道）及相关政策依据、发放对象及标准，不少还公开到村（居）及具体项目，甚至公开明细到人员和金额，实现了民生资金使用情况在网上晒实账、晒细账，方便群众查询和监督。对 295 项行政职权事项和 25 项便民服务事项进行认真梳理，在政府门户网站逐项公开实施主体、法律依据、申请材料、办理时限、监督电话等内容，并依托该平台向乡镇（街道）、村（居）延伸，努力使企事业单位和公众享受到“小事不出村，大事不出镇”的优质便捷服务，促进了基层政府阳光晾政、依法行政、高效施政。

7.3 “权力阳光”推进服务型政府建设展望

为贯彻党的十八大提出深化行政体制改革的要求，秉承中共中央办公厅《中共中央关于深化政务公开加强政务服务的意见》（中办发〔2011〕22 号）和江苏省委办公厅、省政府办公厅《关于深化政务公开加强政务服务的实施意见》（苏办发

〔2011〕56号）的文件精神，省政府在2013年3月发布了《关于加强政务服务体系建设的实施意见》（苏政发〔2013〕31号），就加快推进我省政务服务体系建设提出指导性意见，提出依法行政、公开透明、高效便民、规范运行、系统整合的基本要求，从机构设置、编制人员、机构职能三个方面明确了体制和机制，为我省服务型政府建设的深化发展指明了方向。

具体的目标任务和重点工作如下：

1. 目标与任务

坚持"公开透明、公正规范、公平便民"服务宗旨，遵循"规范透明、集成高效、简易便捷、真诚回应"服务理念，为社会提供优质高效的服务。进一步完善省、市、县（市、区）、乡镇（街道）四级便民服务网，在"十二五"期间形成以省级政务服务中心为龙头，以市、县（市、区）级政务服务中心为主体，以乡镇（街道）便民服务中心为基础，覆盖全省、上下联动、功能完备、运行高效的政务服务体系。把我省政务服务体系建设成为全国一流的政务资源集聚平台、信息交互集成平台、业务协调贯通平台、民智民意汇集平台、政府效能监督平台。

2. 重点工作

（1）行政审批。推进行政审批服务"三集中三到位"，即将分散在部门的行政审批、公共服务事项向一个处（科、室）集中；审批处（科、室）向政务服务中心集中；审批事项向电子政务平台集中，审批事项进驻中心落实到位；审批窗口授权到位；电子监察到位。制定工作流程、服务规范、工作评价标准，对行政审批、公共服务事项实施统一管理和监督，不断深化行政审批制度改革，优化创新审批流程。

（2）公共资源交易。按照"统筹谋划、整合资源、因地制宜、扎实推进"的总体要求，充分发挥市场配置公共资源的基础性作用，打破行业垄断和地区封锁，建立统一规范的公共资源交易市场，加快推进省、市、县（市、区）三级公共资源交易平台建设。

（3）综合服务。推进政府服务创新，坚持人民评判、人民满意的理念，建立诉求随时表达、诉求快速反应、诉求及时解决机制，不断拓展服务内容、延伸服务领域、构建综合服务平台。完善政务中心公共服务功能，整合部门服务热线，提供便民服务，形成"12345"政府公共服务热线、网上审批服务平台与服务大厅"三位一体"联动互补的政务服务格局。

（4）协调管理。政务办履行进驻中心的部门间协调职能，简化审批环节，实现协同会审、限时办结的并联审批，杜绝部门之间推诿扯皮行为。

（5）政务公开。按照方便群众知情、便于群众监督的原则，进一步拓宽公开领域，深化公开内容，丰富公开形式。不断创新政务公开载体，依托电子政务平台，实现行政权力网上公开透明运行。充分发挥政务服务中心窗口作用，通过政府网站、政府公报、信息公开查阅点、手机终端、电子屏等形式公开服务动态，切实提高政务公开水平。

（6）监督考核。结合工作实际制定具体的服务规范和管理制度，加强对窗口工作人员的管理培训和监督考核，坚持内部考核与外部评议相结合、平时考核与年度考核相结合，以考核促提高。广泛听取群众意见，完善举报投诉制度，主动接受社会监督。

第八章 “权力阳光”的生态系统

以业务条线为主的建设模式，如系列“金税”、“金关”、“金审”、“金财”等“金”字工程，虽然取得了显著成效，但也暴露出一些不容忽视的问题。“金”字工程的每个系统都可以独立、通畅运行，而对于国家这个整体而言，由于各个系统边界清晰、相互独立，技术与规范各不相同，逐渐形成一个个信息孤岛。以职能层级为主的建设模式，如各省职能部门网站群、门户群，在推动职能部门信息化、网络化、电子化的过程中异军突起、成绩斐然，同样在职能“块”与“块”之间自成体系，互不贯通。这种“条”、“块”分割的建设模式，不但没有带来信息共享、业务处理、公共服务的便利，还造成了重复建设、投资浪费、条强块弱等问题。甚至出于单纯数据集中的目的，以及行政压力、不科学政绩观的驱使，某些信息系统的应用还增加了行政工作的内容，导致行政效率的进一步下降。

倡导“顶层设计”，做好前期的统筹规划工作，推动跨部门、跨系统的协同应用是我国电子政务建设的战略性安排。顶层设计可以有效保障政令畅通，能够自我反馈、自我更新（下层运行中发现不合理的地方会自行向上反馈，并带来自上而下的更新），从而保障建立一个健康的“权力阳光”生态系统。为此，江苏省在行政权力网上透明运行系统建设工作上进行战略规划和整体设计，力倡运用现代信息技术，创新行政权力运行机制，推进行政权力依法行使、透明运行。并要求各地各部门按照顶层设计的原则，统一规范标准，强化制度保障，结合当地实际，制定具体实施方案，自顶向下，推进“权力阳光”建设。

8.1 电子政务顶层设计内涵

8.1.1 顶层设计

设计是一种有目标和计划的创作行为。“顶层设计”本意是指自高端开始的总体构想，这一概念源于系统工程学领域的自顶向下设计（top-down design）。1969年，IBM 的研究员尼克劳斯·沃斯（Niklaus Wirth）提出采用“自顶向下逐步求精、分而治之”的原则进行大型程序的设计，即从需要解决的问题出发，自顶向下将复杂问题逐步分解成一个个相对独立的子问题，每个子问题可以再进一步分解，直到问题简单到可以很容易地解决（于施洋等，2011）。随后，该概念被西方国家广泛用于军事和社会学领域，甚至成为政府统筹制定国家发展战略的重要分析方法。

在我国，“顶层设计”现已成为一个被各行各业广泛使用的名词，不同领域对其概念的理解略有不同（于施洋等，2011）。几种有代表性的定义包括：顶层设计是一个工程学概念，本义是统筹考虑项目各层次和各要素，追根溯源，统揽全局，在最高层次上寻求问题的解决之道；顶层设计是运用系统论的方法，从全局的角度，对某项任务或者某个项目的各方面、各层次、各要素统筹规划，以集中有效资源，高效快捷地实现目标；顶层设计是一项工程“整体理念”的具体化，例如，要完成某一项大工程，就要实现理念一致、功能协调、结构统一、资源共享、部件标准化等系统论的方法，从全局视觉出发，对项目的各个层次、要素进行统筹考虑；顶层设计通俗地讲就是指价值理念与操作实践之间的蓝图。

以上定义的共同点是它们均强调从全局的角度进行统筹考虑。事实上，顶层设计代表的是一种系统论思想和全局观念，其主要特征有三个：一是顶层决定性，顶层设计是自高端向低端展开的设计方法，核心理念与目标都源自顶层，因此顶层决定底层，高端决定低端；二是整体关联性，顶层设计强调设计对象内部要素之间围绕核心理念和顶层目标所形成的关联、匹配与有机衔接；三是实际可操作性，设计的基本要求是表述简洁明确，设计成果具备实践可行性，因此顶层设计成果应是可实施、可操作的。

基于以上分析，可以认为顶层设计是指从全局视角出发，围绕着某个对象的核心目标，统筹考虑和协调对象的各方面和各要素，对对象的基本架构及要素间运作机制进行总体的、全面的规划和设计。

8.1.2　电子政务顶层设计

1. 电子政务顶层设计的提出

近些年来，我国电子政务领域相关主管部门和领导高度重视顶层设计，为开展电子政务顶层设计工作做了不少基础性工作。2005 年，原国务院信息化工作办公室提出了下一阶段电子政务的首要任务是“抓好电子政务的顶层设计”。2009 年，工业和信息化部批准福建省开展电子政务顶层设计试点，委托国家信息中心开展了电子政务顶层设计研究工作。上海、北京、深圳等地电子政务主管部门也积极组织开展电子政务顶层设计研究和实践。特别是在 2010 年 10 月召开的“第五届中国电子政务论坛”上，时任国务委员兼国务院秘书长的马凯同志在开幕式讲话中曾明确指出，“中国政府将在充分调研论证的基础上，做好‘十二五’电子政务发展规划，鼓励有条件的部门和地区探索推进顶层设计，统筹推进电子政务发展”；工业和信息化部副部长杨学山也在论坛上强调，未来中国电子政务建设要引导发展模式的转变，首先就要从局部规划和设计向全局规划和顶层设计转变。这些情况表明，开展电子政务顶层设计的需求已经十分迫切。

中国电子政务领域的专家学者十分关注顶层设计，希望在电子政务领域引入顶层设计的呼声越来越高。汪玉凯、高新民、宁家骏等一批专家积极倡导开展这项工作，很多专家学者对“顶层设计”进行了不同界定，出现了一批较有代表性的定义。

杨学山认为，顶层设计是一个不定的概念，它随着设计问题的对象而发生变化（杨学山，2010）。但是顶层设计有三个基本要素：第一，制定方法论；第二，在概念层级上是顶层，而不是底层和中间层；第三，是设计。设计至少有两个基本含义：第一个含义是清晰的，因为设计如果不清晰就谈不上是设计；第二个是可以实施的。

汪玉凯认为，顶层设计的思想是一个地方电子政务总体规划的具体化，是总体规划的一种实现手段。

宁家骏认为，顶层设计就是架构设计（宁家骏，2009）。电子政务顶层设计的基本内容，是就电子政务建设的基本问题进行总体的、全面的设计，包括政务层面的内容：行政管理体制、政府职能及具体业务类型之间的关系；也包括技术层面的内容：网络建设、安全管理、信息资源建设与绩效管理等。

肖能德、李恩敬认为，电子政务顶层设计就是利用系统论的方法，围绕着电子政务中的业务和技术，理解和分析影响电子政务的各种关系，从全局的视角出发，围绕着政务核心目标，对电子政务建设的基本需求进行总体的、全面的设计，确保理论一致、标准统一、功能协调、结构稳定、资源共享，从而建立政府信息化的总体架构（肖能德和李恩敬，2010）。

孟庆国等认为，电子政务的顶层设计就是突破条、块和机构的限制，将整个大政府视为一个有机的整体，规划全局性的、集成化的电子政务信息体系架构，从而加强整个政府各部分之间的交互能力，使得政府转换为一个以服务对象为中心（樊博和孟庆国，2009），而不是以政府职能部门为中心的电子政府架构。

以上定义有的是从内涵分析的角度界定电子政务顶层设计，有的是从功能定位的角度认识顶层设计，还有的是从设计内容的角度认识顶层设计。由此可见，目前国内对电子政务顶层设计的定义还未统一，对顶层设计内涵的认识还较为笼统。

2. 电子政务顶层设计的概念及内涵

顶层设计是一种带有全局观念的设计思路，“顶层”指的是逻辑概念层级上的顶层，是自高端开始对全局进行总体设计，而非设计对象是顶层。从这个意义上讲，电子政务顶层设计的对象就不限于国家层面，还包括对省、市、区县和部门的电子政务建设进行顶层设计。电子政务顶层设计概念是针对当前中国电子政务发展过程中面临的分散建设、信息孤岛等主要问题，为顺利完成新阶段电子政务历史使命而提出的。中国政府信息化和电子政务 30 余年的发展历程，总体上是以项目为中心推进的，而这些项目通常是由一个部门甚至一个系统里面的一个局部在推进，政务信息系统出现了无法覆盖全局的“碎片”，导致业务相互独立、信息无法互通、网络无法互联、工程项目重复建设，妨碍了电子政务在提升执政能力和构建服务型政府中作用的有效发挥。因此，顶层设计要对电子政务这个大系统进行整体布局，使得系统内各种要素能够有效组合运行，促进电子政务经济、高效地完成其历史使命。

基于以上分析，所谓电子政务顶层设计就是关于一个地区、行业或者部门电子政务发展规划或总体框架的详细设计及其内部各要素之间有效组合运行的动力机制、建设机制和发展机制的模型化设定，以保证电子政务系统功能相互协调、结构基本一致、资源互相共享、标准基本统一。其具体含义包括：一是从顶层、整体的高度去看待和分析电子政务发展的问题，这就需要跳出局部环境、局部利益的约束和限制。二是所包含的要素内容更加全面，顶层设计不仅要考虑政务层面的内容，如行政管理体制、政府职能及其具体业务类型之间的关系，还应考虑网络建设、安全管理、信息资源建设等诸多技术层面的内容；不仅要考虑设计对象自身的构成要素和体系结构，还应考虑设计对象的外部环境影响，例如一个部门的电子政务顶层设计,不仅要考虑部门内各种要素之间的运作关系，还应考虑该部门在政府纵向层面和横向层面上的相互协调。三是顶层设计的重点在于建立各要素之间良好的互动关系，需要探讨如何通过设计推动各部门间的业务协同和信息共享，如何确保工作流程、信息系统、数据以及相应技术之间深度融合。

3. 电子政务顶层设计的特点

电子政务顶层设计具有几个显著的特点：一是强调战略全局性，“顶层”重在强调分析问题的高度，电子政务顶层设计应站在全局的高度对电子政务系统进行整体性布局和统筹规划，并且要确保这个系统的运作与电子政务的发展战略和目标相一致，实现战略性思考和全局性统筹是开展顶层设计的初衷；二是实际可操作性强，顶层设计是铺展在规划和实践之间的“蓝图”，是对规划和总体框架的细化与可实施性的考虑，包含一系列指导实践的框架、模型、方法、工具和指南，可操作性是其发挥作用的关键；三是设计对象多样化，正如上文所述，“顶层”是指逻辑概念层级上的顶层而非行政层级上的顶层，因此其对象不仅限于国家层面，还包括对省、市、区县的电子政务建设进行顶层设计，不仅仅可以对面向某一行政区域的电子政务进行顶层设计，还可以对纵向行业和政府部门的电子政务进行顶层设计，对象不同，顶层设计的复杂程度也会不同；四是动态发展性，顶层设计要服从于电子政务的战略目标和不断变化的建设需求，因此需要保持动态发展，不断丰富和完善其相关方法和成果。

8.2　江苏“权力阳光”的顶层设计

“权力阳光”是在全面落实科学发展观，深化政务公开，保障人民群众的知情权、参与权、监督权，提高政府工作透明度和公信力，推动党风廉政建设和反腐败工作深入开展的背景下提出的。本质上，“权力阳光”是电子政务体系的重要组成。鉴于电子政务系统顶层设计的迫切性与重要性，在“权力阳光”系统建设开局之年（2008 年）即发布了《关于开展行政权力网上公开透明运行工作的意见》（苏政办发〔2008〕50 号），提出了运用现代信息技术，创新行政权力运行机制，推进行政权力依法行使、透明运行的战略规划和整体设计。要求各地各部门按照顶层设计，结合当地实际，制定具体实施方案，自顶向下，推进“权力阳光”建设。提出“三个全覆盖”，要求覆盖江苏省、13 个省辖市及 106 个县（市、区）的所有行政机关，定位于对各级各部门信息化基础进行拓展和提升。在充分利用各地各部门现有信息化资源的基础上，通过适当的增量投入来打破地区之间、部门之间的“信息壁垒”和“业务割据”，实现网络互通、业务互联、信息共享，从而实现电子监察“无时不有、无处不在”。2011 年江苏省政府办公厅发布了《关于深化行政权力网上公开透明运行工作的意见》，提出“三个融合”的新目标，即与政务（行政）服务中心审批和服务事项办理融合，与部门核心业务融合，与行政绩效管理融合，真正做到权力取得有据、配置科学、运行公开、行使依法、监督到位。省辖市、省级机关各部门考核优良率达到 90%以上。

具体而言，江苏“权力阳光”的顶层设计思想体现在如下 5 个方面。

8.2.1　行政权力清理上的顶层设计

省政府办公厅在《清理审核省级行政权力实施方案的通知》（苏政办发〔2008〕87 号）文件中对于行政权力清理方面做出了明确规定：

> “一是以现行法律、法规和规章为依据。对于没有法律、法规、规章依据的行政权力原则上予以取消或废止。二是以部门‘三定方案’的规定为依据。主要适用于：机构改革中按照国务院和省政府的相关规定，有关机构已经调整，而相关法律、法规尚未及时修改的；法律、法规授权地方

人民政府可以根据本地实际将相关执法职责确定给有关部门的；按照国务院和省政府的相关规定，针对行政执法职能争议做出相应调整的。三是以相应等级的规范性文件或有权机关批准文件为依据。主要适用于行政征收类和其他行政权力类。”

实施过程中，首先对行政权力进行了全面清理。行政职权设置随意、依据繁杂、归属不清，是导致行政行为不规范、行政权力滥用的重要因素。因此，清理行政权力事项是开展行政权力网上公开透明运行工作的重点、难点、出发点，更是关键点。从“权力阳光”设计之初就清理好行政权力，避免了今后出现因行政权力分类混乱、无法统一而导致各个部门“权力阳光”系统数据无法共享的现象。这也是江苏省“权力阳光”顶层设计思想的重要表现。

工作中，本着依法科学、全面梳理、重心下移、精简权力的原则，由政府法制部门牵头，对全省所有行政机关的权力事项进行一次彻底盘点。各地各部门依据现行法律法规，对本地本部门行使的行政许可、行政征收、行政处罚、行政强制等各类行政权力事项进行全面清理。在部门自行清理、上报的基础上，同级政府法制部门依法进行审核确认，对没有法律、法规、规章依据的职权一律取消；对涉及多个部门的职权，重新明确分工，做到各司其职。对核定保留的行政权力事项，统一编码，编制行政职权目录，通过政府门户网站等载体向社会公布。同时，建立行政权力数据库，依法适时调整各部门行政权力。此外，还制定行政权力“挂起”和“解挂”办法，要求相关部门对于长期不使用的权力申请“挂起”或取消，如果以后需要使用再申请“解挂”。

目前江苏省对于行政权力的清理已基本完成，具体分类如图 8.1 所示。

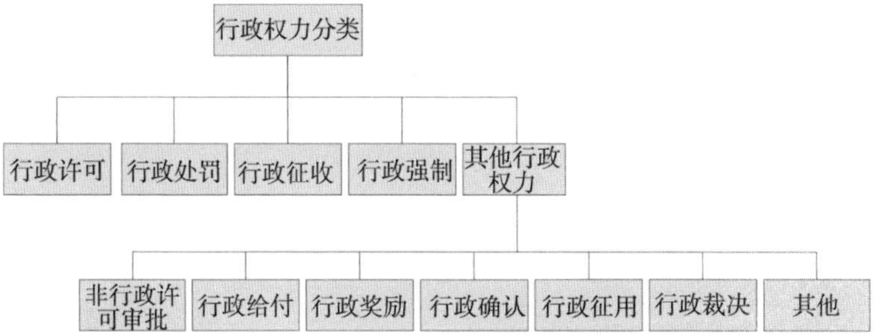

图 8.1 清理完成的五大类十一项行政权力

（1）行政许可，是指依照《中华人民共和国行政许可法》有关规定设定的许可。

（2）行政处罚，是指依照《中华人民共和国行政处罚法》规定由法律、法规和规章设定的处罚，包括警告、罚款、没收违法所得、没收非法财物、责令停产停业、暂扣或者吊销许可证、暂扣或吊销执照、行政拘留等。

（3）行政征收，是指行政机关或授权组织依法无偿收取一定财物的行政行为，包括税收征收、行政事业性收费、社会保险费的征缴、资金和基金的征收等。根据国务院规定，以有权机关批准文件为依据的考试培训费、检测费等有偿服务性收费不作为行政权力纳入行政征收范围。

（4）行政强制，是指由法律、法规规定的行政机关或授权组织依法对人身或财产实施限制性措施，或依法强制相对人履行义务的行为，包括劳动教养、强制拆除、查封、扣押、冻结、取缔、代履行、执行罚等。

（5）其他行政权力，指除上述四类以外的其他依法设定的行政权力事项，包括非行政许可的行政审批事项、行政给付、行政奖励、行政确认、行政征用和行政裁决等。行政权力类型及其编码见表 8.1。

表 8.1　行政权力类型及其编码

权力类型		编　码
行政许可		XK
行政处罚		CF
行政征收		ZS
行政强制		QZ
其他行政权力	行政审批	SP
	行政给付	GF
	行政奖励	JL
	行政确认	QR
	行政征用	ZY
	行政裁决	CJ
	其　　他	QT

经过行政权力清理、论证，至 2013 年年底全省共减少行政审批事项 2099 项，减幅为 67.8%；共组织开展了四次行政事业性收费项目清理，共为企业、社会减轻负担 205.65 亿元。

2013 年度省平台汇总 52 个省级机关、全省 13 个省辖市及 106 个县（市、区）的权力事项的数量、占总体的百分比，如图 8.2 所示。除了 11 个类目的行政权力类型，便民和代理这两个类目是 2012 年起在 12 个县（市、区）试点向乡镇（街道）、村（社区）延伸所产生的新类目。其中，行政许可、行政处罚、行政审批占了很大比重，为 74%。

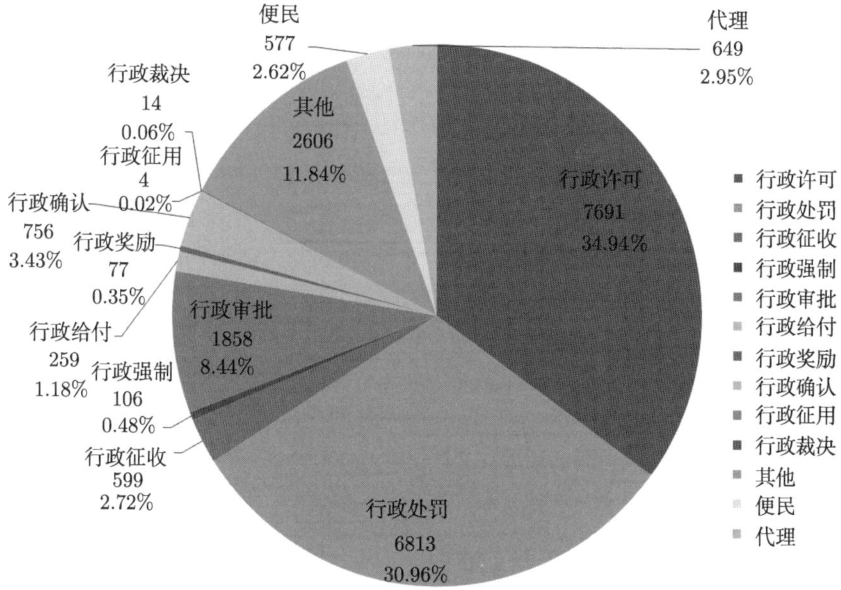

图 8.2 省平台权力事项分布图（2013 年度）（单位：项）

省平台汇集的省、市、县三级权力事项数量对比如图 8.3 所示。省、市、县三级的权力事项中行政许可、行政处罚、其他和行政审批都是数量较多的，而各类权力中县一级都是最多的，市一级其次，省一级最少。

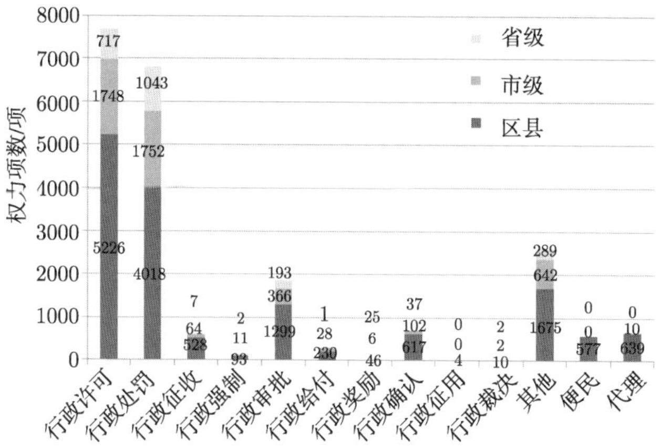

图 8.3 省、市、县三级权力事项对比图（2013 年度）

省平台汇总办件涉及的各类权力事项 2010~2013 年的变化趋势，如图 8.4 所示。各类权力事项变化趋势基本一致，2011 年与 2010 年相比有较大下降趋势，2012 年比 2011 年略上升、2013 年比 2012 年略下降，一定程度上反映了权力清理的进程。

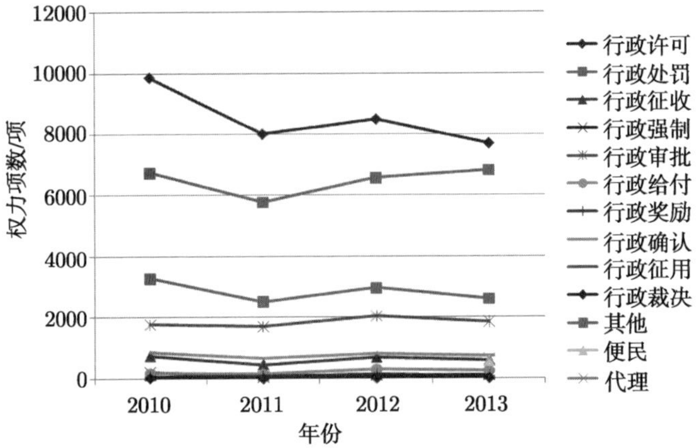

图 8.4　2010~2013 年各类权力事项变化趋势图

8.2.2　工作流程编制上的顶层设计

在流程编制上，对流程进行了科学化、合理化编制。行政权力网上公开透明运行更加注重对行政权力行使过程的公开和制约。按照“程序规范、提高效率、简明清晰、方便办事”的原则，政府各部门对经过审核确认的每一项行政权力运行流程进行优化再造，逐一编制行政权力运行流程图。只有具备一个科学的流程图，才能使行政权力网上公开透明运行合理化。因此，流程图是指导这个项目如何开展的关键所在，更是江苏省“权力阳光”顶层设计的又一体现。

行政权力运行流程图包括外部流程图和内部流程图两种。外部流程图是对社会公开、便于公众知情办事的流程，包括职责要求、相对人的权利、监督制约环节、投诉举报途径及方式等项目。内部流程图是行政权力事项在机关内部具体运行、便于内部加强业务管理和进行有效监督的工作流程，主要是把办理行政权力事项的法定环节和步骤，细化到本单位的具体办理人员，定岗、定人、定时、定要求。外部流程图由同级政府法制部门审核确认，内部流程图由政府部门自行编制。

8.2.3　制度保障设计上的顶层设计

制度是保障一个项目顺利开展的重要措施，江苏省“权力阳光”的顺利实施也离不开为其建立的相关制度保障。只有坚持制度先行，才能保障信息系统规范有序。这是工作的重点。原有的电子政务系统由于种种原因造成地方与地方之间、部门与部门之间相互孤立，各种信息无法或者无法顺畅地交换，形成信息孤岛。信息孤岛是政务多头管理、各自为政在互联网上的反映，它的存在已经成为我国电子政务建设深入发展的“瓶颈”问题。江苏境内各地经济发展状况不一，不可能要求大家都一次性开发到位，所以我们注重超前谋划，制定统一的建设标准，相继出台了《行政权力网上公开透明运行信息系统实施方案》、《江苏省行政权力事项编码规则》、《江苏省行政权力网上公开透明运行信息系统数据接口规范》、《编制省级行政权力运行流程图和行政处罚自由裁量基准实施方案》等规范性文件以及电子监察和法制监督系统建设规范。通过这些规范性文件，从制度层面保证了分步开发的地方与一次性开发的地方标准统一、要求一致，消除各级各部门数据交换、网络互联互通上可能存在的问题，既避免重复投资或走弯路，也减少了地方和部门的畏难情绪。

8.2.4 标准规范制定上的顶层设计

江苏省“权力阳光”系统包括：行政权力库、网上政务大厅、行政权力运行平台、行政监察平台、政府法制监督平台。而“一库四平台”标准规范的建设，也被江苏省放在了十分重要的位置上。省政府办公厅在《关于印发江苏省行政权力网上公开透明运行管理暂行办法的通知》（苏政办发〔2010〕140 号）文件中也具体制定了包括行政权力数据库的规范标准、网上政务大厅的规范标准、行政权力运行系统的规范标准、电子监察系统的规范标准，以及法制监督系统的规范标准等。

“一库四平台”标准规范的建立，对于今后江苏省开展行政权力网上公开透明运行起到了良好的引导作用，并且也为接下来数据接口等一系列操作提供了标准，避免了信息碎片、信息孤岛的出现，也为各部门协同推进江苏省“权力阳光”起到了促进作用。它是站在全局的角度上以顶层设计的思维模式建立江苏省“权力阳光”的具体操作路径，这也是江苏省“权力阳光”能成功实现的一个重要砝码。相关的标准规范对“一库四平台”的建设规范、基本功能、信息类型等提出了具体要求：

1. 行政权力库

行政权力库是行政权力网上公开透明运行系统的基础数据库，是网上政务大厅、行政权力运行平台、行政监察平台和政府法制监督平台运行的依据。县级以上地方人民政府建立统一的行政权力库，经政府法制机构审核确认的所有行政权力，全部列入本级政府行政权力库，并报送上级政府行政权力库。建立部门行政权力库的，经同级人民政府法制机构审核确认的本部门的行政权力，全部列入部门行政权力库。列入行政权力库的行政权力应具有规定的基本信息，并标明“在用”、“暂停”、“取消”等权力运行状态。向社会公开的行政权力及有关信息应当与行政权力库保持一致。对于需经政府法制机构审核的行政权力增加、取消及变更权力名称、类别、实施主体、法律依据、外部流程等有关事项，应在确认后 10 日内对本级政府行政权力库和部门行政权力库进行调整，并报送上级政府行政权力库。

2. 网上政务大厅

网上政务大厅应当具备以下功能：

在政府门户网站上开辟专栏，设置行政权力公开目录、网上办事、行政权力事项办理状态查询以及网上咨询、投诉、求助、举报等服务窗口；建立网上受理、内部办理、信息反馈和监察监控工作机制，实现与权力运行平台、行政监察平台、法制监督平台、部门网站及部门业务系统的信息交换共享。另外，实施主体应当设立对外受理窗口，接收申请材料，完成材料上网。应当限时办理网上咨询、投诉事项，及时反馈处理结果，由行政相对人对办理情况进行评价，并通过网络向社会公开。实施主体应当按照统一标准将行政权力库信息、行政权力事项办件办理信息、行政监察信息、政府法制监督信息等向同级网上政务大厅报送，并由同级网上政务大厅统一向上级网上政务大厅报送，上报周期最长不得超过 24 小时。网上政务大厅中涉及下级部门业务的，其运行数据应当向下级网上政务大厅开放。以南京市政务大厅为例，其网站建设首页如图 8.5 所示，可以明确看到导航栏中的投诉、咨询、举报等功能。

图 8.5　南京市政务大厅主页

3. 行政权力运行平台

行政权力运行平台中应当传输和保留以下信息：

（1）行政相对人基本信息，如行政相对人是单位，包括单位名称、组织机构代码、联系人、联系方式等；如是个人，包括姓名、居民身份证或军官证、护照等有效证件号码和联系方式等。

（2）办件基本信息，包括行政权力名称、行政权力编码、办件事由或名称（案件名称）、法定时限、承诺时限、受理时间、受理人、办件流水号等。

（3）行政相对人提交和岗位工作人员办理时产生的申请材料清单、申请材料的具体内容（电子表格、文档、扫描件）、内部审批单、案件审批单、调查取证材料、笔录等申请信息及内部办理信息，其中相关的时间、地点、规模、面积等关键信息，应当采用文本或数值型等计算机可识别统计的记录方式。

（4）各岗位工作人员应当在行政权力运行平台中录入和保留办理意见，持否定意见的应当说明理由。

（5）依照法律、法规、规章和规范性文件的要求，应当提交给行政相对人的法律文书，以及按照档案管理的要求应当存档的文书，应当由行政权力运行平台自动产生并打印。

4. 行政监察平台

行政监察平台对行政权力网上运行情况进行全过程的实时监控。行政监察平台应当具备如下功能:

（1）全程监控。通过自动采集还原行政权力的行使过程信息，对行政权力行使的时效性、流程合法性、信息完整性等内容自动发现、提醒、督办，实现对行政权力行使的全过程监控。

（2）预警纠错。对异常情况、办理时限、风险点等情形实时监察、监控，对违反规定的异常情况进行预警、报警，采取纠错措施，达到防范效果。

（3）投诉处理。实行外网受理、内网处理、外网反馈的流程。各部门、单位的监察工作人员在受理投诉或接收上级监察系统的督办事项时，应责成相关业务处室负责人及业务经办人进行认定。

（4）统计分析。采集相关信息，按照时间、部门、岗位、权力等不同标准进行统计，并形成行政权力运行、制约、防控及发展趋势的相关图表。

（5）绩效评估。自动采集统计分析数据，对各部门、各岗位的行政效能进行比对和综合分析。

（6）督查督办。监察工作人员对行政权力行使过程中的异常或疑似异常的情况，责成相关部门、人员进行调查处理。调查完毕后，由监察工作人员对调查处理结果予以认定。

（7）其他应当具备的功能。

5. 法制监督系统

法制监督系统标准定义了系统必须具备的四个功能：

（1）能够开展地方性政府规章和规范性文件网上备案，对文件名、编号、发布主体权限、备案材料完整性等进行形式审查，自动将文件中的关键词标记出来，供审查人员进行实质审查。

（2）支持重大行政处罚和行政许可网上报备，审查人员按照规定的流程和审查要点进行审查，如实施的主体是否合法，适用法律、法规或规章等依据是否正确，认定的事实是否清楚，程序是否合法，行使自由裁量权是否适当等。

（3）对具有行政执法权的主体单位以及具有执法证的人员进行监督管理，建立行政执法人员库，可以进行注册、换证、责任追究以及国家部委核发执法证备案。

（4）对各地各部门办理的行政复议与应诉案件进行跟踪监督。

8.2.5　防控体系安排上的顶层设计

构建了“权力阳光”的防控体系。如果说清理权力事项、编制内外部流程图、明确监察规则、建立行政权力数据库是“决策”，那么电子监察就是“监督”环节，是真正建立行政权力网上公开透明运行长效机制非常关键的一环。从“权力阳光”设计之初就制定好监察监控体系，不仅仅是为了更好地在网上公开行政权力，也是行政权力监管工作正常开展的保障。自上而下环环紧扣的监管体系，也正是融入了顶层设计的理念。电子监察必须全面覆盖各级行政机关、全程监控各项权力事项办理过程、实时督查督办异常或疑似异常情况，让大家适应在“红绿灯”、“感应线”、“测速仪”下进行工作，按部操作、按约实施、按时完成。

8.3　建立健康的“权力阳光”生态系统

8.3.1　电子政务生态系统

传统生态学对生态系统的阐释可简单概括为由生物群落与无机环境构成的统一整体。由于电子政务发展规律在很多方面与自然生态领域规律相仿，而电子政务生态系统与自然生态系统组成、功能目标和基本特征相似，故可把与电子政务主体相互作用和相互影响的生态环境联系而成的生态系统作为电子政务生态系统。同时，由于电子政务生态系统的根本目标是信息平衡和共同进化，所以，政府要根据生态环境的不断变化而调整系统管理策略。

电子政务生态系统的特征可从以下五个方面来理解：

1. 系统内部的相互作用

主体和主体之间，主体和环境之间，子系统和子系统之间互相适应、互相作用。主体在自身演化升华的同时，也推动了整个系统的发展。这种共同演化的方式也有多种类型。如政府在为公民实施政务服务的过程中，信息化和体制改革的不断深化会促进政府不断优化其服务功能，并优化内部管理和组织结构及服务策略，结果是政府的核心服务能力优势增强了。系统内部的相互作用，促进了整个系统主体质量的提高，系统也因此向更高级发展。

2. 非线性关系

电子政务子系统互相之间的作用是非线性的。电子政务系统是由大量非线性相互作用的部分组成的。子系统之间的影响不是简单的累加，系统中每一个部分的行为和行为模式都依赖于其他部分的行为和行为模式。各部分根据自身的行为规则和全局的规划进行局部的交互作用。同时，这种非线性作用来源于内因，归之于主体或子系统的主动性和适应能力。比如，软硬件服务商为电子政务网站提供发展所需要的硬件设备，而电子政务的发展，反过来又为软硬件服务商提供了更多的发展空间。

3. 自主均衡性

电子政务生态系统主体之间不断学习，并根据环境的变化不断调整自己的行为，适应环境。这种不断的变化和调整，本质上就是远离平衡态，系统中的任何主体不存在唯一的稳定状态。如硬件供应商根据电子政务网站发展的数量和需求，改进服务器等产品的型号和产量；再如电子政务门户网站根据公民的特点，不断调整组织结构、服务方式和管理策略等，电子政务门户网站满足了公民的需求，公民也就更愿意采用电子政务的方式寻求政府信息。

4. 协同进化性

电子政务生态系统的进化动力源自电子政务生态系统各个主体成员通过不断的竞合作用，并由此实现共同进化。在电子政务生态系统中的协同作用过程中，相互依存的各个子系统通过彼此之间的相互作用、相互影响，并进行不断的自我平衡和调整，导致系统中出现新的结构顺序，即出现了由电子政务系统子系统的协调作用而产生的整体系统协同进化的结果。

5. 生态平衡性

在电子政务生态系统处于稳定状态时，系统中的各个子系统，以及流通于整个系统的信息流的流向和流量都处于稳定畅通的状态。所以，电子政务生态系统需要保持与整个生态系统的整体平衡。避免信息超载、信息垄断、信息侵犯、信息污染、信息综合征，保持整个电子政务生态平衡。

8.3.2 健康的“权力阳光”生态系统的实现机制

一个健康的生态系统离不开各方面要素彼此调节直到达到平衡。电子政务生态系统平衡是指电子政务生态系统处于开放、运动的前提条件下，电子政务生态系统的各个子系统或组成部分的结构、功能都处于相对平衡协调的生态状况。因此，顶层设计就成为一个建立江苏“权力阳光”健康生态系统的有效方法。

电子政务生态系统平衡的实现机制是指电子政务生态系统从形成、发展直到实现平衡整个过程中表现出来的规律性。具体说，就是一个处于成长中的电子政务生态系统达到平衡的方式、过程和机理。顶层设计对于江苏省“权力阳光”健康生态系统实现机制方面的建立，起着良好的促进作用，具体实现机制如下：

1. 正反馈促进“权力阳光”行政执行更通畅

系统输出的一部分被回送，重新成为同一系统的输入成分，或者成为同一系统的控制信息，称为反馈。反馈有正反馈和负反馈两种形式。正反馈是指使系统输出的变动在原变动的方向上被加强的反馈。在江苏省“权力阳光”项目实施期间，难免在系统输出端发现与最初设计不吻合或问题之处，此时通过反馈机制可以更好地重新处理流程中出现问题的模块。而顶层设计十分适合行政权力自上而下的执行开展，无疑为正反馈实现机制带来了很大的帮助，更好地让行政权力网上公开透明运行系统行政权力通畅执行。

2. 电子政务生态位的合理分化促进“权力阳光”系统结构的有序和功能的优化

电子政务生态位是指电子政务生态主体在一定的电子政务生态环境中所处的特定位置。它反映了电子政务生态主体在电子政务生态系统中所占据资源、所处位置和发挥功能的状况。同时，合理的电子政务生态位既可满足不同层次多样化的电子政务信息服务功能的需求，又可以优化电子政务信息资源的有效分配，有利于实现电子政务生态系统平衡。对于江苏省“权力阳光”系统而言，行政权力网上公开是其最核心的一个部分，而各部门如何分配共享这种信息资源更是重中之重。而顶层设计却可以实现这个目标，可以突破现有各个部门的信息孤岛系统，实现这些系统的有效整合。在各个横向的相关职能部门之间按需实现信息共享，并建立起有效的信息共享制度，解决部门之间的信息不对称、信息冲突等问题。

3. 电子政务生态圈的形成加强了“权力阳光”系统内部的联系

电子政务生态系统是由若干电子政务生态链所构造的，而多条电子政务生态链又彼此交织，构成复杂的电子政务生态圈，使得电子政务信息服务可以通过多条电子政务生态链来实现。电子政务生态系统具有复杂性、网络性特点，使得电子政务用户获得信息服务的渠道呈现多样化的特征。多样化的内部联系方式，也是电子政务生态系统平衡的基础之一。江苏省“权力阳光”系统的构建是一个由各个部门共同推进的过程，因此，利用顶层设计突破条、块和机构的限制，将整个大政府视为一个有机的整体，规划全局性的、集成化的电子政务信息体系架构，对于今后江苏“权力阳光”跨部门的整合合作有着重要的意义。并且顶层设计也可以加强整个政府各部分之间的交互能力，使得政府转换为一个以服务对象为中心，而不是以政府职能部门为中心的电子政府架构。

8.4 江苏省“权力阳光”顶层设计的审视

虽然江苏省目前在“权力阳光”顶层设计上取得了不错的进展，但依然存在一些可以改进的地方，而这些不仅仅是在江苏省，在全国都具有一定的典型性。

8.4.1 跨部门合作有待进一步推进

江苏“权力阳光”是一项各部门共同推进的工程，但目前各部门在系统构建以及数据资源的某些方面依然存在着无法共享的问题。如南京市早期作为应用试点而构建的“权力阳光”系统，随着江苏省的统一推进，目前很多编码或数据结构方面都与省里的格式无法统一。这导致了南京市一些部门需要重新整理数据，工作负担加重，对于政府工作效率的提升造成了很大的阻碍。对于一些具有通用性和普遍适应性的系统没有从上层统一开发，重复开发现象严重。另外，“自建系统”与“统建系统”无法有效整合，上下级系统对接，并联审批协调困难、实现困难的问题等还普遍存在。

8.4.2 管理体制有待进一步理顺

信息化领导小组、信息办、电子政务建设协调指导小组、发展和改革委高新处、信息产业部门、政府信息中心等各个部门之间存在职能交叉、工作错位、工作越位等现象。有些部门轻管理、重办事：轻管理机制建设、激励手段创新、政策制度的完善、规范标准的建立和市场环境秩序的维护。而管理体制在顶层设计中也起着相当重要的作用，江苏省“权力阳光”的顺利开展离不开管理体制的保障，因此，为了“权力阳光”今后更好地开展，需要进一步理顺管理体制，以便更好地进行行政权力公开。

8.4.3 “权力阳光”规划有待完善

顶层设计中的网络结构规划、信息资源规划、从上到下的宏观体系结构模型、业务模型、功能模型、数据流转模型、数据元素的编码标准与规范等还有待进一步完善。随着江苏省“权力阳光”的进一步开展，许多新问题会逐渐浮出水面，可能会导致原有的规划需要重新设计。政府应该对不断出现的新变化、新环境具备相关的应变能力，以备随时采取措施来处理“权力阳光”系统中出现的漏洞以及民众不断更新的需求。

8.4.4　管理人员有待进一步培训

“轻调研重上马”、“轻计划重实施”已成为顶层设计建设中具有普遍性的问题。决策程序不民主、不规范以及决策手段落后进一步加重了管理人员知识化程度不足对“权力阳光”建设工作的负面影响。随着江苏省“三融合”的开展，“权力阳光”系统应用范围的不断扩大，对于管理人员的专业知识将会是一个巨大的考验。尤其是在县级城市，相对于省市级而言，专业知识储备以及人才储备方面都稍微落后一些，因此，更需要加大对管理人员相关专业方面的培训。

8.5　江苏省“权力阳光”顶层设计的建议

对于上述“权力阳光”顶层设计中的一些问题，提出了以下建议。

8.5.1　加快推进跨部门业务协同

加快推进网络互联互通，依托全省统一的电子政务网络平台，进一步加强网络基础设施建设，增强网络的可靠性、稳定性、安全性，逐步实现政务网络平台通部门、进处室、到桌面。积极开展业务协同，合理利用电子政务资源，完善省、市、县（区）、镇（街道）、村（社区）五级政务平台，推行网上公文办理、并联审批、联动监管等跨地区、跨部门办公业务。

协同政务建设可以从以下几个方面着手：一是深化行政体制改革。需要打破政府部门“各自为政”的局面，理顺涉及多个部门的公共事务管理体制。二是建立部门利益协调机制。通过对话、协商、立法等方式协调政府部门之间的利益关系。三是统一电子政务标准规范。目前我国电子政务标准化、规范化工作明显落后于建设工作，导致建好的系统无法互联互通。四是对现有电子政务系统整合。利用技术手段，如中间件技术、Web 服务技术、计算机支持下的协同工作（CSCW）技术、工作流技术等对现有系统进行整合。

8.5.2　完善“权力阳光”管理机制

“权力阳光”是一项系统工程，需要统筹规划和协同工作。相关部门要彻底理清信息化领导小组、信息办、信息产业部门、信息中心、网络中心之间的关系，科学界定各自的权力与职责。充分发挥信息化领导小组的作用，将信息办列入政府办机构，落实信息办的人员、办公场地和经费等问题；解决各级领导对于“权力阳光”工作既想做又能做的问题；明确各个部门的管理对象和工作重点，实现宏观调控和政策调控，加大对信息化事业的投入。

8.5.3 系统规划“权力阳光”信息资源的开发利用

江苏省“权力阳光”作为一个宏观信息系统，必须按照信息系统的建设程序进行，经过系统规划、系统分析、系统设计、系统实施和维护等几个过程。对于已建成的江苏省行政权力网上公开透明运行系统需要进一步的维护和升级。对于未来可能产生的新变化要有提前意识，在“权力阳光”信息资源规划方面应使得相关部门尽快梳理信息流程，理清业务模型，进一步制定有关编码标准与规范，避免出现新问题时各个部门无所适从的现象，对于一些通用系统由上层统一开发，集中招标采购通用设备或软件，免费提供给下级使用。

8.5.4 提高管理人员专业化素质

江苏省“权力阳光”系统管理涉及管理科学、计算机科学、信息技术和系统工程等学科，迫切需要综合型电子政务管理人才。因此应在管理层中大力开展相关科学有关知识培训，增加认识，提高水平。为了弥补管理人员专业化知识的不足，还应该改进现有的决策方式，调动社会力量实现群体决策，规范决策流程和步骤，建立决策专家库，确保“权力阳光”建设决策的科学性。省政府办公厅在《关于深化行政权力网上公开透明运行工作的意见》（苏政办发〔2011〕36 号）文件中也指出“要加强对各级领导干部的培训，使其进一步转变施政理念和管理服务方式，更加重视支持行政权力网上运行工作。要加强对各级机关工作人员的培训，进一步提高其法律意识、业务水平和信息化技能。要加强对各级电子政务管理人员的培训，切实增强其专业保障服务能力。”

第九章　“权力阳光”驱动的政府自我改革

2013 年 11 月 1 日，李克强同志在地方政府职能转变和机构改革工作电视电话会议上的讲话中强调“地方政府改革是一场自我革命”。职能转变是这场“自我革命”的关键，要重点抓好“接、放、管”。接，就是把中央放给市场的权力接转放开，把中央下放给地方的职能接好管好；放，就是把本级该放的权力切实放下去、放到位；管，就是把地方该管的事情管起来、管到位。明确把地方政府业务职能作为这次改革的着力点。习近平同志于 2013 年 11 月 2 日对 21 世纪理事会北京会议外方代表称：“中国开放的大门不可能关闭。改革开放永无止境，只有进行时没有完成时。”他直截了当地宣告，再过几天的三中全会，将“提出综合改革方案，就全面深化改革进行总体部署”。这是我国最高领导人释放出的全面进入第二次改革开放的最权威信号。中共十八届三中全会的决定则将全面深化改革的内容明确为 60 项具体的改革任务①，贯彻落实党的十八大关于全面深化改革的战略部署，并作为向全国、全球的郑重承诺。

9.1　政府的行政职能

行政职能（administrative function），是国家行政机关依法对国家和社会公共事务进行管理时应承担的职责和所具有的功能。政府职能反映着公共行政的基本内容和活动方向，是公共行政的本质表现。政府职能具有公共性、法定性、执行性、强制性、动态性和扩张性的特征（张康之和郑家昊，2010）。

在社会主义市场经济条件下，根据地方政府的特性，结合经典论述，地方政府的主要职能可以归结为“对地方经济的宏观调控、提供地方性公共物品和公共服务以及区域性经济协调发展等”（阎立，2010）。党的十六大更加明确地指出我国地方政府的四大基本职能是“经济调节、市场监管、社会管理和公共服务”。2013 年 11 月党的十八届三中全会审议通过了《中共中央关于全面深化改革若干重大问题的决定》，清晰界定政府的 5 项职能：宏观调控、市场监管、公共服务、社会管理、保护环境。

① 《中共中央关于全面深化改革若干重大问题的决定》。

9.2 政府行政职能改革

中共十八届三中全会为我国的改革事业定下“改革开放只有进行时没有完成时”的基调，明确表明了改革的重要性、复杂性、艰巨性和持续性。各级政府行政改革正是我国伟大改革历史进程中的组成部分。推动政府行政改革的力量既有外部的推动力，也有自身的内生能动力。

9.2.1 外部推动的改革

政府改革的外部推动力主要有两种：国际社会的推动力和国内社会的推动力。而对单个政府职能部门而言，外部推动力还有来自政府系统内部、职能部门之外的推动力，如监督、监察部门的推动力。因此，对政府这一整体系统而言，其改革的推动力来源于国际社会和国内社会；而对某个特定的职能部门，其改革的推动力来源包括国际社会，国内社会和监督、监察部门，如图 9.1 所示。

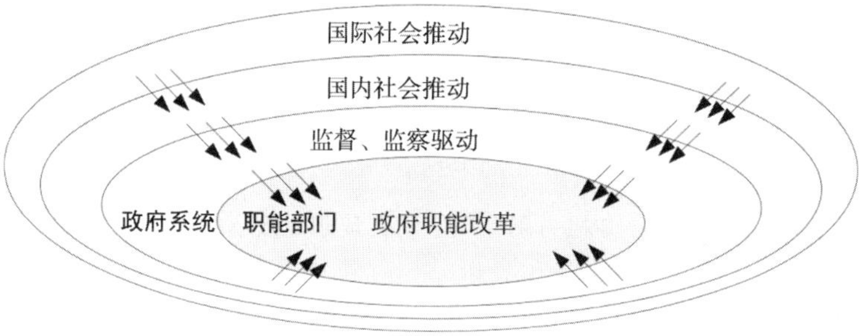

图 9.1 行政职能改革的动力机制

9.2.2 内生能动的改革

为满足自身业务需要或者应对外部压力，政府部门自身具有改革的内生性需求。具体表现在为提高自身运行绩效、社会管理水平、公共服务能力、市场监管效果、经济调节水平，而进行的管理思路、方式、方法、技术等的改革。另一方面，就政府职能部门个体而言，其推动力还有来自政府系统内部，如监督、监察部门的压力。这里，监督、监察部门的压力对职能部门个体而言是外部动力，对政府系统而言则体现为内生动力，具有双重性。

“管理主义”、“后官僚制范式”(Barzelay & Armajani, 1992) 、“公共管理”(欧文 · E · 休斯，2001)、“新公共管理”等范式(张梦中，2001)，以及美国学者戴维·奥斯本和特德·盖布勒合著的《改革政府——企业精神如何改革着公营部门》都是政府自我改革路径的代表性理论。在这一场新公共管理的改革浪潮中，新西兰因其改革力度大、富于系统性而受到举世瞩目，并被学术界称为“新西兰模式”。

从效果上讲，政府内生能动的改革是决定改革成败与成效的关键因素。

9.3 “权力阳光”驱动的政府自我改革

江苏“权力阳光”的运行，是政府行政监察和法制监督职能的使然，也是政府职能部门自身业务需要的结果，是内生能动的自我改革，如图 9.2 所示。通过“权力阳光”运行，政府职能部门行政权力运行结果数据化，科学的绩效考核得以实现，从而明确了部门自我改革的方向与力度；同时，通过“全覆盖、全程监控、实时督办”实现政府内部监察、监督部门推动的职能改革。

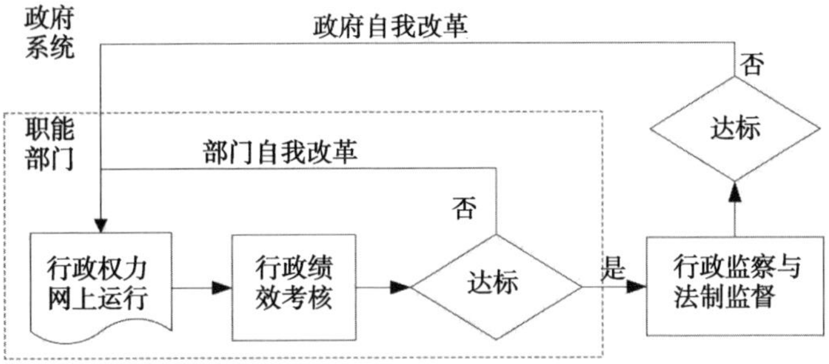

图 9.2 “权力阳光”驱动行政职能改革的路径

9.3.1 “权力阳光”驱动职能改革的能动性

自 2000 年起，江苏先后进行四轮行政审批制度改革，精简审批项目、优化审批流程、创新审批机制、提高审批效率。诸如连云港市在全国建立起第一家行政审批服务中心，昆山市在全国率先建成“三级便民服务网”等都取得了显著成效。接着，苏州模式的“行政审批电子监察网络系统”，南京模式的“行政‘权力阳光’运行机制”，到江苏全省推行“行政权力网上公开透明运行”，并要求将行政权力网上公开透明运行逐步建成各级政府施政的一项基本制度，明确体现江苏自我改革的意愿、能动性与工作力度。

江苏“权力阳光”系统建设的出发点是“从维护人民群众根本利益出发，运用现代信息技术，创新行政权力运行机制，推进行政权力依法行使、透明运行，转变政府职能，提高行政效能，强化廉政建设，为加快服务政府、法治政府、责任政府和廉洁政府建设提供制度保障”，并以“坚持依法实施，严格按照法律、法规和规章行使行政权力；坚持公开透明，实行行政权力网上公开运行；坚持全程监督，对权力运行进行网上实时监控监察；坚持便民高效，实现流程优化、程序简化、效能提高”为基本原则，以“使行政权力网上公开透明运行逐步成为各级政府施政的一项基本制度，基本建立权责清晰、程序严密、运行公开、制约有效的行政权力网上公开透明运行机制”为核心目标。

进一步，以电子监察系统作为行政权力网上公开透明运行的重要保障、以法制监督系统作为行政权力网上公开透明运行的重要支撑，通过“三个全覆盖”、“三个融合”深入推进全省各级政府行政职能的改革。这充分明确了“权力阳光”系统建设是政府自身职能改革的本质属性。

9.3.2 “权力阳光”驱动职能改革的内生性

江苏“权力阳光”驱动改革的内生性体现在两个层面、五步做法上，见图 9.3。

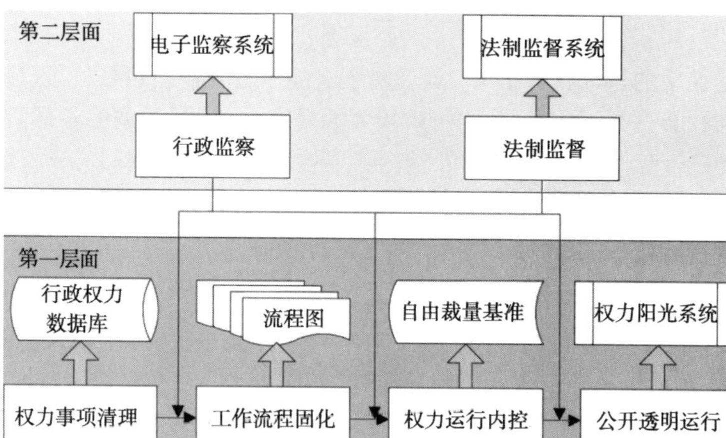

图 9.3 “权力阳光”驱动行政职能改革的层次

1. *第一层面*

以权力清理为起点，以科学流程为依据，以权力基准为尺度，实现职能部门业务信息全上网、全公开、全透明运行。具体包括四步做法：

（1）坚持依法有据，全面清理行政权力。通过权力事项的梳理，结合网上公开透明运行的数据，发现行政职权设置不规范、依据不同源、归属不清晰、权力滥用的根源，明确职能改革的起点。行政职权设置随意、依据繁杂、归属不清，是导致行政行为不规范、行政权力滥用的重要因素。因此，清理行政权力事项是开展行政权力网上公开透明运行工作的重点、难点、关键点，也是各级职能部门改革业务流程、创新行政模式的出发点。

江苏从一开始就把清理规范行政权力作为推行行政权力网上公开透明运行的基础性工作来抓，本着依法科学、全面梳理、重心下移、精简权力的原则，由政府法制部门牵头，对全省所有行政机关的权力事项进行一次彻底盘点。各地各部门依据现行法律法规，对本地本部门行使的行政许可、行政征收、行政处罚、行政强制等各类行政权力事项进行全面清理。在部门自行清理、上报的基础上，同级政府法制部门依法进行审核确认，对没有法律、法规、规章依据的职权一律取消。如省人事资源和社会保障厅委托省劳动监察总队行使的两项行政处罚：对企业扣押劳动者居民身份证等证件的处罚、职业中介机构扣押劳动者居民身份证和其他证件的处罚，在清理中均因没有法律依据而被取消。

对涉及多个部门的职权，重新明确分工，做到各司其职。以省建设厅为例，在“撤销或者注销建筑企业的资质”这一问题上，省建设厅和省建筑工程管理局依法都有权限。为了避免出现执法“打架”现象，经反复协调，明确由省建筑工程管理局行使，建设厅不再“过问”。

对核定保留的行政权力事项，统一编码，编制行政职权目录，通过政府门户网站等载体向社会公布。同时，建立行政权力数据库，依法适时调整各部门行政权力。此外，还制定行政权力“挂起”和“解挂”办法，要求相关部门对于长期不使用的权力申请“挂起”或取消，以后需要使用时再申请“解挂”。据统计，省和13个省辖市共清理行政权力80352项，依法确认行政权力70761项，削减9591项，削减率达12%。具体而言，省海洋与渔业局减少权力311项，省建设厅减少123项，省环保厅减少92项，省工商局减少68项，省公安厅减少59项，省新闻出版广电局减少46项，省食品药品监督管理局减少38项。

（2）科学编制流程，把握权力运行尺度。行政权力网上公开透明运行更加注重对行政权力行使过程的公开和制约。按照“程序规范、提高效率、简明清晰、方便办事”的原则，政府各部门对经过审核确认的每一项行政权力运行流程进行优化再造。针对有的执法部门行政许可权力事项环节设置普遍偏多的情况，在审核过程中，本着简化办事程序的原则，将所有许可流程简化为“受理、审查、审核、审批”四个主要环节，并在系统开发时运用现代信息技术进行固化，大大缩短了许可办理时限。

（3）合理制定基准，规范自由裁量权。行政处罚行为范围宽、涉及面广、自由裁量空间大，容易引发权力寻租行为。因此，把制定行政处罚自由裁量基准、压缩行政处罚自由裁量空间摆在突出位置，着力加以规范。凡法律、法规和规章规定可以选择行政处罚幅度的，根据违法行为的事实、性质、情节、危害等情况，划分明确、具体的不同等次，并确定相应的处罚标准。每一项行政处罚自由裁量权，原则上不少于轻、中、重三个等次。同时，制定行使行政处罚自由裁量权的适用规则或实施办法，完善配套措施。政府法制部门对各部门制定的行政处罚自由裁量基准及适用规则逐一审核确认。据统计，省直部门和省辖市共制定自由裁量基准 32914 个，为科学控制行政处罚裁量幅度提供了重要依据。此外，在建设行政权力网上公开透明运行信息系统的过程中，把政府法制部门确认的行政处罚自由裁量基准和相应权力事项及流程图，统一放置在行政权力数据库中，初步实现提出申请、及时审核、实时反馈的功能。

（4）全部上网运行，实现信息共享。通过信息化工程将各级各部门行使行政权力时产生的数据收集上来，开展条块间纵向、横向的信息共享、业务协同、整体协作，提高各层面网络化信息服务能力，并按照管理主题和管理要素进行分析处理，加快数据向信息的转化，为加强和改进管理提供内容丰富、科学翔实的依据。因此，各级各部门进入网上政务大厅这个信息枢纽数据的及时性、完整性、全面性显得十分重要。于是要求各级各部门所有行政权力都要上网公开透明运行，上网运行权力事项的每个环节信息都要及时上报到网上政务大厅，并且确保上报信息完整，不能有缺项。

为此，江苏在系统实现上进行疏与堵，在行政推进上保持高压态势。一方面，信息系统建设提供两种选择：统建与自建。参与统建的部门，行政权力数据库、行政权力运行系统、电子监察系统、法制监督系统等软硬件由省里统一组织开发、部署培训，相关部门只需负责上网使用；选择自建的部门，必须按照统一要求，新建行政权力数据库、行政权力运行系统、电子监察系统、法制监督系统或对原有信息系统进行升级改造，信息系统必须每天自动向网上政务大厅报送行政权力办件信息。网上政务大厅可以从两种网接收信息，统建的信息系统可以在两种网上运行使用：互联网（或电子政务外网）与电子政务内网。如果统建部门工作人员的计算机是与互联网相连的，可以通过互联网来办理行政权力事项，如果自建部门信息系统是与互联网逻辑隔离的，可以通过互联网来报送信息；如果认为办理的行政权力事项信息敏感或涉密，可以通过电子政务内网来进行办理或向网上政务大厅报送信息。这样，既堵住了以安全、保密、敏感为理由，权力事项不上网运行以及不报送办理信息的借口，也堵住了以单位网络还不是涉密网，不能与省电子政务内网相连等借口。另一方面，加强督促检查，严格考核验收，强力推进。在推进工作的过程中，江苏建立行政权力网上公开透明运行情况报告制度，要求各级行政机关主动向人大、政协通报行政权力网上公开透明运行情况，自觉接受监督，不断改进工作。同时，各级政务公开领导小组定期检查行政权力网上公开透明运行系统建设、权力运行和制度建设等情况，及时发现和解决问题。各级纪检监察机关认真履行监督检查职能，充分发挥电子监察系统的作用，对行政权力网上运行情况进行实时监察监控，对权力不上网运行或网下办理、网上补记等现象，严肃追究相关责任人的责任。

2. 第二层面

从行政监察、法制监督工作的需要出发，通过清理权力事项、编制内外部流程图、明确监察监督规则、建立行政权力数据库，实现行政权力事项网上公开透明运行，建立行政权力网上公开透明运行长效机制。这是内生性改革的第五步，也是收官一步。

具体而言，主要通过“全覆盖、全程监控、实时督办”实现政府内部监察、监督部门推动的职能改革。一是全面覆盖。按照分级监察的理念，明确各级各部门监察机构的工作职责，行政权力网上运行情况的电子监察，主要由部门监察室来承担；省、市、县三级地方监察机关，更多地履行对下级监察工作的监督管理和对上级监察机关督查督办事项的处理与反馈。同时，着力于完善与电子监察相配套的管理制度、考核制度、责任追究制度，形成部门纪检组和监察室直接监察，地方监察机关再监察的电子监察体系。二是全程监控。对所有网上运行的行政权力全流程监察监控，可自动采集还原行政权力的行使过程，对权力行使的时效性、流程合法性、上网信息的完整性等监察、监控内容自动发现、提醒、督办。监察工作人员可以随时查阅并监控行政权力事项办件受理、承办、审核、批准、办结全过程的信息，不论该办件是否办理完毕，如同在每个岗位、每个环节安装了“电子眼”，实现对行政权力行使的全过程监控。三是实时督查督办。对异常情况、办理时限、风险点等情形进行实时监察、监控，对违反规定的流程异常、内容异常情况进行预警、报警，采取纠错措施，达到防范效果；对有办理时限要求的办件从多角度进行提醒、预警、报警，以提高行政效率；对事项风险点、环节风险点设置预控措施，实时跟踪办件，同步对经办人、分管领导、监察工作人员提示和预警，及时发现并纠正工作中的失误。监察工作人员对行政权力行使过程中的异常或疑似异常的情况责成相关部门、人员进行调查处理，调查完毕后由监察工作人员对调查处理结果予以认定，认定结论纳入部门责任追究的内容，并反馈上级监察系统。同时，设计和镶嵌统计分析模型，自动对各部门、各岗位的工作绩效进行量化对比和综合分析，不断挖潜增效，推进公开执法。

9.4　“权力阳光”驱动行政职能改革的成效

李克强同志在 2013 年 11 月 1 日的地方政府职能转变和机构改革工作电视电话会议上的讲话中强调“地方政府改革是一场自我革命”，明确指出地方政府职能改革的重要性、急迫性、激烈性、能动性与内生性，为我国各级政府行政职能改革定下了基调。江苏“权力阳光”的不断推进为深化江苏各级政府行政职能改革工作做好了充分的准备，其主要作用体现在如下方面。

9.4.1 施政方式的转变，促进了服务型政府建设

一是提高了行政效率。行政权力网上公开透明运行机制为深化政务公开提供了全新、高效的载体和平台，所有办事环节以图表方式清晰显现，时效考核以秒为单位精确统计，并做到全过程痕迹保留。二是促进了政府管理方式创新。行政权力网上公开透明运行借助现代信息技术，通过对政府业务重组、流程再造等创新方式，推动政府管理结构向扁平化转变，改变了政府公务员的思维和行为方式，改变了政府部门之间、政府与企业之间以及政府与公众之间的信息分享方式，全面提升了政府的社会管理和公共服务能力。三是促进了政府职能转变。结合政府机构改革，通过清理行政权力，进一步加强行政权力数据库动态调整工作力度，对现有行政许可项目和非行政许可审批项目继续清理，能削减的坚决削减，尽量减少政府对微观经济运行的干预。

2013 年度，省平台汇总的省（包括 52 个省级机关）、市（全省 13 个省辖市）、县（106 个县（市、区））三级部门的单位权力事项均办件量，如图 9.4~图 9.6 所示。均办件量 = 办件量/权力事项数量。不难发现，市一级事项均办件量显著高于其他，其中行政征收、行政给付、行政确认和其他类目的权力事项均办件量最多；县一级的权力事项均办件量次之；省一级的权力事项均办件量最少。全省各类权力事项的均办件量数据如柱状图 9.7 所示，其中均办件量最高的有：行政给付 10371 件/项、行政征收 7654 件/项、行政确认 4137 件/项；办件量最低的有：行政裁决和行政强制约 9 件/项。

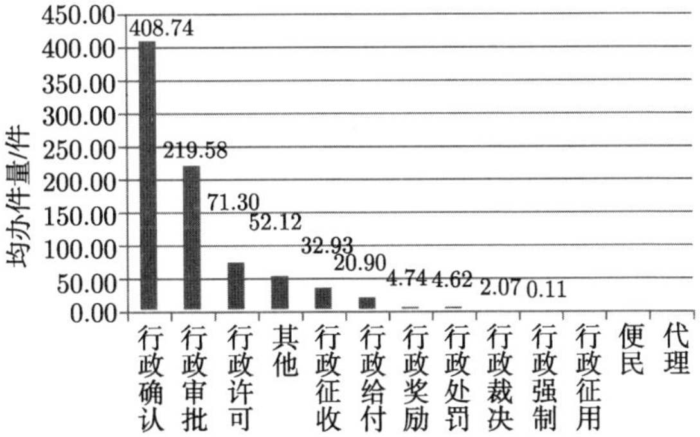

图 9.4 省级权力事项均办件数对比图（2013 年度）

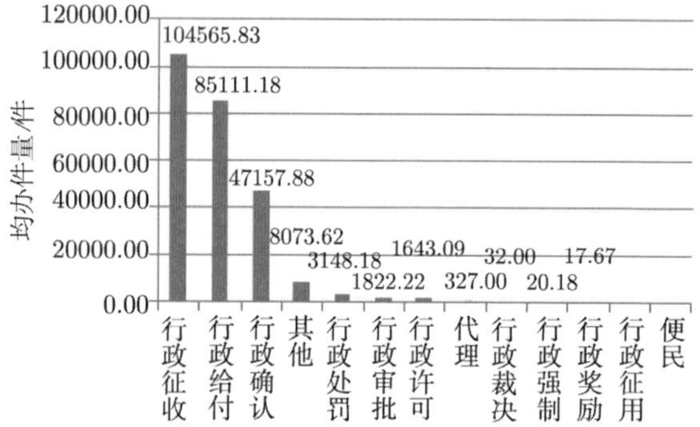

图 9.5　市级权力事项均办件数对比图（2013 年度）

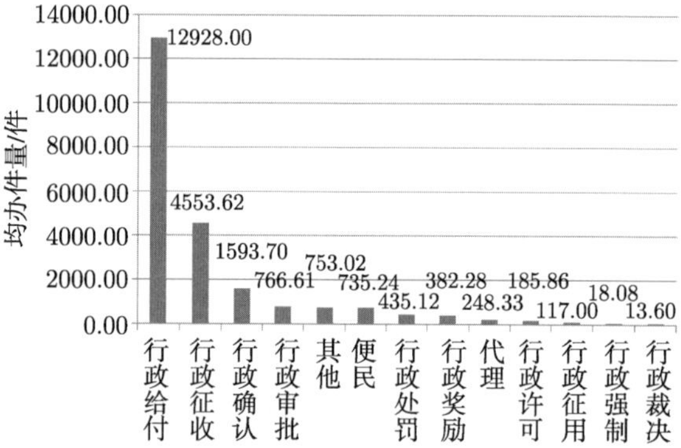

图 9.6　县级权力事项均办件数对比图（2013 年度）

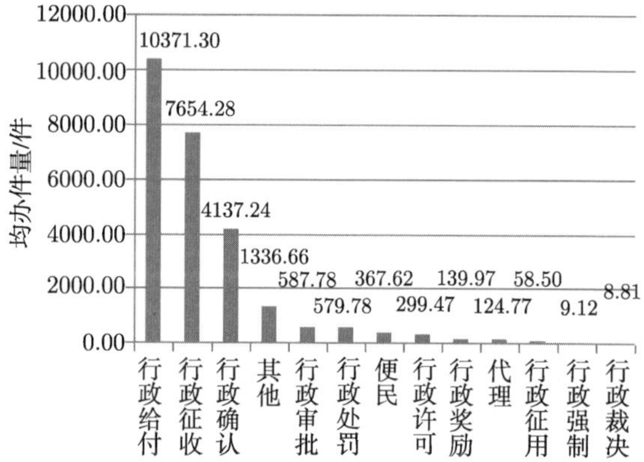

图 9.7　全省权力事项均办件数对比图（2013 年度）

2013 年度，省平台汇总的省（包括 52 个省级机关）、市（全省 13 个省辖市）、县（106 个县（市、区））三级办件所涉及的部门数量和部门均权力数、部门均办件量的比照，如图 9.8 所示。部门均权力数=权力数/部门数，部门均办件量=办件量/部门数。可以发现，省平台汇集办件县一级涉及的部门数量最多，为 2343 个；市一级涉及的部门数量次之，为 482 个；省一级最少，为 52 个。而部门均权力数相反，省一级部门均权力数显著最多，为 423.25 项/个；市一级部门均权力数次之，为 9.82 项/个；县一级部门均权力数最少，为 6.39 项/个；全省部门均权力数为 14.49 项/个。省平台汇集办件的涉及部门，市一级部门均办件量显著最多，为 583.55 百件/个；省一级部门均办件量次之，为 280.41 百件/个；县一级部门均办件量最少，为 50.96 百件/个；全省部门均办件量为 144.34 百件/个。

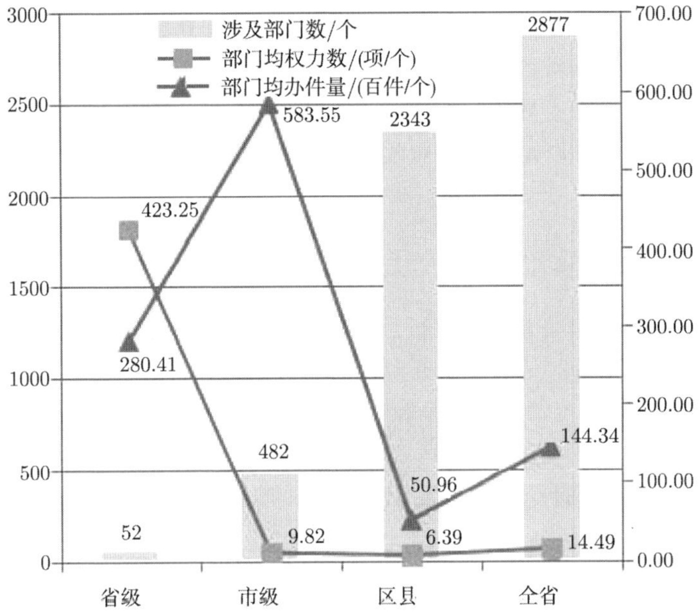

图 9.8 省、市、县三级发生办件涉及部门数量及对比图（2013 年度）

9.4.2 监察手段的创新，深化了源头防治腐败工作

权力失去制约必然导致腐败。通过对权力运行全过程进行实时监察，进一步强化对权力的制约和监督，不仅促使权力的行使者进一步明确自身的职责和预期的责任后果，自觉树立正确的权力观，筑牢不愿贪的思想道德防线；而且促进各项制度更加完善，规范权力运行程序，及时发现和改正问题，形成使人不敢贪的机制；同时为充分发挥各类监督主体的作用搭建便捷、高效平台，实现内部监督和外部监督的有机结合，实现事后监督向全过程监督、单层次监督向多层次监督的转变，达到

使人不能贪的监督效果，从源头上有效地预防腐败现象的发生。

9.4.3 互动平台的搭建，推动了政府决策的科学化、民主化

随着各部门信息化应用水平的不断提高，一批跨部门、跨领域、跨行业信息资源共享和业务协同项目的相继建成或完善，充分发挥了行政权力公开透明运行系统的综合效应。一是发挥了汇聚民智功能。通过意见征集、网上调查、社会听证等栏目，对涉及经济社会发展全局、与人民群众利益密切相关的重大事项，公开向社会征求意见，充分调动了广大人民群众有序参与政务的积极性。二是发挥了了解民情功能。当前，听取网民意见、回应网民诉求、引导网上舆情，已经成为政府工作的一个重要方法和途径。三是发挥了政府与群众的互动功能。各地各部门通过设置在线问答、行政首长信箱、行政效能投诉、举报热线等互动式平台，开展文字、音频、视频等在线访谈活动，听取群众意见，受理群众投诉，接受群众咨询，帮助群众解决实际问题。四是发挥了数据分析功能。通过数据分析，可以及时发现行政机关工作状况和效率高低，可以定期分析行政权力使用的情况，为深化行政审批制度改革提供决策依据。

9.4.4 运行机制的规范，提升了电子政务的水平

推进行政权力网上公开透明运行是深化政务公开的重要内容，是加强对行政权力制约监督的重要措施，是建设服务型政府的重要环节，也是电子政务发展的重要契机。“权力阳光”系统的运行，是在充分利用各地各部门现有信息化资源的基础上，通过适当的增量投入来打破地区之间、部门之间的“信息壁垒”和“业务割据”，实现 52 个省级机关、13 个省辖市及 106 个县（市、区）的所有行政机关的网络互通、业务互联、信息共享，从而实现电子监察“无时不有、无处不在”，初步解决了电子政务应用中“书不同文、车不同轨”的顽疾，有效支撑江苏电子政务的深度应用。

第十章　监督上提、事务下放：构建扁平化政府

没有监督的权力既容易被滥用，又容易造成权力的私性扩张。要保证人民赋予的权力始终用来为人民谋利益，确保行政权力正确行使，就必须让公共权力在阳光下运行。要坚持用制度和科学的监督管权、管事、管人，建立健全决策权、执行权、监督权既相互制约又相互协调的权力结构和运行机制。健全组织法律和程序规则，保证国家机关按照法定权限和程序行使权力、履行职责。

江苏“权力阳光”的目标是实现行政权力运行的全程监督监察，推动法治政府和服务型政府建设。通过权力运行数据的向上集中（由县集中到省、由市集中到省），监察、监督部门可以通过运行数据的分析发现、整改不规范的权力事项，对各职能部门的工作绩效进行管理；另外，通过事务性工作下放，省、市、县、区充分运用办事窗口、行政服务中心、行政大厅的力量向企业、公众提供公共服务，为民办事，高效服务。从而建成由监督、监察威慑的预防机制，由上而下发现错误并督促纠错的改错机制，使权力运行更有弹性。

随之带来的改变是政府组织结构的扁平化。这里所谓的扁平是指在各职能部门的工作人员配置上，把大量的人力资源分布在为企业、公众服务的窗口，减少了中间环节。一方面，行政“权力阳光”运行过程中，企业、公众感受到的是一站式、高效的行政审批、服务方式，大量的中间环节、政府层级、管理幅度被大大压缩；另一方面，政府内部运行中上级承担监督职能，基层承担服务职能，大量的中间层级被压缩或取消，政府呈现扁平化的特征。

10.1　政府行政监督体系

10.1.1　行政监察体系

行政监察是指在行政系统中设置的专司监察职能的机关，对行政机关及其工作人员以及国家行政机关任命的其他人员的行政活动及行政行为所进行的监督检查活动。它是我国社会主义监督机制中的一个重要组成部分，在“保证政令畅通，维护行政纪律，促进廉政建设，改善行政管理，提高行政效能”[①]等方面可以起到重

① 《中华人民共和国行政监察法》。

要作用，从而有力地推进政府行政管理的廉洁化、法治化、服务化和高效化。

对这一概念可以从以下几个方面来理解：一是实施行政监察活动的主体是设立在行政系统中专司行政监察职能的机构。这一机构所实施的行政监察活动，属于行政机关的一种专门内部监督。二是行政监察的对象是国家行政机关及其工作人员以及国家行政机关任命的其他人员，如企事业单位中由国家行政机关任命的领导干部。三是行政监察的客体是国家机关任命的公务员的行为和行政机关的综合行政行为。四是行政监察是行政监察机关对国家行政机关及其工作人员以及国家行政机关任命的其他人员实施监督、检查、惩戒活动的总称。五是行政监察的目的是保证国家及其公务员廉洁高效地履行职责，实际上就是依法行政的问题。

10.1.2 法制监督体系

法制监督是指国家权力机关、国家司法机关、上级行政机关、专门行政监督机关，及国家机关体系以外的公民、组织依法对行政主体及其工作人员是否依法行使行政职权和是否遵纪守法行为所进行的监督。

按监督主体的不同，可以将法制监督分为狭义和广义两种。狭义的法制监督是指以行政机关为主体的监督，即行政监督行政，或称行政内部监督；广义的法制监督是指连同行政机关在内的各类国家机关的监督，即行政内外监督。可见，我国的行政法制监督体制是由行政组织内部的同体监督和行政组织外部的异体监督两部分构成。

10.2 “权力阳光”监察监督体系

江苏行政权力网上公开透明运行工作的两项重点工作就是建立行政权力的电子监察系统（又称网上行政监察系统）和网上法制监督系统，共同构成“权力阳光”的监察监督体系，见图 10.1。

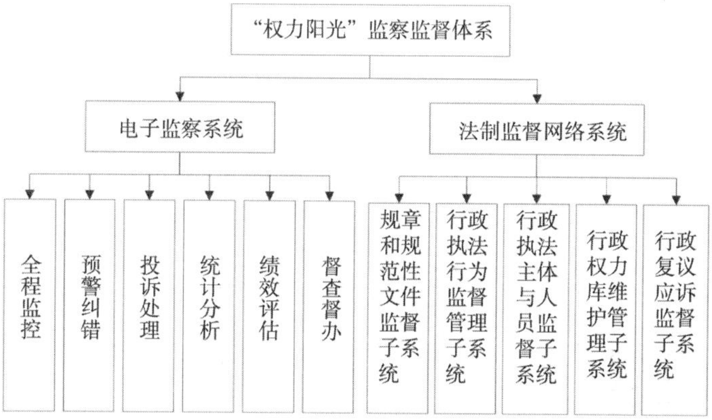

图 10.1 “权力阳光”监察监督体系

10.2.1　电子监察系统

电子监察系统的建设目标是按照行政权力网上公开透明运行工作的要求，结合建立权力内控机制，运用网络信息技术手段，整合现有信息资源，建立全覆盖、高效率的行政权力监察监控系统平台，对网上运行的所有行政权力进行实时监控、预警纠错、统计查询、绩效评估，提高行政管理和监察工作的客观性、科学性和时效性，及时发现并处理各种异常或违规情况，构建对行政权力有效监督和管理的网络体系。

1. 系统功能

系统设置全程监控、预警纠错、投诉处理、统计分析、绩效评估、督查督办 6 项功能，可对行政许可、行政处罚、行政征收、行政强制、非行政许可的行政审批事项、行政给付、行政奖励、行政确认、行政征用、行政裁决及其他共 11 类行政权力开展监察工作，对所有行政权力网上运行情况进行全流程、全业务、全覆盖监察监控。

1）全程监控

对所有网上运行的行政权力全流程监察监控，可自动采集还原行政权力的行使过程，对权力行使的时效性、流程合法性、上网信息的完整性等监察监控内容能自动发现、提醒、督办，实现对行政权力行使的全过程监控。监察工作人员根据授权，可以随时查阅并监控行政事项受理、承办、审核、批准、办结全过程的信息，不论该办件是否办理完毕。

2）预警纠错

对异常情况、办理时限、风险点等情形进行实时监察监控，对违反规定的异常情况进行预警、报警，采取纠错措施，达到防范效果。预警纠错功能应包括以下三个方面：① 办理时限预警纠错，即对于有办理时限要求的行政权力，电子监察系统应可以从多种角度对办理时限方面的异常情况进行预警，便于监察工作人员根据预警情况及时提醒有关人员调整管理办法，提高行政效率；② 异常情况预警纠错，指通过建设行政权力事项标准数据库，设置数据综合、交叉比对等多种机制，自动比对不同业务系统间有逻辑关联的数据信息，对权力运行、自由裁量等行为进行实时监察监控，对其他违纪违规和逻辑混乱等异常行为进行预警，监察工作人员根据预警情况可以有针对性地开展工作，通过有效措施保障行政权力的网上公开透明运行；③ 风险点预警，是指在梳理行政权力事项的同时，要对行政权力运行过程中的风险点进行认真排查，在流程中予以标识，并配以相应的预控措施。

3）投诉处理

实行外网受理、内网处理、外网反馈的流程。各部门、单位的监察工作人员在受理投诉或接收上级监察系统的督办事项时，应责成相关业务处室负责人及业务经办人进行认定，当事人对责任认定有异议时，由有权部门认定。认定结论纳入部门内责任追究和绩效考核的内容，并反馈上级监察系统。

4）统计分析

电子监察系统应能提供各种统计报表，如部门办件量统计表、行政权力项目统计表、督查督办事项统计表、行政权力办件量统计表等，同时还应能够按照事项的分类、责任部门、办理状态等要素进行多维报表分析，如针对同系统部门的办件情况进行对比分析等。全面提供各类行政权力事项的统计数据，并通过直方图、饼状图、列表等方式展现自定义统计数据，以便监察工作人员实时掌握各类行政权力事项的运行情况。

5）绩效评估

自动采集统计分析数据，对各部门、各岗位的行政效能以及行政事项的不同环节、不同时段的工作绩效进行对比和综合分析。考核的主要内容有：行政权力公开考核，对各职能部门行政权力公开的即时性、完整性、规范性进行考核，并进行评比排名；效能监察考核，对法定办结提前率、办件效能同比提升率、办件效能的环比提升率等进行评比；执法监察考核，对部门处罚自由裁量制定与执行情况、行政执法合法性与规范性、行政复议和行政诉讼的结果等内容进行考核；廉政监察考核，对群众投诉情况、群众满意度、督查督办的工作效率等进行考核。

6）督查督办

监察工作人员对行政权力行使过程中的异常或疑似异常的情况责成相关部门、人员进行调查处理，调查完毕后由监察工作人员对调查处理结果予以认定，认定结论纳入部门责任追究的内容，并反馈上级监察系统。

2. 具体做法

电子监察系统建设的具体做法是按照建立“外网受理、内网办理、外网反馈”的行政权力网上公开透明运行机制的要求，认真梳理、优化规范、合理调整行政权力运行业务流程。结合省、市、县（区）各级机关信息化建设，对与行政权力运行相关的信息进行统一管理，实行全程电子化运行①。通过建设网上行政监察系统，实现信息采集、流程监控、自动预警、绩效评估、异常处理以及实时报送等功能，

① 江苏省人民政府办公厅《关于开展行政权力网上公开透明运行工作的意见》（苏政办发〔2008〕50号）。

对政府信息公开、行政权力运行情况进行实时监控监察，确保行政行为依法、透明、廉洁、高效运行。

10.2.2　法制监督网络系统

江苏省法制监督网络系统（一期）建设目标是建立与行政权力网上公开透明运行机制直接相关的权力库管理、规章和规范性文件备案管理、行政执法行为监督、行政执法主体与人员监督、行政复议应诉监督等子系统。具体而言，由规章和规范性文件监督子系统、行政执法行为监督管理子系统、行政执法主体与人员监督子系统、行政权力库维护管理子系统、行政复议应诉监督子系统 5 部分组成。

1. 总体框架

系统建设中应采用 B/S 多层架构和 SOA/Web Service 技术，使用标准的接口规范及技术，保证系统具备良好的扩展功能及兼容性，系统的整体架构如图 10.2。

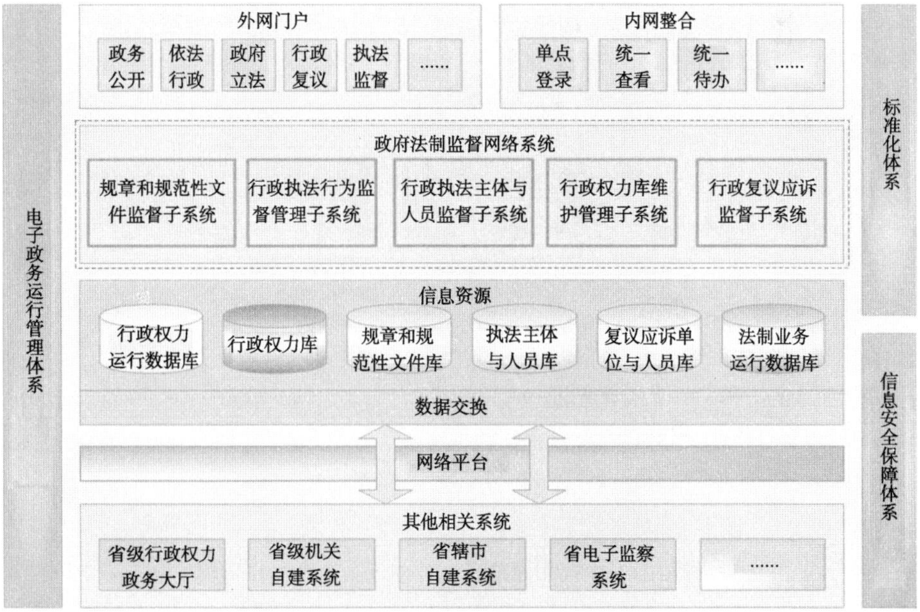

图 10.2　法制监督网络系统（一期）整体架构

图 10.2 中，行政权力运行数据库由省行政权力运行平台统一建设，本系统通过数据接口读取数据；行政权力库由江苏省法制办牵头已先期建设完成，整合入本系统；规章和规范性文件库、执法主体与人员库、复议应诉单位与人员库等为法制

监督系统内部的基础数据库，需由相应的子系统进行维护管理，而各子系统中运行的各类备案、审查等业务的过程与结果数据则保存在法制业务运行数据库中。

2. 系统功能

1）规章和规范性文件监督子系统

该系统支持各市各部门制定的规章和规范性文件在发布后 15 日内通过本系统报送给省法制办进行备案，通过备案审查的文件进入规章与规范性文件库进行统一管理，并提供完善的检索与统计分析功能。

规章和规范性文件网上备案的工作流程如图 10.3 所示。

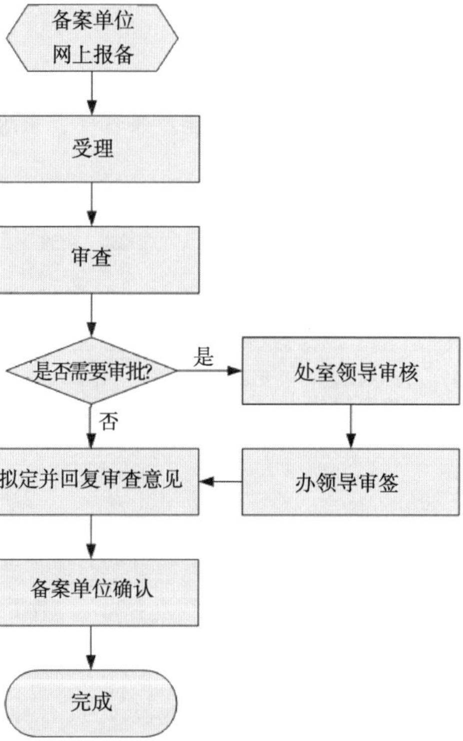

图 10.3　规章和规范性文件网上备案的工作流程

具体功能包括：

网上报备。支持备案单位网上填写备案信息并上传备案报告、文件正文、起草说明及依据等材料。备案单位的范围包括省级机关、各市人民政府和依法应当报备的其他机构。

备案受理。备案单位提交的备案信息自动提示省法制办指定人员进行受理操作，通过受理的，提示备案单位已报送成功。在受理时可以选择后续审查工作的承办人。

审查。系统中的审查环节分为自动审查和主动审查，首先由系统自动对文件进行审查，生成自动审查报告，然后由审查人员在自动审查报告的基础上做出审查意见，并选择是否需要报领导审批。自动审查的范围包括形式审查和实质审查两部分。形式审查主要针对备案单位在备案报告中填报的信息进行检查，检查的规则应可根据实际情况进行调整。实质审查是自动检索 Word 格式的正文，将系统中设定的关键词标记出来，生成一个带标记的版本供审查人员查看，并在审查报告中提示。系统应支持不同类别的关键词设定，类别包括行政许可、行政处罚、行政强制、机构人员、征收征用等。主动审查指审查人员在查看自动审查报告后，结合审查报告和备案材料的情况做出审查意见，包括是否准予登记、不予登记或暂缓登记的理由等。审查人员可以根据实际情况选择是否需要报领导审批，若选择“是”，则提交处室领导和办领导进行审核与审批操作；若选择“否”，则直接进入回复环节。

回复。在回复环节中，由审查人员根据领导审批的结果，将审查意见回复给备案单位，并根据审查处理结果对备案材料进行管理，进入规章与规范性文件库。审查意见书等格式文书由系统自动生成。

回复确认。备案单位在接收到审查意见后，予以确认，系统自动将确认信息通知审查人员。当审查结果为“不予登记”时，备案单位可以在确认审查回复后，根据整改情况启动新的备案程序。

查阅检索。系统提供按照报送单位、发布时间、填报时间、编号、文件名、关键字、处理结果等条件对备案情况进行检索，其中关键字检索功能支持对正文的全文检索。在检索结果中可以查看每次备案的备案报告、文本、说明、备案审查过程等信息。系统支持按照设定的时间区间、单位等条件自动生成规章与规范性文件目录。

规章和规范性文件库统计分析。审查通过的规章和规范性文件进入数据库进行统一的管理。系统提供针对规章和规范性文件库的统计分析功能，包括：报备率、及时率、规范率、准予备案率、暂缓备案率、不予备案率。

2）行政执法行为监督管理子系统

该子系统对行政权力行使的过程进行法制监督，并开展重大行政处罚决定备案工作。具体功能包括：

重大行政处罚决定备案。省级机关部门和相关授权组织在做出重大行政处罚决定时，应在本系统内填写备案报告，提交省法制办，同时设区的市级机关部门和相关授权组织在做出重大行政处罚决定时也可选择通过本系统向省法制办备案。备案的工作流程如图 10.4 所示。

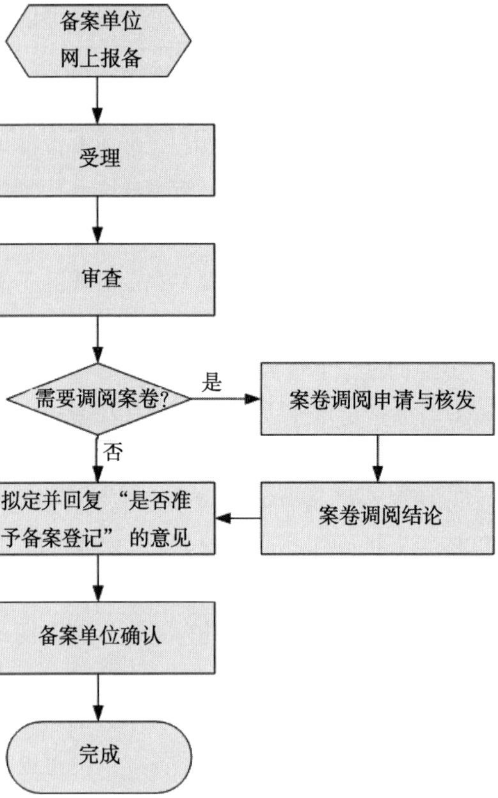

图 10.4　备案的工作流程

具体功能包括：网上报备功能、备案受理功能、审查功能、案卷调阅功能、审查结果回复功能、回复确认功能、查询统计功能等。

行政执法情况统计分析。汇总统计各单位、各地行政执法实际发生的情况，以行政许可、行政处罚等权力类型为口径进行分类统计，并建立自动分析与纠错机制。功能包括三部分：行政执法情况填报功能、行政权力网上运行情况统计功能与行政执法情况汇总与分析功能。

3）行政执法主体与人员监督子系统

行政执法主体与人员监督子系统主要是对全省具有行政执法权的主体单位以及具有执法证的人员进行监督管理，主要包括行政执法主体监督和行政执法人员监督两部分。其中，行政执法人员监督功能包括行政执法人员库维护、年度注册、换证、责任追究、国家部委核发执法证信息备案、执法人员查询统计。

4）行政权力库维护管理子系统

省法制办牵头建设江苏省行政权力库已经基本建设完成并投入运行，本系统建设过程中应实现与已实现成果的整合，将其融入法制监督系统，并实现行政权力库数据和有关业务之间的对接。

5）行政复议应诉监督子系统

对各地、各单位法制部门代表政府或单位办理的行政复议与应诉案件进行监督。主要功能包括：行政复议应诉案件情况填报与汇总和行政复议应诉人员监督。其中，行政复议应诉案件情况填报与汇总包括行政复议应诉案件情况填报与行政复议应诉案件情况汇总统计功能。

3. 具体做法

系统的建设严格遵守《江苏省行政权力事项编码规则》、《江苏省行政权力网上公开透明运行信息系统数据接口规范》、《江苏省行政权力库数据交换接口规范》以及我省行政权力网上公开透明运行系统平台（以下简称“省行政权力运行平台”）的技术规范要求，各应用子系统之间实现良好的整合，保证相关信息在不同子系统之间的交互和共享。从我省法制监督信息化建设的实际出发，并考虑到未来5年我省法制监督业务发展的需要，省法制监督系统建设应遵循以下原则：

1）安全性与保密性原则

在保证网络安全的前提下，充分考虑服务器系统、存储系统、操作系统、数据库系统和应用系统的安全。同时要有完善的信息保密机制，能提供有效的安全保障，保证政务应用平台内部信息安全，保证单位之间的办公信息能够安全传送与接收。

2）灵活性与可扩展性原则

系统各功能模块能提供灵活的自定义配置工具，让系统在最短时间内适应单位不断变化的组织结构和业务信息。系统能与相关业务系统有效衔接，实现跨平台、跨系统的信息交换。要既能确保原有投资得到保护，又能使系统保持好的可扩展性，有利于逐步升级。

3）直观性和可维护性原则

系统中功能模块和功能按钮的说明应定义清晰，命名以简单直观为原则，不存在歧义问题。充分考虑整个系统的管理维护性能，使得系统的管理机制清晰、完备，使系统的管理维护工作方便高效。

4）标准化与规范化原则

方案的设计要遵循国际标准和国家标准，有利于实现不同厂家产品的互联和互操作，方便应用系统的移植，同时整个系统有很强的通信能力。

5）模块化与成熟性原则

系统中各功能模块的设计应注重业务逻辑的细化，采用模块化和开放性设计，方便地实现应用模块的增加和删除。系统设计和开发平台采用业界公认成熟并被广泛应用的技术，保证系统实施的进度和质量。

6）实用性与先进性原则

坚持以需求为导向，以应用促发展，贴近用户的需求，满足实际应用的需要。站在用户立场上，在先进、可靠和实用的前提下，充分考虑经济型原则，软硬件的选型、配置和采购采用性能价格比最优原则，同时兼顾与已有设备的互联能力。在满足系统性能、功能以及考虑到在可预见期间不失去先进性的条件下，尽量取得整个网络系统的投资合理性，已构成一个性能价格比优化的网络系统。

7）良好的用户界面原则

使用美观、大方的良好用户界面，做到易学习、易操作；操作应符合用户平时工作流程的要求，使用户感到工作轻松流畅。系统是为工作人员提高工作效率服务的，保证在功能和人机交互界面上贴近用户日常使用习惯，达到简单易用的目的。

10.3　监督上提、事务下放

通过电子监察系统的建设，目前已经基本实现信息采集、流程监控、自动预警、绩效评估、异常处理以及实时报送等功能，对政府信息公开、行政权力运行情况进行实时监察。而法制监督网络系统（一期）的建设，也实现了与行政权力网上公开透明运行机制直接相关的权力库的管理、规章和规范性文件备案的管理、行政执法行为监督、行政执法主体与人员监督、行政复议应诉监督等功能。

10.3.1　监督上提

电子监察系统和法制监督网络系统的运行是“三个全覆盖”工作推进的成果，也是向“三个融合”的更深层次的迈进，真正做到权力取得有据、配置科学、运行公开、行使依法、监督到位。

目前，监察、监督部门可以做到利用政府法制监督平台，开展网上规范性文件备案审查、行政执法人员和执法行为监督、执法案卷评查等工作，对违法行使行政权力的行为，及时发起督办；可以按照层级监察的思路，以创新的监察监控手段，加大监察监控力度，确保所有行政权力全程在网上运行；可以对权力不上网运行或网下办理、网上登记等现象监察不到位、纠错不及时、督办不得力的，严肃追究相关人员责任。

两个监督系统的试运行、正式运行及经验总结与交流推广，使得行政权力网上公开透明运行数据实现向上集中（由县集中到省、由市集中到省），监察、监督部门通过对行政权力运行数据的分析发现、整改不规范的权力事项，实现对各职能部门的工作绩效进行管理，监督权与监督效力得到有效提升。

10.3.2　事务下放

监督效力提升，绩效管理得以充分发挥作用，有效地将各职能部门的注意力移至关注行政效能和公共服务绩效上，实现行政事务性的工作、公共服务性的工作移至各行政服务中心、（虚拟）行政大厅和办事窗口。

绩效考核机制的创新产生的直接结果就是服务事务下放的内生性动力的提高。一方面，省、市、县、区更有动力充分运用办事窗口、行政服务中心、行政大厅的力量，向企业、公众提供公共服务，为民办事，服务更有效率。另一方面，形成由监督、监察威慑的预防机制，由上而下发现错误并督促纠错的改错机制，使得权力运行更有弹性。有效避免一旦犯错，毫无纠错余地的状况。

10.4　政府结构的扁平化

随着行政权力网上公开透明运行机制的运行，"监督上提、事务下放"成为一种工作常态。政府运行过程中，监督层面的作用得以真正发挥，服务层面的社会服务效益得以逐步释放。

在现实工作中，公众、企业的事情如果能在镇（街道）、村（社区）得到办理，那么，省、市窗口单位的工作压力将大大减轻，能更好地行使监督的职能。基层办事快捷性增强，才能使"一站式"服务真正落地。人民群众感知到的办事过程是"办理申请"和"结果获得"头尾两个环节，政府机构体内流程不复呈现，成为一个网络化的整体，原来的边界不存在了，形成了"无缝隙政府"，整体向公众提供公共服务。政府管理层级减少，呈现扁平化结构，可以加快回应速度，增加公共服务的个性化，提高公共服务的效率。

这里的所谓"扁平"是指在各职能部门的工作人员配置上，把大量的人力分布在为企业、公众服务的窗口，减少中间环节。主要有两层含义：一是行政权力运行（服务）过程中，企业、公众感受到的是一站式服务，大量的中间环节统统省略，感受到的是一种高效的行政审批方式，政府层级、幅度被大大压缩；二是政府内部运行中上级承担监督职能，基层承担服务职能，大量的中间层级被压缩或取消，政府呈现扁平化的特征。

10.5　权力监督与服务落地的"江苏地税模式"

江苏地税行政权力透明运行系统是涵盖行政权力的取得、运行、监控、绩效，以及数据报送等内容的综合性管理信息系统。它以政务公开为原则，以权力库规定的权力为基础，以权力运行平台实施权力运行，以电子监察平台、法制监督平台和数据上报平台等对权力运行情况进行实时监督，以数据利用平台为拓展，通过内、外网门户进行管理和展示，建立了全覆盖的电子网络应用体系。

系统主要组成包括：

1. 权力库

权力库是“权力透明运行系统”的基础数据库，全省地税系统从行政许可、行政征收、行政处罚、行政强制等方面，依法对现有的行政权力进行清理和细化，目前包含赋予全省地税机关的权力事项 75 项和非权力事项 248 项。

通过按地理位置进行检索，可以查看到各个地区所有权力行使的状态、类别、名称、办理部门或实施主体。点击每项权力的编码可以查看该权力事项的办理地点、监督电话、联系电话、处罚种类；按照权力的类别明确了权力行使的法律依据、办理期限、承诺期限等事项；按照权力运行的程序编制了内部和外部流程图，并标识相关岗位职能说明和办理人员，实现权力事项公开到岗、到人的要求，方便了内、外网用户查询权力事项的办理机关、岗位和对应的人员。并通过列示风险指标来排查权力事项的风险点，如权力事项“纳税人未按照规定的期限申报办理税务登记、变更或者注销登记的行政处罚”在审查、核准环节，设定了“应给予处罚而未处罚”等 9 项风险指标；系统根据地税工作实际，制定了科学、具体的行政处罚自由裁量标准和适用规则，通过设置统一的明细执行标准，有效地规范权力行使，为营造公平、公正、透明的法治环境打下基础。

2. 权力运行平台

系统通过大集中系统实现所有业务流程的网上运行，根据不同的业务规范要求设定权限、标准和时限，严格控制流转节点，真正做到事前预防。

系统通过全省统一的网上办税服务厅受理纳税人纳税申报、廉政测评、发票业务、登记事项、涉税申请、网上服务等，数据同步到内网后，将所有权力事项实现内部网上流转，相关办理结果再通过网上办税服务厅反馈给纳税人。

系统通过投诉处理功能，自动将省局及各地网站受理的各类投诉同步到相应的部门信息列表中，实现“外网受理、内网处理、外网反馈”，相关部门对应处理和反馈每一条投诉信息，系统通过分级、分权限按工作流的方式推送办理。

通过办税服务厅公共管理系统，纳税人可以适时查看各地办税情况，并可统计到具体工作人员的办件数、效率、满意度等。

3. 电子监察平台

电子监察平台是税务机关为监督税收执法行为，规范行政管理，提高行政效能，促进廉洁从税，确保行政权力网上公开透明运行的信息化监督系统。实现全面覆盖、重点监控、分级负责、分类管理、公开透明的过程动态监察。系统设置了全程监控、预警纠错、督查督办、投诉处理、统计分析、绩效评估、监察日志、电子监察人员信息库和监察规则 9 个功能模块。

权力事项运行在进行大量内部校验的基础上加强了外部监控，通过科学设计监察规则和预警指标，实现对税收执法事项行使的全过程监控，及时发现违法违规行为或疑似违法违规行为，发现异常的由系统自动发起预警信息。通过“权力运行轨迹回溯”可以实时查询权力事项或非权力事项的操作时间、纳税人名称和流程状态，点击“纳税人名称”可以查看办理涉及的具体流程环节、操作人员、操作时间、处理意见等。通过“结束流程监控”、“运行流程监控”可以对权力事项或非权力事项进行实时监控，如通过“运行流程监控”功能可以对还有一天到期的事项进行黄色提醒，对超期事项进行红色预警，点击“操作”按钮，可以发起督办。

平台运行以来，系统共发布预警信息 23613 条，已督查督办异常情况 2659 次。系统按省公开办的要求，新增《异常记录信息表》等 9 张统计报表查询，并在此基础上拓展数据利用，提供了绩效评估功能，可以查看组织绩效等内容。

4. 法制监督平台

法制监督平台通过对规章规范性文件的报备管理、执法主体和执法人员的资格管理等确保执法行为的主体规范、依据合法；通过对行政处罚等损益执法行为和行政救济执法行为的监督管理体现对执法行为的法制监督。

5. 数据利用平台

深化数据利用是权力透明运行系统建设的重点之一，我们根据深化试点要求，整合了分散于各应用系统的查询和分析，按照“权力监督”、“组织收入”、“税收民生”、“税源专业化”、“纳税服务”和“三个一流”六个主题进行展现。在每个主题下再设置明细指标，如“权力监督”中设置了行政权力运行相关查询统计指标；“组织收入”中设置了分地区、分税种、分产业、分经济类型税收增长情况等指标；“税收民生”中设置了“分地区房产价格比对”指标，列示百姓关心的房价问题；此外，还设置了“个人收入群体分布统计”、“个人所得税税负分析”、“社保费征缴绩效统计”、“就业优惠落实情况”等指标；“税源专业化”设置了风险管理应对效率和绩效统计指标；“纳税服务”设置了办税情况统计和绩效展示指标；“三个一流”设置了人员队伍结构等指标。在展示明细数据的基础上，增加了部分重要信息的综合展示，通过图形化的风格动态展现有关数据，方便用户更直观地浏览和比对。

6. 数据上报平台

数据上报平台每天自动定时对“行政征收权力、行政处罚权力和其他行政权力”

数据进行加工处理、统计，将全省各级税务机关行政权力运行的每一项明细数据按规定的要求向省政府“权力透明运行平台”上报，实现数据上报的集约化管理。

外网系统设置平台介绍、权力公开、涉税事项、权力运行、组织管理、政策法规、绩效展示七个栏目。在首页“新闻区” 将江苏地税有关“权力阳光”工作的最新图片新闻进行动态展示；“绩效展示区”通过链接功能，授权用户直接切换查看其关注的税收主题；“权力运行结果展示区”集中展示权力运行事项总的完成情况，用户点击可以进入相关模块；“外网用户登录区”可以让纳税人通过涉税编号登录查看自己办件的进度和完成情况，政府用户登录查看到更全面详实的权力运行数据；“权力事项公开区”利用图标链接将江苏地税的税收执法权力类别进行综合展示，可以查看到每项行政权力的基本信息；“涉税事项链接区” 提供了纳税事项的总体介绍和直接链接，方便纳税人进行纳税事宜的快速查询；“税收法规展示区”提供涉税税收法规的查询；“服务监督连接区”将江苏地税网站的服务监督信息进行了集成，方便广大群众对江苏地税行使行政权力进行监督。

“权力透明运行系统”的功能拓展，通过深化数据利用提升了现代政务水平，突出以风险管理为抓手的数据应用，融入税源专业化管理的新内涵；并以“三个融合”为导向，兼顾“三个面向”，全面加强了信息公开透明。系统所具备的功能和特点，为规范权力行使、监督权力运行、建设公众满意的服务型地税机关提供了有力的支撑。下一步，将进一步提升权力透明运行系统的功能和作用，强化对行政权力的监察和制约，确保权力正确行使，让权力在阳光下运行。

第十一章　推进基本公共服务均等化
——社区（街道、村镇）的信息化

在历经多年的改革开放以后，我国在政府管理理念、社会与经济制度改革以及经济总体水平上都有了比较大的进步，政府社会管理呈现由管理向公共服务转移的趋势。2003 年 10 月召开的中共十六届三中全会首次明确提出将提供公共服务作为政府四大职能之一。第十届全国人大二次会议的政府工作报告强调："各级政府要全面履行职能，在继续加强经济调节和市场监管的同时，更加注重履行社会管理和公共服务职能。"[①]公共服务职能和目标的明确，标志着我国行政体制改革的进一步深化和政府管理理念的重要转变。

随着信息社会的来临，一个普遍的、常被忽视的问题是数字鸿沟(digital divide)客观与长期存在，使得部分信息技术素养较低、经济收入较低、IT 基础设施发展水平低、经济发展落后的人群、地区无法同等地获取公共服务。中共第十八届中央委员会第三次全体会议研究了全面深化改革的若干重大问题，明确提出"推进社会领域制度创新，推进基本公共服务均等化"的决策。《中共中央关于构建社会主义和谐社会若干重大问题的决定》把推进基本公共服务均等化作为 60 项具体任务之一。江苏"权力阳光"运行的目标之一就是支撑四级电子政务服务体系的建立，向村镇、街道、社区延伸，以社区服务站、村镇信息站为基本单元，向公众、企业服务，从而使公众享有公平、均等的电子化公共服务。

11.1　公共服务的概念、内涵与特征

国际上，公共服务被定义为"由政府或公共组织或经过公共授权的组织提供的具有共同消费性质的公共物品和服务"(党秀云，2009)。此概念中，公共服务具有公共物品的两种特性：一是非排他性。一旦这种公共服务存在，人人可以享用，如便利的交通，使所有乘客都能得到方便快捷的服务。二是非竞争性。就是一个人的消费和收益，不会影响其他人的消费和收益。(胡广伟，2010)

在我国，"公共服务"有这样几种理解：第一种认为，"公共服务"是"为人民

① 《第十届全国人民代表大会第二次会议关于<政府工作报告>的决议》。

服务”；第二种认为，“公共服务”是指国家公务人员的职责和工作的一般属性；第三种认为，“公共服务”指的是包括政府“弥补市场不足，促进社会公平”在内的所有工作；第四种则认为，“公共服务”是由公法授权的政府和非政府公共组织以及有关工商企业在纯粹公共物品、混合性公共物品以及特殊私人物品的生产和供给中所承担的职责（薄贵利，2005）。四种理解是出于语境、立场、主体、目标上不同的差异化表述，因此对其内涵的阐释各有侧重。

第一种认识的缺陷在于将“为人民服务”这样一个带有政治性的概念混同于公共服务这一行政职能概念。与“人民”并存的还有“居民”、“市民”、“村民”、“公民”等种种称谓，但它们其中的任何一个都不能和“公共服务”所涉及的范围相提并论，因为“公共服务”作为政府的一项职能，它已经超出了阶级、阶层和居住区域的界限。它是政府在自己所辖范围内向有机会在此长期或短期生活的所有人提供的普遍的和无差别的服务。

第二种认识和第三种认识也过于概括和含糊，这对于政府相关职能的认定来说基本是不着边际之论。如果按照这样的说法去认识公共服务，那就会使从事政府公务的人员无从把握这一职能的边界。在《中共中央关于完善社会主义市场经济体制若干问题的决定》[①]中，今后政府主要职能被概括为“经济调节、市场监管、社会管理和公共服务”四个方面。“公共服务”作为其中之一，职能范围肯定与其他三个方面有所区别。而国务院的 28 个部委、1 个特设机构、6 个办公机构、18 个直属机构、9 个部委直属局，以及一部分国务院直属事业机构（至少是 14 个中的一半）也必须通过相应分工，在上述四方面职能中各有侧重。这就是说，作为政府职能的“公共服务”应当从微观和具体的层面来把握。2013 年中共十八届三中全会《中共中央关于全面深化改革若干重大问题的决定》[②]把政府职能明确为“宏观调控、公共服务、市场监管、社会管理与环境保护”，并把“公共服务”由第四位提升至第二位。

第四种认识清楚地勾勒出了公共服务主体和职责边界，为决策者围绕这一领域进行制度安排、制定法规政策和有效开展工作树立了坐标，有助于政府的职能角色定位和处理好自己与市场、与企业、与社会、与公民的关系。这无论对于发达国家还是对于我国这样正处于经济、社会模式和政府管理模式转型时期国家的行政改革来说，都具有实践指导性意义。

11.2 公共服务的分类

一种分类方法认为，公共服务包括纯粹公共服务和准公共服务两种。纯粹公共

① 中共十六届三中全会《中共中央关于完善社会主义市场经济体制若干问题的决定》。

② 中共十八届三中全会《中共中央关于全面深化改革若干重大问题的决定》。

服务是既不具有排他性又没有竞争性的服务。而在现实生活中纯粹的公共服务相对较少，大量存在的是“准公共服务”。这就要求政府在生产和供给上采取更加灵活的方式和手段。

另一种分类方法把公共服务分为基本公共服务和一般公共服务。所谓基本公共服务，是指直接与民生问题密切相关的公共服务。中共十六届六中全会，把教育、卫生、文化、就业再就业服务、社会保障、生态环境、公共基础设施、社会治安等列为基本公共服务①。更进一步，基本公共服务应是指纯公共服务，因此不笼统地讲文化、教育、科学、卫生、社会保障等是基本公共服务，而是指其中的义务教育、公共卫生、基础科学研究、公益性文化事业和社会救济等，属于基本公共服务。除去基本公共服务以外的服务，都属于一般公共服务，如行政、国防、高等教育、一般应用性研究等。

11.3　基本公共服务的均等化

11.3.1　基本公共服务均等化的内涵

基本公共服务均等化是指政府要为社会公众提供基本的、在不同阶段具有不同标准的、最终大致均等的公共物品和公共服务，是我国公共财政制度改革的基本目标之一。也就是说，在基本的公共服务领域，政府应尽可能地满足人们的基本物质需求，尽可能地使人们享有同样的权力。简而言之就是，人人都能享受到公共服务，享受的机会是平等的。

11.3.2　我国基本公共服务均等化的探索

我国改革开放以来，各级政府努力强化其公共服务能力，着力实现基本公共服务均等化。2004 年 9 月，中共十六届四中全会提出，坚持以人为本、全面协调可持续发展的科学发展观，推动经济社会统筹发展；强调重视扩大就业再就业和健全社会保障体系；重视发展教育、科技、文化、卫生、体育等各项社会事业。2005 年 10 月 11 日，中共十六届五中全会②首次提出“按照公共服务均等化原则，加大对欠发达地区的支持力度，加快革命老区、民族地区、边疆地区和贫困地区经济社会发展”。2006 年 10 月，中共十六届六中全会审议通过了《中共中央关于构建社会主义和谐社会若干重大问题的决定》，确定了 2020 年构建和谐社会的目标和主要任务，

---

① 《中共中央关于构建社会主义和谐社会若干重大问题的决定》。

② 中共十六届五中全会《中共中央关于制定国民经济和社会发展第十一个五年规划的建议》。

其中包括“基本公共服务体系更加完备，政府管理和服务水平有较大提高”，提出逐步形成惠及全民的基本公共服务体系，把“建设服务型政府”作为重要内容。

2007年10月召开的党的十七大，进一步把社会建设列为全面建设小康社会的重要目标和任务，并确立了社会建设中改善民生、加快公共服务体系建设的基本方针和中心内容。十七大报告中指出，“缩小区域发展差距，必须注重实现基本公共服务均等化，引导生产要素跨区域合理流动”，要“围绕推进基本公共服务均等化和主体功能区建设，完善公共财政体系”。

2008年2月，胡锦涛在政治局第四次集体学习时的讲话，对基本公共服务体系的建设构想包含三个层次：①公共服务体系建设建立在经济发展的基础上，应依据经济发展程度和水平，逐步建设。公共服务体系建设的指导思想是惠及全民和公平公正，但建设步骤要把握水平适度、可持续发展的原则。②基本公共服务均等化，是公共服务体系建设的长远目标，也是服务型政府建设的重要价值追求，但也需要逐步实现。应围绕逐步实现基本公共服务均等化的目标，协调处理好公共服务的覆盖面、保障和供给水平、政府财政能力三者间的关系。③公共服务体系建设的关键是创新公共服务体制，改进公共服务方式，形成公共服务供给的社会和市场参与机制。通过公共财政、社会组织、企业与家庭的合作，发挥和体现财政资金的公益性价值，提高公共服务质量和效益。

2009年全国财政会议更加明确地强调，加快以改善民生为重点的社会建设，重点加大教育、就业、住房、医疗卫生、社会保障等民生领域投入，并向中西部地区倾斜，以稳定和改善居民消费预期，拉动消费需求。

2012年11月中共十八大报告明确提出了基本公共服务均等化总体实现的目标。着力推进基本公共服务均等化，努力实现惠及全体人民的基本公共服务均等化目标，是人们共享现代化成果的重要举措，是改善民生、统筹城乡发展、构建和谐社会的重要任务。

2013年11月中共十八届三中全会《中共中央关于全面深化改革若干重大问题的决定》把“推进基本公共服务均等化，努力实现惠及全体人民的基本公共服务均等化目标”作为下一阶段60项改革任务之一来抓。

11.3.3 公共服务均等化的意义

1. 实行基本公共服务均等化已成为缩小城乡差距的重大举措

从我国的情况看，城乡之间的差距不仅反映在经济发展水平和居民收入方面，更反映在政府提供的基本公共服务方面。据专家分析，目前我国公共服务因素在城乡收入差距中的影响为30%~40%。因此，统筹城乡发展，建设社会主义新农村，关键在于加快建立农村公共服务体系，缩小城乡基本公共服务供给之间的过大差距。

2. 实行基本公共服务均等化已成为缩小地区差距的重要条件

从我国实际出发，缩小地区差距，重要的是缩小区域之间基本公共服务的过大差距。由于西部地区各种自然条件的局限，在经济总量上要赶上东南沿海地区，很大程度上是不现实的。逐步实现国家对西部地区基本公共服务的均等化，应当成为西部大开发战略的重要内容。为此，应当按照中共十六届六中全会的要求，中央财政转移支付资金要重点用于中西部地区，尽快使中西部地区的基础设施和教育、卫生、文化等公共服务设施得到改善，逐步缩小地区间基本公共服务的差距。

3. 实行基本公共服务均等化已成为缓解贫富差距的重要因素

我国要有效缓解不断扩大的收入分配差距，既要规范初次分配，又要充分发挥政府再分配的调节功能。近年来，基本公共服务的个人承担费用上涨太快，大大超过中低收入家庭可支配收入的增长速度，这是贫富差距不断扩大的重要原因之一。因此，政府为社会成员提供义务教育、医疗卫生和社会保障等基本公共服务，不仅可以直接缓解并缩小贫富差距，还可以通过提高他们的自身素质，提高其获取收入的能力。总之，推行基本公共服务的均等化能够协调效率与公平的关系，解决社会公平问题，为经济发展提供新的动力。

11.4　基本公共服务均等化促进法治政府、服务型政府建设

推进经济体制改革。坚持通过改革解放生产力的基本理念，坚持通过改革促进发展的基本路径。通过改革，保持经济持续快速增长，国家财政收入连续大幅度提高，为强化政府公共服务能力、实现公共服务均等化奠定了坚实的财力基础。

落实科学发展观，树立正确的政绩观。科学发展观，第一要义是发展，核心是以人为本，基本要求是全面协调可持续，根本方法是统筹兼顾。科学发展要求政府将维护最广大人民的根本利益作为一切工作的出发点和落脚点，做到发展为了人民、发展依靠人民、发展成果由人民共享。科学发展要求统筹城乡发展、区域发展、经济社会发展、人与自然和谐发展、国内发展和对外开放，统筹中央和地方关系，统筹个人利益和集体利益、局部利益和整体利益、当前利益和长远利益。“以人为本”和“统筹兼顾”，为实现公共服务均等化提供了科学的理论基础。

构建社会主义和谐社会，加快推进以改善民生为重点的社会建设。中国所要建设的社会主义和谐社会，应该是民主法治、公平正义、诚信友爱、充满活力、安定有序、人与自然和谐相处的社会。公平正义意味着权力公平、机会公平、规则公平

和分配公平，要求初次分配和再分配都要处理好效率和公平的关系，再分配更加注重公平。公共服务具有再分配的功能，需要通过均等化的制度设计，努力使全体人民学有所教、劳有所得、病有所医、老有所养、住有所居。社会主义和谐社会理论勾画了公共服务均等化社会的宏伟蓝图。

深化行政管理体制改革，建设法治政府和服务型政府。按照深化行政管理体制改革总目标的要求，到 2020 年建立起比较完善的中国特色社会主义行政管理体制。通过改革，实现政府职能向创造良好发展环境、提供优质公共服务、维护社会公平正义的根本转变，实现政府组织机构及人员编制向科学化、规范化、法制化的根本转变，实现行政运行机制和政府管理方式向规范有序、公开透明、便民高效的根本转变，建设服务政府、责任政府、法治政府和廉洁政府，建设人民满意的政府。政府职能转变是深化行政管理体制改革的核心，要求全面履行政府职能，在改善经济调节、严格市场监管的同时，更加注重社会管理和公共服务。中央和地方政府要按照职能转变的要求，突出各自的管理和服务重点，进一步理顺部门职责关系，合理界定政府部门的职责，做到权力与责任对等，避免职能交叉重叠。深化行政管理体制改革，建设服务型政府，为实现基本公共服务均等化确立了体制基础。

11.5　“权力阳光”带动公共服务向社区（街道、村镇）延伸

江苏“权力阳光”运行的目标之一是建立四级的电子政务服务体系，向社区、村镇延伸，以社区服务站、村镇信息站为基本单元，向公众、企业服务，从而使公众享有较为均等的电子化公共服务。

通过社区电子服务能力的培养，电子政务向乡、镇、村延伸，真正做到“小事不出村，大事不出镇”。力争公众、企业的事情在社区（乡、镇、村）得到办理，减轻省、市职能部门的服务压力，提高办事效率，使“一站式”服务落地。

作为全国试点，无锡滨湖区和靖江市通过构建三级便民服务网络进行了创新性的尝试，并取得了初步成效。无锡滨湖区每年为企业、市民办件上百万件；民政、计生、社保、卫生、教育等与民生相关的业务进驻村镇、社区，与新型城镇化建设相辅相成。靖江市在“市行政服务中心–镇便民服务站–村便民服务室”的组织架构基础上，自建“村受理–镇审批–市办理”的行权系统网络，方便了基层民众办事。

“权力阳光”从 2012 年起在 12 个县（市、区）试点向乡镇（街道）、村（社区）延伸，以实现老百姓办事“小事不出村，大事不出镇”，因此增加了便民事项和代理事项的办件。2013 年度省平台汇总的各类权力事项办件量如图 11.1 所示，其中便民事项办件为 424236 件、代理事项办件为 161955 件。

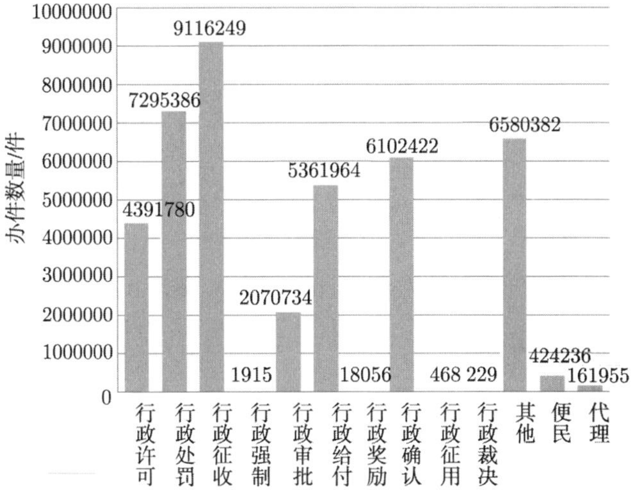

图 11.1　省平台汇总各类权力事项办件量（2013 年度）

2013 年度，省平台汇总的省、市、县三级产生的便民、代理事项的办件量对比，如图 11.2 所示。可以发现，绝大多数便民、代理事项是由县一级的部门办理统计的，一定程度上反映了“权力阳光”在向基层延伸的成果。

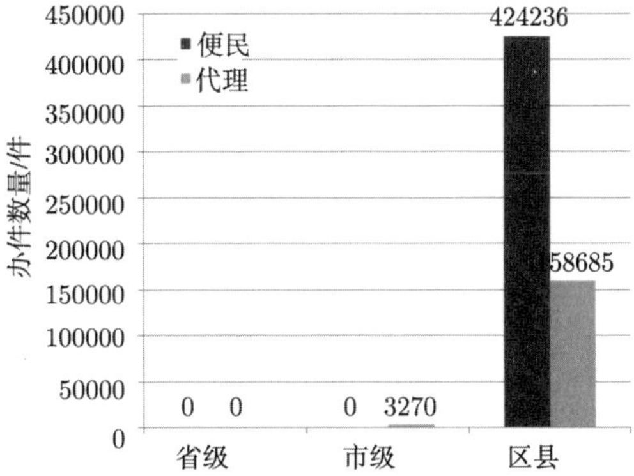

图 11.2　省、市、县三级便民、代理事项的办件量对比图（2013 年度）

11.6　江苏促进基本公共服务均等化的挑战

11.6.1　公共服务均等化的制度体系亟需健全

我国在公共服务领域面临着严峻的挑战，如公共服务需求压力大，公共服务供给不足，公共资源配置不均衡，公共服务再分配作用弱，公共服务标准不规范，公共服务主体回应性差等。在我省，这些情况同样存在。我省实现公共服务均等化的历程刚起步，实现均等化的理论基础还相对薄弱，途径和策略还不够清晰，制度还不够健全，制度之间还缺乏系统化的安排等问题普遍存在。

11.6.2 信息（数字）鸿沟问题凸显

特别是随着信息时代的到来，数字鸿沟（digital divide、information gap）的问题日益凸显，使得部分信息技术素养较低、收入较低、IT 基础设施发展水平低、经济水平低的人群、地区无法同等地获取公共服务，严重阻碍了公共服务均等化及推进。

信息技术科普、有步骤持续的 IT 基础设施建设可以有效消除数字鸿沟的影响，让基层服务均等化名副其实。

11.6.3 信息化基础服务设施建设亟需加强

另外，我省基础设施、教育、卫生、医疗、就业等大量优质公共服务资源主要集中在大中城市，而广大农村地区拥有近 70%的人口，农村公共服务水平低、范围窄、功能弱的现象较为突出，城乡公共服务存在较大差异。用 IT 技术延展公共服务的时空分布，是一项投资收益比较高的创新性应用，如远程教育、远程诊疗、网上人力资源信息发布等，可以大大提高公共服务均等化的水平。因此，如何提高城市以下地区（乡镇、街道、村、社区）的信息化基础服务设施，成为服务信息化实施进程中必须努力解决的问题。

第十二章　权力行使的痕迹推定：眼见为实的考核机制

科学的绩效考核必须以事实为依据、以数据为支撑。江苏“权力阳光”运行中的考核以各职能部门上报数据（自建部门）、采集数据（统建系统）为依据，建立考核标准体系，开发考核系统，自动运行、计算考核结果。所以，权力运行数据平台的建立能够有效支撑公务人员的绩效考核。“权力阳光”在考核数据的客观性、可追溯性上，形成了科学的机制。系统能做到全程留痕，从而可以准确考核出每个行政权力事项运行过程以及各个岗位、各个责任人所用的时间和操作内容，实现权力运行全过程的可查、可控。

12.1　政府绩效及绩效考核的功能

12.1.1　政府绩效

政府绩效，在西方也被称为“公共生产力”、“国家生产力”、“公共组织绩效”、“政府业绩”、“政府作为”等，其字面意思是政府所做的成绩和所获得的效益，但其内涵非常丰富，既包括政府“产出”的绩效，即政府提供公共服务和进行社会管理的绩效表现；又包括政府“过程”的绩效，即政府在行使职能过程中的绩效表现（张璋，2000）。

12.1.2　政府绩效考核的功能

政府绩效考核具有计划辅助、预测判断、监控支持、激励约束和资源优化等多项功能，通过评估绩效，改进激励机制、竞争机制、监督机制、责任机制。从系统组织整合理论角度看，这种运行机制的优化可以在一定程度上弥补一些管理体制方面的缺陷。

在新的历史时期，对政府绩效进行考核是整个政府管理创新的一部分，关系到政府职能和运行机制转变，有利于提升政府管理能力，提升管理水平，提高政府效能；建立在科学发展观念上的新的政府绩效考核制度，要求从根本上规范政府行为、改进政府官员行事准则和工作方式，从而推进政府管理改革和创新，推动经济和社会协调发展；政府绩效考核是政府绩效管理的起点和核心内容，对于深化干部人事制度改革和加强党风、政风建设，对于弘扬求真务实精神和密切“党群”、“干群”关系意义重大；政府绩效考核有助于法治政府、责任政府、服务政府的建设，进一步提高政府的行政能力，为经济社会发展注入新的活力和持久的动力。正是从这个意义上，政府绩效考核体系被认为是“新一轮政府创新的驱动器” 。

12.2　绩效考核的新思路——与行政监督监察相结合

我国对政府绩效的考核工作，起始于干部人事制度。带有法规性质的文件有1949年的《关于干部鉴定工作的规定》，1964年的《关于科学技术干部管理工作条例试行草案》，1979年的《关于实行干部考核制度的意见》，1984年的《关于逐步推行机关工作岗位责任制的通知》，1993年的《国家公务员暂行条例》。这些文件和法律是我国规范干部业绩考核的重要依据，为政府组织绩效考核从理论和实践上积累了一些经验。

在我国，各地政府和部门采用的绩效考核主要包括：与目标管理责任制相结合的绩效考核，以改善政府及行业服务质量、提高公民满意度为目的的政府绩效考核，专业职能部门开展的政府绩效考核，以效能监察为主要内容的绩效考核，与政务督察相结合的绩效考核，由“第三方”专业评估机构开展的绩效考核，以及引入通用模型进行的绩效考核（中国行政管理学会课题组，2006）。当下，电子政务正普遍运行于政府机构的各个部门，因此，结合信息技术手段和数据进行政务监督成为政府绩效考核的一个新途径。

与政务监督相结合的绩效考核以事实为依据、以数据为支撑，构建起以绩效为导向的稽查推进体系。该模式运用督查体系及电子政务系统，从顾客服务、内部流程、效率效益等方面进行测量、监控，打通外部与内部、内部与内部之间的信息流，为整个行政处理过程提供了公开透明的运行环境。“权力阳光”系统正是基于这样一种以“行政监督促信息公开”的思路，打开了部门之间缺乏沟通的渠道，使权力使用和权力运行的整个过程“有理有据”。

12.3　行政监督的“阳光化”——痕迹推定

12.3.1　“权力阳光”的绩效考核模式

“权力阳光”运行中的考核以各职能部门上报数据（自建系统）、采集数据（统建系统）为依据，建立考核标准体系，开发考核系统，自动运行、计算考核结果，如图12.1。所以，权力运行数据平台的建立能有效支撑公务人员的绩效考核。

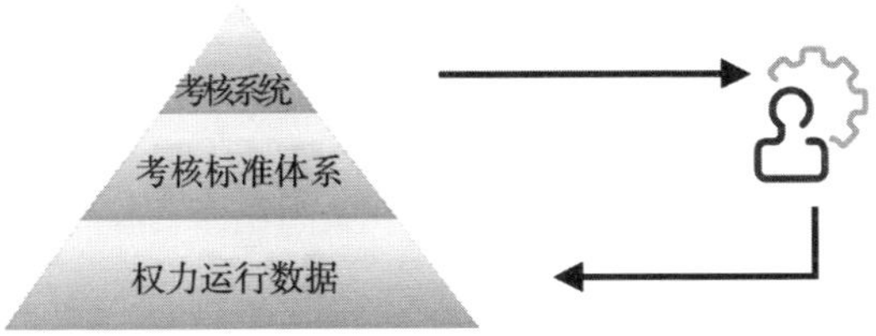

图 12.1　“权力阳光”绩效考评模式

在考核数据客观性、可追溯性上，建立了科学的制度。“权力阳光”系统能做到全程留痕，具体而言体现在行政权力事项的运行过程中，如果需要删除、修改某项（包括行政许可、行政处罚、行政征收、行政强制、行政审批、行政给付、行政奖励、行政确认、行政征用、行政裁决、其他等 11 类），系统不是直接删除、修改该记录，而是增加了删除、修改行为的记录，作为事项变更的背书，从而做到权力事项全程留痕，从而可以准确考核出每个行政权力事项运行过程以及各个岗位、各个责任人所用的时间和操作内容，实现权力运行全过程可查可控的效果。

12.3.2　绩效考核模式的比较

与传统行政事务审批的流程相比（图 12.2），“权力阳光”系统的权力跟踪不仅划清了不同权力之间的界限，更能责任到人，负责到岗，从而使得处理结果可回溯。这样一来，事务处理从“看不见”的部门内部（流程上各部门对其他部门也是相对封闭的，看不见上下游经手人及其操作）向外部转化，变得“可见”。监督部门根据“看得见”的“痕迹记录”对处理结果进行监督和审查，保证了权力部门权力行使的合理，也保证了处理结果的可靠公正。

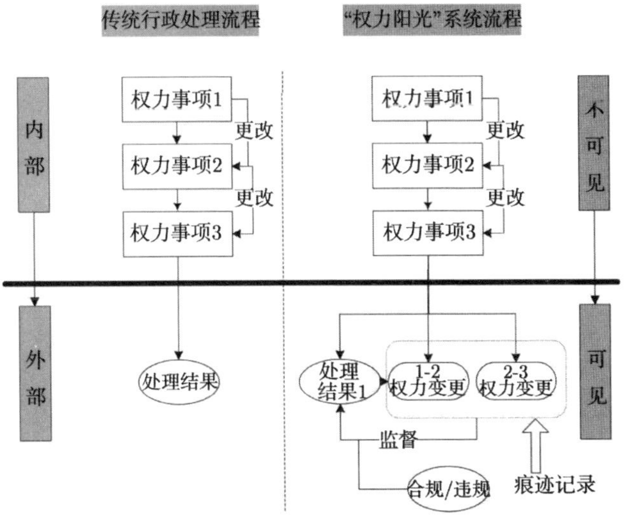

图 12.2　传统行政处理与“权力阳光”系统流程的对比

12.4　“权力阳光”的实践经验

调研表明，作为内部电子监察系统的代表，江苏省住房和城乡建设厅建设了用于指导公务人员使用系统的一套解决方案。对后台的公务员人员来说，系统清晰、明确地固化了相关工作的流程，使得岗位责任界限更加清楚。公务人员登录账户后，能够查看各项入库权力，不同的是，公务人员从办事的角度了解办件的整个过程。系统将传统的办事流程裁剪，固化成统一的流程，按照内部流程图运行。系统中，电子监察模块设立了自动预警触发条件，实时比对办件流程是否异常。例如：设立A角B角审查为风险点，如果A、B角岗位意见不一致，系统将发出报警。督办员调阅该次办件的办件记录，显示每个环节各个相关部门的审核意见，以及不通过审核的原因。根据统计，目前类似这样的风险点全系统共存在199个。跨部门合作的审批系统，加以合理规划的运行机制，误判和错判的情况大大降低，保证了办件质量，提升了办件人员整体的工作效率。

南京市行政服务大厅为深化政务公开提供了全新、高效的载体和平台，所有办事环节以图表方式清晰显现，办事的企业和个人可通过窗口前方的平板电脑登录办事系统，在工作人员的指导下完成关键信息的输入，同时作为信息反馈的工具，对工作人员的服务进行评价，反馈结果不经过办事人员直接进入系统，可实时监测到各窗口的办事服务质量。服务的满意度作为窗口考核的重要指标之一，协同办件的结办数、办件平均时长等指标来共同决定。另外，时效考核以秒为单位精确统计，每个环节、每个岗位、每个工作人员操作的时间和内容均由计算机记录在案，全程留下痕迹，实现了权力运行全过程网上公开和可查可控。一些单位尝试将“权力阳光”业务系统与内部办公系统有机整合，同步设立“网上申报窗口”，开设短信平台，实现了与行政管理相对人的实时互动。

第十三章　数据资源共享体系的构建

江苏省所有行政许可、行政处罚和其他行政权力事项被纳入“权力阳光”运行系统之中，在电子监察、法制监督两个系统监督业务需求的驱动下，权力行使过程、结果数据等向上集中（由县集中到省、由市集中到省），形成数据资源汇聚平台。在技术、权限、职能许可的情况下，部分职能部门可以通过向数据汇聚平台发出请求，获得所需业务数据，实现行政权力事项的联合审批，也因此形成纵向流动和横向沟通的信息资源共享体系。

从逻辑上讲，这是构建政府职能部门数据资源共享体系的巧妙的制度设计，充分发挥了行政监察、法制监督的职能职责作用；从实际效果来看，行政权力运行数据资源共享体系的建立是“权力阳光”建设的副产品，有效突破了多年来政府信息资源共享体系建设的体制障碍、思路局限与技术壁垒。

尽管目前“权力阳光”运行还没有在全省、市、县（区）、村镇四级行政体系的所有职能单位间实现信息资源的无缝整合与共享，比如有些市、县网络尚未对接、大多数“条”、“块”尚未整合、系统与业务之间尚未融合，但是，部分“条”、“块”的尝试已经跨出成功的一步，获得了良好的示范效果。

13.1　信息资源共享

13.1.1　信息资源

信息资源是生产及管理过程中所涉及的一切文件、资料、图表和数据等信息的总称。它涉及组织生产和经营活动过程中所产生、获取、处理、存储、传输和使用的一切信息资源，贯穿于组织管理的全过程。

信息资源与组织的人力、财力、物力和自然资源一样同为组织的重要资源，且为组织发展的战略资源。同时，它又不同于其他资源（如材料、能源资源），是可再生的、无限的、可共享的，是人类活动的最高级财富。

信息同能源、材料并列为当今世界三大资源。信息资源广泛存在于经济、社会各个领域和部门，是各种事物形态、内在规律和其他事物联系等各种条件、关系的反映。随着社会的不断发展，信息资源对国家和民族的发展，对人们工作、生活至关重要，成为国民经济和社会发展的重要战略资源。它的开发和利用是整个信息化体系的核心内容。

信息资源与自然资源、物质资源相比，具有以下几个特点：一是能够重复使用，其价值在使用中得到体现；二是信息资源的利用具有很强的目标导向，不同的信息在不同的用户中体现不同的价值；三是具有整合性，人们对其检索和利用，不受时间、空间、语言、地域和行业的制约；四是属于社会财富，任何人无权全部或永久买下信息的使用权，它是商品，可以被销售、贸易和交换；五是具有流动性。

13.1.2　信息资源的共享

信息资源共享是指在自愿、平等、互惠的基础上，通过建立信息资源共享平台之间或与其他相关机构之间的各种合作、协作、协调关系，利用各种技术、方法和途径，开展共同揭示、共同建设和共同利用信息资源，以最大限度地满足用户信息资源需求的全部活动。

过去由于受技术等诸多因素的制约，资源共享只是一个遥远的梦想，但近年来随着计算机技术、通信技术、网络技术在图书情报界的广泛应用，信息资源共享已经成为现实和可能。进入 21 世纪以来,信息存储和检索利用的地理界限被打破，信息资源的全球交流与共享正在成为现实。与此同时，科学技术、经济和社会的发展，必然要求实现信息资源的共享。因此，信息资源共享已成为世界性关注与讨论的焦点。

13.2　政府信息资源共享

13.2.1　政府信息资源

政府信息资源可以简单地理解为与政府相关的信息资源，是政府在履行职能过程中产生或使用的信息。政府信息资源的概念同样有广义和狭义之分。狭义上，政府信息资源是指政府在公共管理活动中产生的信息或数据的统称。广义上理解，政府信息资源包括政府在公共管理活动中建设和使用的信息及相关要素的集合。这些相关要素主要包括信息系统、公共信息服务以及信息基础设施等。

具体而言，政府信息资源包括：

（1）政务部门为履行管理国家行政事务的职责而采集、加工、使用的信息资源；

（2）政务部门在业务过程中产生和生成的信息资源；

（3）由政务部门投资建设的信息资源以及由政务部门直接管理的信息资源。

政府信息资源的形态包括文本，结构化、非结构化数据，电子地图，空间信息，图片、图形、图像、声音等视频、音频信息以及其他形态的信息。

13.2.2 政府信息资源共享及其层次

信息资源共享可看作信息资源和共享的主谓组合关系。就其机理而言，共享是指在一定的政策体制、激励措施和安全保障的基础上，在一定范围内的所有成员之间相互协作，共同使用彼此资源的一种机制。因此，所谓政府信息资源共享就是在一定的政策体制、激励措施和安全保障的基础上，在政府内部、政府与政府外部之间共同使用政府信息资源的一种机制，目的是提高公共管理和公共服务的水平。

政府信息资源共享从需求和内容上可划分为四个层次，由低到高依次为：

1. 政府各职能部门之间的资源共享

这是政府信息资源共享的基础部分，其主要内容是政府数据如何在各职能部门之间合理分布，避免重复采集、重复存放和重复加工；各职能部门如何方便地访问和获取公共数据以及其需要的其他职能部门的专有数据。其目的是提高政府内部的效率，加强各职能部门之间的合作，通过整合各职能部门分散的数据库、信息系统、信息基础设施，开展协同式网上办公，为企业和市民提供“一体化”的政府信息服务打下良好的基础。

2. 不同层级政府之间的资源共享

主要内容是下级政府如何方便地访问上级政府的信息，以及上级政府如何访问、获取和分析下级政府的信息。其目的是加强上下级政府的沟通，为领导提供决策支持。

3. 国家权力机关与政府之间的资源共享

主要内容是国家权力机关如何实时地访问政府数据，并做相应的分析。其目的是实现国家权力机关对政府的动态监督，变事后惩处为事先预防，建设“阳光”政府，有效遏制腐败。

4. 政府与企业之间和政府与公民之间的资源共享

主要内容是政务公开，让企业和市民能方便地通过网络获取自己所需要的政府信息。其目的是为企业和市民提供优质、便捷的信息服务。

政府信息资源共享在不同需求层次，其内容和目的各不相同，在实践中根据不同层次的需求制定合理的目标和策略，更需要一定的政策保障和经济激励措施，否则政府信息资源共享在实践中难以实现。

13.2.3 政府信息资源共享的作用

资源共享是在充分重视个体潜力展现的同时强调合作，减少资源的浪费与冲突，政府信息资源共享更具有特别的意义。

1. 提高政府管理的效率

政府信息资源共享是职能部门之间开展协同办公的需要，能提高政府管理的效率。所谓协同办公是指各业务相关职能部门间进行流水线型的交互合作的工作模式。政府信息资源共享是实现协同办公模式的基础，只有在政务信息资源共享条件下,政府各职能部门才能有效地实现协同办公模式。随着电子政务的发展，这种流水线型的机构间相互交流日益增加。如，美国政府机构间信息共享的缺失曾严重阻碍着对进出口商品的统计和管理，而进出口数据库实现了美国进出口商品的流水作业。

2. 带来良好的经济效益

政府信息资源共享是构建节约型社会的需要，能带来良好的经济效益。首先，政府信息资源共享能实现政府公共数据的统一采集、统一加工、统一维护和共同使用，从而能降低信息资源重复采集、重复存放等带来的成本；其次，同一数据的单次采集，共同使用使得由于数据不一致带来的管理漏洞所造成的损失减少；最后，政府信息资源共享能带动信息基础设施、信息系统的整合，使得服务器等设备减少，从而节约大量的资金。如，我国电子口岸建立了公共数据中心，使得海关及有关部门的进出口业务数据实现全面共享，使跨部门交叉稽查成为可能，有效减少了走私等带来的经济损失。

3. 带来良好的社会效益

政府信息资源共享是为市民提供一体化电子服务的需要，能带来良好的社会效益。电子政务的重要目标之一就是为市民提供“一站式”的电子服务。政府信息资源共享能够为建立“一体化”的电子政务打下坚实的基础，为市民提供便捷、优质、无缝隙的公共服务,从而有效地提高为企业和市民服务的办事效率。

4. 有效提高政府的决策水平

政府信息资源共享是政府正确决策、整体规划的需要，能有效提高政府的决策水平。首先，政府资源共享能为政府做出快速、有效的决策提供充分的、集成的信息储备；其次，政府信息资源共享能为政府决策支持系统的建立提供基础框架，为知识挖掘和知识管理打下坚实基础。

13.3　政府信息资源共享机制

13.3.1　政府信息资源共享机制的演进

政府信息资源共享机制的探讨一直在随着信息资源共享实践的发展而演变，学者专家们也在这方面做了很多有益的探索。查阅文献发现，有的研究有关政府信息资源共享机制建立的方法，有的则是针对跨部门或是部门间信息资源共享机制的构建问题。归纳而言，政府信息资源共享机制建立方面的研究主要有以下五种路径。

对于网络环境下政府信息资源共享运行机制，何振认为是以计算机为主导来促进信息资源共享的一种规定性方式。可以通过以下三个层次来实现：一是微观层次。主要面向政府机关内部各具体机构之间的电子文档一体化管理，在设置形式上一般是组建机关内部局域网； 二是中观层次。主要面向政府内部不同专业系统或同一行政区域中的政府机关之间的政府信息资源计算机一体化管理，在设置形式上可组建办公业务资源专网；三是宏观层次。主要面向政府内部不同组织系统（或说所有政府部门）之间的信息资源一体化管理，在设置形式上一般可组建政府公共信息网，简称为政府公共网。（何振，2007）

李卫东将政府信息资源共享机制总结为三个方面：首先是要建立统一的政府信息资源共享的领导机制，只有建立统一的领导体制和管理体制，才能形成公共数据的“统一规划、统一采集、统一加工、共同使用”的共享机制；其次要制定“一体化”的电子政务战略规划，政府信息资源共享的目的就是实现政府职能部门间的协同办公，为市民提供“一站式”服务；最后是建立政府信息资源共享的经济激励机制，拥有数据的政府职能部门在将自己的信息资源与其他部门共享的过程中，要付出更多的代价，如果没有很好的成本补偿措施，任何单位都无法长久支持这项额外的负担。（李卫东，2008）

董海欣将政府信息资源共享的运行机制概括为政府组织结构机制、政策保障机制、信息整合机制、利益机制、安全保密机制以及共享评价机制。其中，政府组织结构机制是其他五种机制的基础，推进政策保障机制的形成，通过安全保密机制和利益机制促进政府组织结构相互协调，通过整合机制在安全保密机制和利益机制的协调和制约下实现共享，最后由共享评价机制保证整个运行机制系统的最优化。（董海欣，2008）

赵强、曲海鹏所构建的政府信息资源共享机制由五方面组成。一是政府组织结构机制，这是政府信息资源共享运行机制的基础。二是信息整合机制，这是政府信息资源共享运行机制的手段。三是完善的信息公开机制，这是政府信息资源共享运行机制的基本条件。四是建立公众参与和以公众为导向的服务评价机制，这是政府信息资源共享有效运行的关键。五是利益机制，这是政府信息资源共享的运行机制的协调机制。（赵强和曲海鹏，2011）

武宗锋认为信息资源共享机制应该是以政府为主导、以用户为中心的电子政务环境下的运行机制。主要包括四个部分：动力机制、政府运行机制、用户运行机制、技术运行机制。电子政务环境下政府信息资源共建共享的发展有着多方面的原因与动力，是在一定的技术环境与社会环境下形成的，这些可以成为其发展的动力机制。政府运行机制包括了领导机制、保障机制、利益机制、监督机制以及绩效评估机制。

用户运行机制包括了用户参与机制、用户与政府互动机制以及用户信用机制。技术运行机制则包括了标准规范机制和安全保密机制。由以上这些共同构成了政府信息资源共享机制。（武宗锋，2012）

可以看出，国内学者对政府信息资源共享的研究已较为全面，涉及领域包括管理、技术、法制、文献处理等。

13.3.2　政府信息资源共享机制的建立

考虑到政府信息资源共享机制主要是以政府为主导、以用户需求为中心，涉及管理、技术、经济等多方面因素，经过对现有文献中政府信息资源共享机制整理及分析后，将政府信息资源共享机制分为运行机制及保障机制两大类，其中运行机制包括政府运行机制和用户运行机制。政府信息资源共享运行机制由六个方面组成：领导机制、信息整合机制、信息公开机制、监督机制、绩效评价机制以及利益机制，而用户运行机制则由用户参与、用户与政府互动以及用户信用三个方面的机制组成。保障机制包括了政策机制、标准规范和安全保密三个内容（图 13.1）。

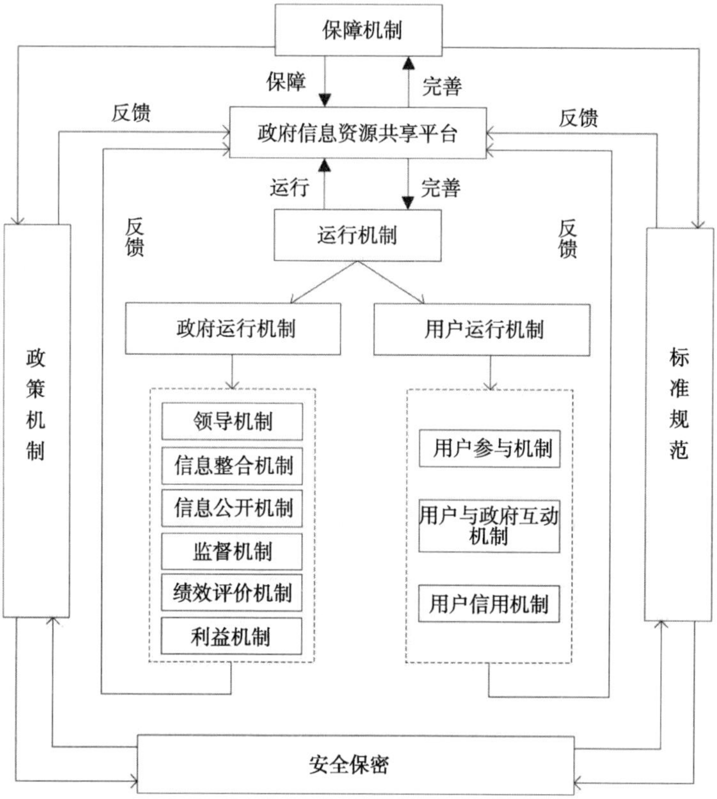

图 13.1　政府信息资源共享机制

1. 运行机制

1）政府运行机制

政府运行机制是整个政府信息资源共享机制中的主体，领导机制负责指导各个职能部门人、财、物的统一管理工作，信息整合机制和信息公开机制保证了政府信息资源共享运行工作的开展，监督机制和绩效评价机制促进了政府工作人员工作效率的提升，而利益机制确保了政府信息资源共享工作的各方面利益协调。

领导机制。政府各个职能部门相互纵横且具有比较复杂的联系和区别，而政府信息资源共享需要各个职能部门相互配合、共同合作才能取得良好的效果。领导机制就是负责统一协调政府各个职能部门的工作，组织各部门的信息采集、规划、整理、使用和发布等。公共数据信息具有全局性和战略性两个特点，因此，必须建立领导机制，对政府信息资源“统一规划、统一采集、统一加工、共同使用”。

信息整合机制。在我国电子政务发展初期，由于没有统一的管理和规划，政府各职能部门根据各自的需要分别建立了自己的相对独立的系统及数据库。各部门之间的数据信息无法共享，导致了沟通和交流的缺失，信息重复收集、录入，资源浪费现象严重，并且政府工作效率低下。基于以上现象的存在，信息整合机制的构建刻不容缓。将政府信息资源科学地、系统地、有机地整合起来，实现不同层次用户群体以及不同职能部门的需求，使原来低层次的信息变为优质信息，符合准确性、权威性、广度性、深度性、可靠性、有效性和实效性等信息特征，便于政府实现信息资源共享。

信息公开机制。信息公开是政府信息资源的重点，信息整合机制也是为了信息公开机制服务的。政府信息资源共享有效运行离不开信息公开机制，这是一个前提，更是一种保障。据悉，目前80%的信息都掌握在政府手中（杨琳瑜，2009），因此，除了那些法律规定的无法公开的信息外，凡是涉及公众利益的数据信息都应当公开。首先，需要完善信息公开的法律法规及相关政策文件，使整个环境更有利于政府信息资源共享；其次，需要拓宽信息公开的主题，不是仅限于政府组织，更应该延伸到所有行使公权的组织，它们都有义务去公开相关信息。

监督机制。在信息公开后，监督机制也是必不可少的一个环节。在政府信息资源共享运行初期阶段，需要政府权力部门发挥监督作用。这是因为政府信息资源共享初期，一切还处于边摸索边发展的阶段，此时需要政府使用权力来固化流程，形成一个良好的监督体系。在慢慢运行至成熟阶段后，可下放监督权力至公民手中，让全社会一起来监督政府信息资源共享工作。这样一种公民参与的形式，不仅促进了我们国家民主决策的进程，更使得政府运作向透明化“阳光政府”迈进了一大步。

绩效评价机制。绩效评价机制包括了评价目标、评价原则、评价方法以及评价指标体系这四个方面的内容。评价目标确定了绩效评价的方向，评价原则是绩效评价的基础，评价方法是绩效评价可供参考的依据，基于上述三个内容确立后，根据各个职能部门的具体情况制定相应的评价指标体系。

利益机制。在电子政务环境下的政府信息资源共享中，存在大致三种利益关系：第一种是政府内部各职能部门之间的利益关系；第二种是政府系统之间的利益关系；第三种是政府与用户（公众、企业等）之间的利益关系。面对这些利益冲突现象，必须采取相关措施深化利益协调保障机制，从而促进网络环境下政府信息资源长期有效共享。具体措施包括：优化政府组织结构，保障政府信息资源共享在组织结构上的利益协调；再造行政流程，保障政府信息资源共享在业务流程上的利益协调；建立多元化调节机制，保障政府信息资源共享在多元主体上的利益协调；注重成本收益分析，保障政府信息资源共享在经济核算上的利益协调；等等。

2）用户运行机制

在整个政府信息资源共享机制中，用户是政府信息资源共享的对象，是政府信息资源共享的直接参与者。用户参与机制和用户与政府互动机制是政府信息资源共享的目标，而用户信用机制则是用户与政府的双向监督，是网络化信息社会中用户对自己的行为的一种约束手段。

用户参与机制。目前，用户参与的形式主要是在线投票、政府网站论坛、留言板、电子信箱等，用户参与的内容主要涉及公众利益相关的政治、经济、社会、文化等方面的政策、政务信息。但这些层次较低，因此，应该建设一种高层次的参与——参与评价、监督、决策，即用户参与分析和评价决策的影响以及推荐方案，用户有权监督决策的形成过程，用户有权参与是否接受最后决策。因此，用户参与机制应包括以下方面内容：宣传培训政府信息资源共建共享平台的使用；在明显位置设置用户关心或社会热点专题引导用户参与；设置信息推送、定制等个性化服务方式吸引用户参与；政府信息资源共享各个环节、步骤透明以获得用户信任并积极参与；等等。

用户与政府互动机制。目前已有部分政府网站开设政府博客，但互动效果不明显，因此，以适度的“权力下放”提高工作人员的互动积极性，给服务人员更大的服务创新空间，鼓励他们用更灵活的服务方式，为公众提供个性化的服务。以“行政人员免责机制”维护工作人员的权益，严格界定免责范围，并制定相应的法律法规保障实施，从而保证工作人员在法律保护的范围内，与公众进行最大限度的互动交流。将互动效果和公众评价纳入政府人员绩效考核的评价指标中，比如根据反馈时间、反馈结果、公众评价等指标，为政府人员的互动效果评分。给政府人员施加一定的压力，促使他们有意识地与公众进行互动交流。

用户信用机制。政府信息资源共享带给用户参与政务协作便利的同时，也使政府管理面临着潜在风险。公众的舆论倾向性、个人价值观、网络突发事件，如散布虚假信息、发表反动言论、歪曲事件的真实性等危机因素导致政务信息公开不畅、政民误解，影响政府形象。因此，用户参与应明确网站用户权限，实名制参与政民相互监督，共同遵守网络规则。以道德约束为主，以法律手段为辅，公众自我约束，诚信参与政务。这种平衡机制体现的是用户与政府的对等关系，而不是对立的关系。政府的职责是让用户认识到，用户和政府双方的监督，不是对公众上网行为的约束，而是为了给公众一个相对自由、安全、和谐的参与环境。一方面，政府机构可以制定政策，鼓励更多的公众使用网上服务，一旦有了高效率的网上办事经验，信任倾向较低的人也会逐渐提高对互联网和政府机构的信任程度，从而增加对电子政务的信任，最终愿意使用一些在线服务；另一方面，提高政府官员和工作人员的服务水平和诚信度，从而通过建立起公众与政府公务员之间的互信，来提高公众对政府机构的整体信任程度。

2. 保障机制

保障机制是维护政府信息资源共享机制正常运行的保证。政策机制为政府信息资源共享提供了一个良好的政策环境，标准规范是政府信息资源共享工作开展的依据，安全保密机制则避免了政府信息资源中重要或不予公开的数据泄露或遭受到黑客攻击的危险。

1）政策机制

在我国，市场经济的建立正推动着政治体制的全面转轨。在这一过程中，经济体制的变迁要求建立民主、高效、透明的公共管理体制与之相适应，包括有效的信息资源共享制度。当然，这需要有更大的决心进行制度创新。这些政策主要包括政府信息公开政策、政府信息资源共享政策、经济政策、管理法规与制度政策等。

2）标准规范

我国在电子政务环境下政府信息资源共建共享方面的理论与实践上，整体来说发展水平并不是太高。各地在建设过程中出现了一些流于形式、更新过慢、共而不享、数据采集缺乏相关标准等问题。因此，为了实现政府信息资源长期有效共享，必须完善信息标准保障机制，完善数据采集标准，保障对政府信息资源的顺利采集；完善信息管理与服务标准，保障政府信息在共享系统之间顺畅交换；完善信息标准化体系，为政府信息资源共享提供全过程保障；积极整合共享各方力量，加快建立政府信息资源共享的标准化联盟；等等。

3）安全保密

政府信息资源共享的安全保密问题涉及对国家秘密信息和高敏感度核心政务的保护，涉及维护公共秩序和行政监管的准确实施，涉及为社会提供公共服务的质量。健全信息安全保障机制，必须确立保障信息安全的整体策略，准确把握政府信息资源共享全局；加强安全技术的研发，提高政府信息资源共享的系统防护能力；建立健全信息安全管理体制，加强政府信息资源共享的安全管理；加强信息安全立法，提供政府信息资源共享的法律保障。

13.4　“权力阳光”信息资源共享机制建立

13.4.1　“权力阳光”信息资源共享机制建立背景

行政权力网上公开透明运行，是在推进服务型政府建设进程中提出的政务创新理念，实质是以规范行政权力运行为目的，以电子政务网络为载体，以现代信息技术为支撑，积极构建权责清晰、程序严密、运行公开、制约有效的行政“权力阳光”运行机制。简单地说，就是通过对所有行政权力的清理和规范，实施行政权力事项全程网上公开透明运行，并对权力运行的全过程进行实时动态监察监控。

13.4.2　“权力阳光”信息资源共享机制的建立

“权力阳光”信息资源共享机制如同上文中的机制构建，依照自己的实际发展情况，建立了一套属于自己的“权力阳光”信息资源共享机制，见图 13.2。

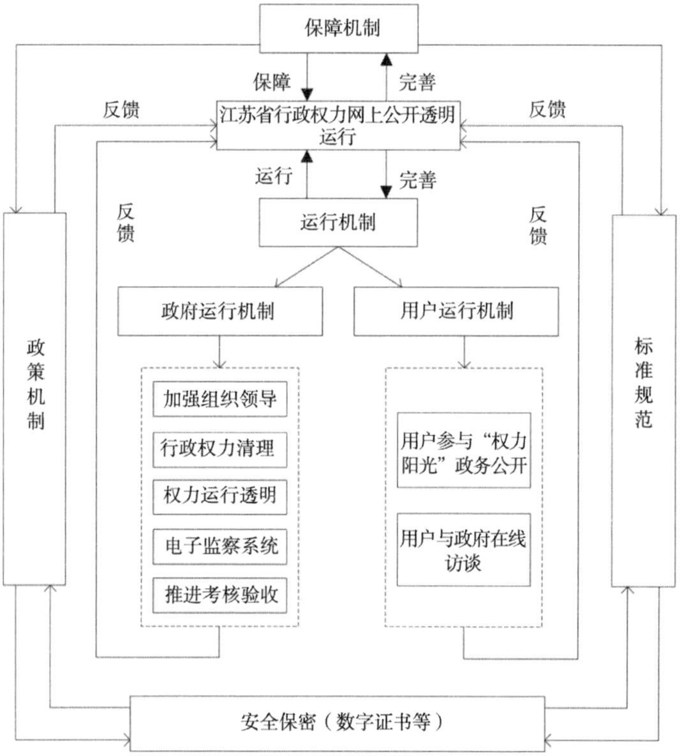

图 13.2　“权力阳光”信息资源共享机制

1. 运行机制

1）政府运行机制

（1）领导机制——加强组织领导工作。江苏省各地、各部门认真贯彻执行《江苏省行政权力网上公开透明运行管理暂行办法》，坚持和完善党委政府统一领导、政务公开领导小组组织协调、有关部门各负其责、纪检监察机关监督检查的领导体制和工作机制。省政务公开领导小组办公室要加强对全省行政权力网上运行的指导、协调和监督工作。省各有关部门要各司其职、通力协作，共同推进行政权力网上运行工作。建立党委、政府统一领导，政务公开领导小组组织协调,有关部门各负其责，纪检监察机关监督检查的领导体制和工作机制。建立省行政权力网上公开透明运行工作小组，由省政府办公厅、省监察厅、省信息产业厅、省编办、省政府法制办、省政务公开办等有关部门和单位负责同志组成，负责全省行政权力网上公开透明运行工作的组织协调、业务指导和监督检查。各市、县（市、区）也要建立相应的工作机构，明确责任分工，确保各项目标任务的落实。

（2）信息整合机制——行政权力事项清理。江苏省构建的行政权力网上公开透明运行机制涉及 52 个省级机关、13 个省辖市及 106 个县（市、区）的所有行政机关，是在各级各部门信息化基础上的拓展和提升。这项工作顺利推进面临的首要技术问题是“书不同文、车不同轨”。这就需要在充分利用各地各部门现有信息化资源的基础上，通过适当的增量投入来打破地区之间、部门之间的“信息壁垒”和“业务割据”，实现网络互通、业务互联、信息共享，从而实现电子监察“无时不有、无处不在”。清理行政权力事项是开展行政权力网上公开透明运行工作的重点和难点，更是关键点。江苏省从一开始就把清理、规范行政权力作为推行行政权力网上公开透明运行的基础性工作来抓，本着依法科学、全面梳理、重心下移、精简权力的原则，由政府法制部门牵头，对全省所有行政机关的权力事项进行一次彻底盘点。对核定保留的行政权力事项，统一编码，编制行政职权目录，通过政府门户网站等载体向社会公布。同时，建立行政权力数据库，依法适时调整各部门行政权力。此外，还制定行政权力“挂起”和“解挂”办法，要求相关部门对于长期不使用的权力申请“挂起”或取消，如果以后需要使用再申请“解挂”。

（3）信息公开机制——权力运行全透明。权力在阳光下透明运行，具体指所有依法确定的行政权力事项逐一编码上网运行，执法主体、法定依据等权力要素同步公开，所有网上行政权力的行使环节、行使步骤、办理结果都能实时查看，网上运行平台真实记录权力事项的办理全过程，同时建立省、市、县三级数据交换平台，实现不同部门、不同系统之间权力数据的实时交换，切实做到权力要素全公开、权力运行全透明、办理过程全留痕、内网外网全贯通。按照“程序规范、提高效率、简明清晰、方便办事”的原则，政府各部门对经过审核确认的每一项行政权力运行流程进行优化再造，逐一编制行政权力运行流程图。行政权力运行流程图包括外部流程图和内部流程图两种。外部流程图是对社会公开、便于公众知情办事的流程，包括职责要求、相对人的权利、监督制约环节、投诉举报途径及方式等项目。内部流程图是行政权力事项在机关内部具体运行、便于内部加强业务管理和进行有效监督的工作流程，主要是把办理行政权力事项的法定环节和步骤，细化到本单位的具体办理人员，定岗、定人、定时、定要求。外部流程图由同级政府法制部门审核确认，内部流程图由政府部门自行编制。

（4）监督机制——电子监察系统。权力在网络上全程监察，具体指网上电子监察系统把所有行政权力事项全部纳入监察范围，对权力事项运行的每一个环节进行实时监察，对网上全部行政行为的程序、效率、合法性等各个方面的异常情况及时预警，同时还在电子监察系统中设置多个统计模型和分析模型，定期对权力数据进行成因分析，为党委、政府以及相关职能部门进一步改进工作提供量化的决策依据，切实做到权力事项全覆盖、运行过程全监控、异常状况全预警。一是全面覆盖。按照分级监察的理念，明确各级各部门监察机构的工作职责，行政权力网上运行情况的电子监察，主要由部门监察室来承担；省、市、县三级地方监察机关，更多地履行对下级监察工作的监督管理和对上级监察机关督查督办事项的处理与反馈。同时，着力完善与电子监察相配套的管理制度、考核制度、责任追究制度，形成部门纪检组和监察室直接监察、地方监察机关再监察的电子监察体系。二是全程监控。对所有网上运行的行政权力全流程监察监控，可自动采集还原行政权力的行使过程，对权力行使的时效性、流程合法性、上网信息的完整性等监察监控内容自动发现、提醒、督办。监察工作人员可以随时查阅并监控行政权力事项办件受理、承办、审核、批准、办结全过程的信息，不论该办件是否办理完毕，如同在每个岗位、每个环节安装了“电子眼”，实现对行政权力行使的全过程监控。三是实时督查督办。对异常情况、办理时限、风险点等情形实时监察监控，对违反规定的流程异常、内容异常情况进行预警、报警，采取纠错措施，达到防范效果；对有办理时限要求的办件从多角度进行提醒、预警、报警，以提高行政效率；对事项风险点、环节风险点设置预控措施，实时跟踪办件，同步对经办人、分管领导、监察工作人员提示和预警，及时发现并纠正工作中的失误。

（5）绩效评价机制——推进考核验收工作。建立行政权力网上公开透明运行情况报告制度，要求各级行政机关主动向人大、政协通报行政权力网上公开透明运行情况，自觉接受监督，不断改进工作。同时，各级政务公开领导小组定期检查行政权力网上公开透明运行系统建设、权力运行和制度建设等情况，及时发现和解决问题。各级纪检监察机关认真履行监督检查职能，充分发挥电子监察系统的作用，对行政权力网上运行情况进行实时监察监控，对权力不上网运行或网下办理、网上补记等现象，严肃追究相关责任人的责任。省政府办公厅下发了《关于开展 2010

年度全省行政权力网上公开透明运行考核验收工作的通知》(苏政办发〔2010〕47号),明确了考核验收的对象、内容、程序、方式和结果处理。省里专门成立考核验收工作小组,并对省辖市和省直部门分别制定了考核验收指标体系,按照组织领导、系统建设、电子监察、法制监督等4大类分别设置了51项、47项具体指标。明确要求,对违反考核验收工作纪律的,直接列为不合格单位,并追究有关责任人的责任。

2)用户运行机制

(1)用户参与机制——用户参与“权力阳光”政务公开。互动平台的搭建,推动了政府决策的科学化、民主化。这个平台发挥了汇聚民智功能。通过意见征集、网上调查、社会听证等栏目,对涉及经济社会发展全局、与人民群众利益密切相关的重大事项,公开向社会征求意见,充分调动了广大人民群众有序参与政务的积极性。同时,这个平台还发挥了了解民情功能。当前,听取网民意见、回应网民诉求、引导网上舆情,已经成为政府工作的一个重要方法和途径。到2011年年底,江苏省网民数达到2084万人,互联网普及率达27.6%,省长和副省长信箱共收到群众来信16104件。许多网民通过领导信箱、在线投诉等栏目,对政府工作提出建议和意见,反映他们的实际困难,帮助政府进一步强化公共权力意识,更好地履行社会管理和公共服务职能。

(2)用户与政府互动机制——用户与政府在线访谈。“权力阳光”平台发挥了政府与群众的互动功能。各地各部门通过设置在线问答、行政首长信箱、行政效能投诉、举报热线等互动式平台,开展文字、音频、视频等在线访谈活动,听取群众意见,受理群众投诉,接受群众咨询,帮助群众解决实际问题。2009年,省政府门户网站开展在线访谈63场,各类网上直播84场,链接地方和部门访谈61场,网上调查14次,共办结答复省长信箱来信5847件,办结率达100%,在密切政府与人民群众联系、推进政府科学决策等方面发挥了积极作用。

2. 保障机制

1)政策机制——不断完善“权力阳光”政策环境

原有的电子政务由于种种原因造成地方与地方之间、部门与部门之间相互孤立,各种信息无法或者无法顺畅地交换,形成信息孤岛。信息孤岛是政务多头管理、各自为政在互联网上的反映,它的存在已经成为我国电子政务建设深入发展的“瓶颈”问题。江苏境内各地经济发展状况不一,不可能要求大家都一次性开发到位,而江苏省注重超前谋划,制定统一的建设标准,相继出台了《行政权力网上公开透明运行信息系统实施方案》、《江苏省行政权力事项编码规则》、《江苏省行政权力网上公开透明运行信息系统数据接口规范》、《编制省级行政权力运行流程图和行政处罚自由裁量基准实施方案》等以及电子监察和法制监督系统建设规范等一系列政策文件。通过这些规范性政策文件，从制度层面保证了分步开发的地方与一次性开发的地方标准统一、要求一致，消除各级各部门数据交换、网络互联互通上可能存在的问题，既避免重复投资和少走弯路，也减少了地方和部门的畏难情绪。为确保行政权力网上公开透明运行工作规范有序进行，江苏省还先后制定了《关于开展行政权力公开透明运行试点工作的意见》、《关于开展行政权力网上公开透明运行工作的意见》、《关于清理审核省级行政权力的实施方案》、《关于行政权力网上公开透明运行信息系统建设的实施方案》等规范性文件。目前，正着手制定行政执法责任制、行政权力网上公开透明运行考核评议以及过错责任追究等项配套制度，逐步建立行政权力网上公开透明运行的制度保障体系。

2）标准规范——规范“权力阳光”相关标准建设

江苏省主要制定下发了“一库四平台”建设（行政权力数据库、网上政务大厅、行政权力运行系统、电子监察系统、法制监督系统）的标准规范。第一，建立行政权力数据库的规范标准。省级行政权力数据库汇集全省各级各部门行政权力事项信息，是行政权力网上公开透明运行的基础，是网上政务大厅、行政权力运行系统、电子监察系统、法制监督系统运转的基准，各级各部门行政权力数据库必须与省级行政权力数据库相一致。第二，建立网上政务大厅的规范标准。网上政务大厅是行政权力网上公开透明运行的枢纽，是电子监察系统、法制监督系统运转的信息来源。明确要求，各级各部门行政权力事项办件环节信息在 24 小时之内必须按照统一的数据接口规范上报到网上政务大厅，包括行政相对人基本信息、办件基本信息、由行政相对人提交和工作人员在办理过程中产生的文件资料。第三，建立行政权力运行系统的规范标准。运行系统是行政权力网上公开透明运行的关键。第四，建立电子监察系统的规范标准。电子监察系统是行政权力网上公开透明运行的重要保障。

3. 安全保密——数字证书的应用

当前网络信息化社会发展迅速，但安全保密工作却一直做得不是很好。对于江苏省“权力阳光”系统而言，由于其系统涉及的政府信息数据资料非常多，因此，安全保密工作也是处于非常重要的位置。

以江苏省质监局为例，其在“权力阳光”系统中添加了数字证书应用系统（图 13.3）。数字证书是一种权威性的电子文档，是由权威公正的第三方机构，即 CA 中心签发的证书。它以数字证书为核心的加密技术（加密传输、数字签名、数字信封等安全技术）可以对网络上传输的信息进行加密和解密、数字签名和签名验证，确保网上传递信息的机密性、完整性及交易的不可抵赖性。数字证书绑定了公钥及其持有者的真实身份，它类似于现实生活中的居民身份证，所不同的是数字证书不再是纸质的证照，而是一段含有证书持有者身份信息并经过认证中心审核签发的电子数据，可以更加方便灵活地运用在电子商务和电子政务中。江苏省质监局主动与省内技术实力强的大公司合作，在网络建设和软件应用等方面不断突破，共同开发了公文交换平台、食品监管和计量认证软件，在省级机关中率先使用个人数字安全证书。不仅如此，省局信息中心定期派出技术人员赴基层局进行指导，推进网络建设和软件使用，帮助解决技术难题，检查设备的购置安装情况。针对网络建设、使用中的安全保密问题，省局制定、实施了《计算机信息系统保密规定》，保证了计算机信息系统安全、稳定运行和计算机信息数据安全。

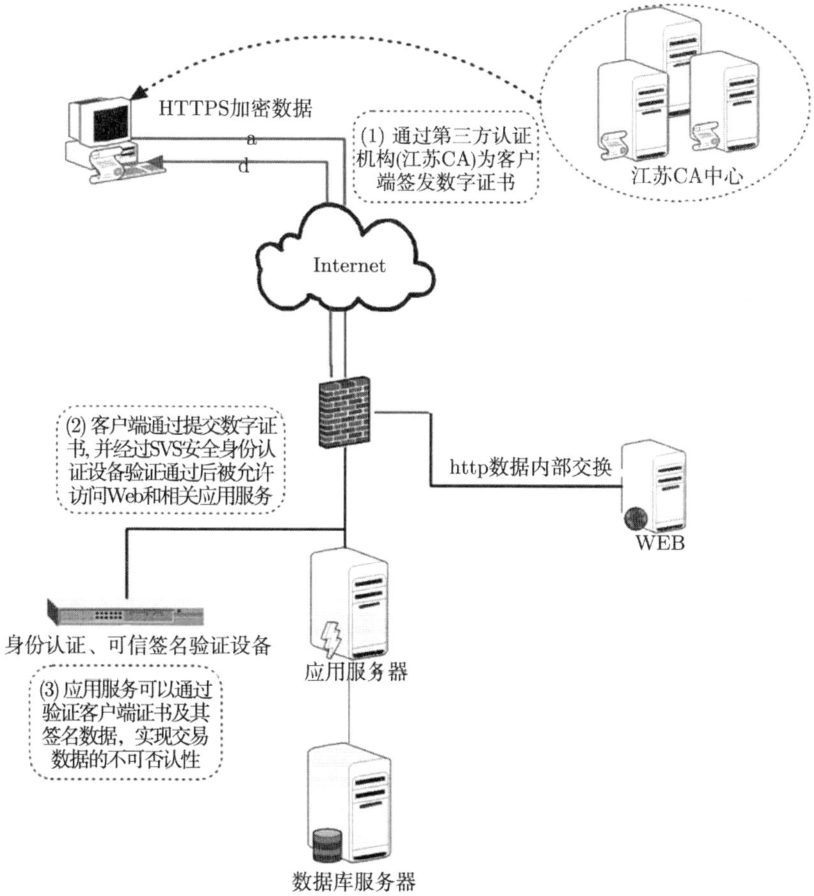

图 13.3　江苏省质监局 CA 认证系统详细部署结构（张越，2013）

13.4.3　“权力阳光”信息资源共享机制的成效

截至 2013 年年底，全省入库行政权力共 22009 项，省本级 2316 项，省辖市

4731 项，县（市、区）14962 项，各类行政权力汇总数据见图 13.4。省平台汇集省、市、县三级部门办件 4153 万多件，其中行政许可 439 万件，行政处罚 729 万件，非许可审批 207 万件，其他行政权力办件 2778 万多件，涉及省市县三级 2877 个部门。工作中，所有行政许可、行政处罚和其他行政权力事项均被纳入“权力阳光”运行系统之中，在电子监察、法制监督两类需求的驱动下，权力行使过程、结果数据（谓之“水”）等向上集中（由县集中到省、由市集中到省），形成了数据资源汇聚平台（谓之“渠”）。在技术、权限、职能许可的情况下，部分职能部门可以通过向数据汇聚平台发出请求，获得所需业务数据，实现行政权力事项的联合审批，形成水到渠成的信息资源共享体系。

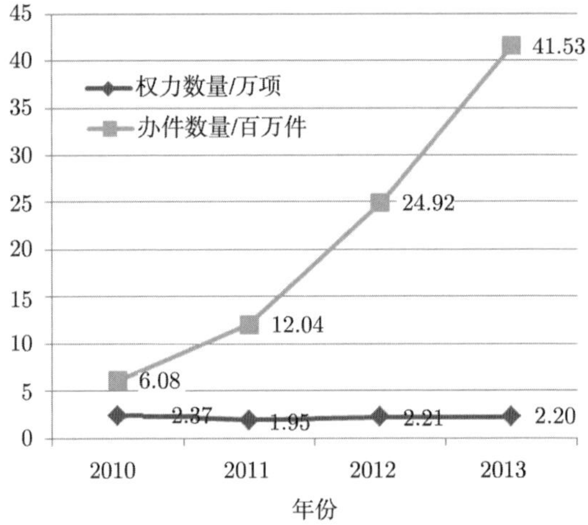

图 13.4　江苏“权力阳光”运行数据统计情况

从逻辑上讲，这是构建政府职能部门数据资源共享体系的、巧妙的制度设计，充分发挥行政监察、法制监督的职能职责作用；从实际效果来看，行政权力运行数据资源共享体系的建立是“权力阳光”建设的副产品，有效突破了多年来政府信息资源共享体系建设的体制障碍、思路局限与技术壁垒。

尽管目前“权力阳光”运行还没有在全省、市、县（区）、村镇四级行政体系的所有职能单位间实现信息资源的无缝整合与共享，比如有些市县网络尚未对接、大多数“条”、“块”尚未整合、系统与业务之间尚未融合，但是，部分“条”、“块”的尝试已经跨出成功的一步，达到良好的示范效果。

第十四章　技术使能的科学管理之道

2008年江苏省政府办公厅《关于开展行政权力网上公开透明运行工作的意见》提出按照“确保权力正确行使，必须让权力在阳光下运行”的要求，从维护人民群众根本利益出发，运用现代信息技术，创新行政权力运行机制，推进行政权力依法行使、透明运行，转变政府职能，提高行政效能，强化廉政建设，为加快服务型政府、法治政府、责任政府和廉洁政府建设提供制度保障。可见，“权力阳光”是在信息技术的支撑下，用科学的管理方法，将监管力量转化为“不敢腐、不能腐、不愿腐”的管理机制，编织成阳光的笼子；通过顶层设计、自我改革、流程重整、数据共享和绩效考核，建设成为高效、廉洁的扁平化政府、服务型政府，有效推进公共服务的均等化。

随着现代信息技术的飞速发展，电子政务的技术基础越来越成熟和完善。例如，空间信息技术的应用，使电子政务信息系统具有地理可视化的功能；移动通信技术的应用，使电子政务系统摆脱网线束缚；新兴的网格计算、云计算技术为大型电子政务系统提供高性能计算能力；射频识别（RFID）技术的应用可以减少手动输入的工作量；面向服务构架（SOA）技术可以以较低成本建设集成化的电子政务应用。

14.1　信息技术的使能作用

14.1.1　技术的使能作用

技术的进步让人类在改造大自然的进程中具备更强的能力，是人类改造大自然的使能器。技术的使能作用主要体现在如下几个方面（简·E·芳汀，2004b）：

1. 人类有更强的能力应对自然界带来的威胁

当疾病、飓风、海啸、地震发生时，人类利用现代诊断、预测、应急技术能或多或少在事前、中、后做出应对反应，大大减少灾难带来的损失。

2. 人类有更强的能力探索未知世界的秘密

太空、生物、气候、地球、海洋有着无穷的秘密需要人类去探索，随着科技的进步，我们有了更多的选择、更远的触角、更开阔的视野去观察、认识、理解它们。

3. 人类有更强的能力提升生活品质

科技的发展为人类的通信、衣食住行、工作、娱乐提供了更好的设施设备，从而获得更高品质的体验。以互联网为例，它的发展与应用正让我们生活与工作的方方面面发生着翻天覆地的变化，其中一个方面就是让我们的工作、生活品质有了质的飞跃。

4. 人类有更强的能力促进经济的发展

在设计、生产、营销、送递方面可以以更低的成本满足市场的需求，也可以以更高的效率、突破时空局限的方式来运营经济活动。

14.1.2 IT 的使能作用

IT 的发展与深度应用，让我们有更强的能力在协作、商务、社区、内容创造以及信息交流中一展身手。

1. IT 让人类的生产协作更加灵活

IT 的深入应用，特别是 Internet 的广泛应用，为我们建立起网络的地球村。正如《世界是平的》中所描述的：电子邮件，像 Google 这样的搜索引擎，以及能够分解工作环节的专门软件（MS Project，MS Groove 等）迅速出现，工作环节被分解后一部分发给波士顿，一部分发给班加罗尔，一部分发送给北京，远程合作变得得心应手。当这些变革在 2000 年左右突然集中在一起时，一个可以将知识工作和知识资本自由传送的平台形成了。这个平台可以将各种工作任务分解、分配、生产并最后合并在一起。日益壮大的网络给那些依赖智力的工作带来了崭新的自由，不会因为世界上地域不同、江河阻隔而束缚手脚，世界正在变得平坦。

2. IT 让人类的商务活动突破时空限制

电子商务（EC）是 IT 在商务活动应用上的典范。由于 Internet 的开放性，电子商务天生就不存在时空上的局限。在电子商务环境中，人们不再是面对面的、看着实实在在的货物、靠纸介质单据（包括现金）进行买卖交易，而是通过网络，通过网上琳琅满目的商品信息、完善的物流配送系统和方便安全的资金结算系统进行交易（买卖）。供需双方不再受地域的限制，像以往那样，忠实地只做某家邻近商店的老主顾，他们也不再仅仅将目光集中在低价选择上。IT 应用使得企业能自动处理商务过程，并不再像以往那样强调公司内部的分工。客户能以一种比过去简捷的方式完成过去他们较为费事才能获得的服务。如将资金从一个存款户头移至一个支票户头，查看一张信用卡的收支，记录发货请求，乃至搜寻购买稀有产品，这些都可以足不出户而实时完成。

3. IT 丰富了人类社会社区概念的内涵

在 Internet 上，可以轻松建立专属的虚拟社区，如 Facebook、Twitter、人人网、新浪微博、微信等社交网络圈子。约翰·哈格尔三世和阿瑟·阿姆斯特朗在他们的《网络利益》一书中首先把虚拟社区的虚拟性加以突出。他们认为，所谓“虚拟社区”，就是一个供人们围绕某种兴趣或需求集中进行交流的地方，它通过网络以在线方式来创造社会和商业价值。其核心内涵在于：虚拟社区是由具有共同兴趣及需要的人们组成的，这些人可以借助网络，与想法相似的陌生人分享一种社区的感觉。虚拟社区不是“虚无”的社区，而是能够提供满足现实世界人们“另类需要”的服务，并孕育出新的人际关系、拓展了人类新的生存与生活空间的社区模式。虚拟社区已经普遍存在于社会管理、民主政治、文体教育、生活娱乐、生产营销等各个领域，如政务微博、公益微信群、新闻组、在线聊天室、电子布告栏等，日益发挥着重要作用。

4. IT 使人类能以更自由、更低成本的方式分享、创造内容

同样是 Internet 的应用，社会化媒体得以产生，成为人们彼此之间用来分享意见、见解、经验和观点的工具和平台。社会化媒体的主要形式有博客（和微博客）、维基、播客、论坛、社交网络、内容社区等。作为一种能够给用户极大参与空间的新型在线媒体，与传统媒体相比，社会化媒体具有参与性、共享性、交流性、社区性、连通性等基本特征。据大旗网发布的“2009 年度中国社会化媒体发展报告”表明：2009 年中国网民发布的帖子、博客、视频等各种用户原创内容已达到 11.3 亿条，其中，有近 3.7 亿条有关商业类的话题。现在看来，几乎可以想象到的每种社会活动都有社会化的用户产生内容的网站。从用户的角度来看，越来越多的人参与到社会化媒体中，那么反过来，对于企业来讲，意味着社会化媒体是一片绕不过去的“海”。

5. IT 使人类沟通更无限

Web2.0 及其以上版本的网络应用，包括即时通信工具、微博、微信等，无限拓展了人们沟通的时空边界，使沟通变得更加机动、灵活、随心所欲。随着 3G 的成熟、4G 的发展，语音、图片、视频、文本、传感数据、指令都可以通过移动 Internet 实时交互，我们不但可以在朋友圈内实现随需通信，还可以与家电、汽车、电脑、设备等之间进行实时通信。社交网络的市场日益细分，也预示着 IT 在人类沟通模式上的精细化、丰满化、流畅化与多样化。

14.2　IT 使能作用的层次与机理

经验表明，IT 已经成为一个创造和维持柔性组织网络的使能器。[①]在现有的社会环境下，IT 使能器作用的发挥基于面向三个相互作用的可控要素上的战略规划，这三个要素分别是：低成本、高质量和对于用户需求的快速与柔性反应。没有哪一个单个要素能充当成功的充分条件。相应地，IT 的作用也从促进效率的提升（自动化）转向创造和维持组织之间柔性业务网络的使能器。

应用实践中，只有在考虑到现有组织结构的时候（尤其是战略、结构、流程和文化），IT 实施才是有价值的。IT 的实施同时伴随着相应的组织变革，IT 的价值才会自然而然产生。相应地，IT 应用的效益越大，需要组织的变化越大。例如结构逻辑、报告关系、绩效考核标准信息流等。因此，每个组织都必须权衡变革的代价和能够从中获得的收益。随着时间的推移，可能需要更高层级的变革，这些有赖于各种压力和比同行提供更多价值的期望。

目前而言，政府利用 IT 一定程度上提高了部门间信息加工、存储、传输、发布的效率，提高了行政效能；有些应用深入的部门、职能、业务促进了政府管理方式创新，也促进了政府行政职能的转变。IT 使能的作用与 IT 应用的程度关系密切，其作用机制依据 IT 应用的时空场景具体而言可分为 5 个阶段。

1. 局部开发阶段

这个阶段只是开始一些标准的 IT 应用，对业务流程只需要最少的改变。该阶段组织效能的提升并不突出，但在这一阶段，如果加上一些相应的内部流程的变革，就能带来不同凡响的收益。该阶段的成功，让组织有了向卓越迈进的基础，期间可以发现新的应用、新的业务、新的服务、新的改进方向。在确定了与 IT 使能相对应的绩效考核标准后，IT 应用所能得到的收益会得到更好的保障。

2. 内部集成阶段

该阶段是第一个阶段的逻辑扩展，代表了组织对于 IT 能力更为系统化的整合。主要包括两种整合：技术上的互联（包括不同系统和应用在统一平台上互联和支持互操作）和业务流程上的相互依赖（包括组织不同部门之间角色和责任的相互依赖）。两者缺一不可。

---

① IT 支持业务转型：从自动化到业务范围再定义。

IT 的发展为技术上的集成提供了很好的支持。此时，组织需要一个技术委员会进行协调，有效地保障 IT 系统之间的互联互通。由于从组织外部获取 IT 整合的解决方案，并不能确保与组织内部业务整合的匹配，最终降低了组织能够从 IT 集成上获利的能力，也难以创造更高的组织能力。内部集成的根本逻辑是在一个时期内对于传统的业务流程进行根本的再设计。

3. 业务流程再设计阶段

基于现有的业务流程，IT 的效用很难得到充分的发挥。此时，需要我们对传统的组织来一个重新的审视。有关组织的一些概念，例如集中和分散、控制、直线与职能、专业化分工、责权对等和合作管理机制等都是来源于传统的规则。尽管这些概念还是正确的，但 IT 的使能作用可能会对于这些基本的规则进行再定义。有些组织模式可能会变得相对低效。从专业和学术的观点来看，有关组织的新的逻辑必须建立在现有和即将出来的 IT 和 IS 能力之上。最重要的是，需要系统理解现有组织设计的基础，也就是其优势和局限性。这种理解将有助于管理者克服非理性因素，使整个过程理性和系统化进行。

4. 业务网络再设计阶段

上述三个层级都把 IT 使能的组织变革限定于一个特定的组织范围，也就是组织的边界是固定或者给定的，如某个政府职能部门。即使这些变革可能涉及上下级之间的交互关系，但是业务活动的分布并没有发生变化。在本层，核心目标是通过对 IT 能力在业务网络中的有效分布，进行实质上的业务变革。IT 的力量不在于对组织内部操作流畅性的提升（效率提升），而是在于对内、外部业务网络的重构，从而对更广泛的业务能力起到支持作用。很显然，任何有关组织重新定位的尝试都将导致对组织业务范围的冲击，这是第五个层级需要解决的问题。

5. 业务范围再定义阶段

正如十八届三中全会提出的“切实转变政府职能，深化行政体制改革，创新行政管理方式，增强政府公信力和执行力，建设法治政府和服务型政府”。这是从对政府组织自身定位考量上的一种战略决策，也是对政府业务范围的再思考。

在 IT 使能发挥作用的第五个层级将直接针对业务范围重新定义的问题。这里，更强调 IT 在业务范围重新定义中的使能作用。由于 IT 可以使现有业务开展途径二维化（线上、线下），业务的触角和用户范围发生了变化；另外，IT 使能还让组织发现以前难以开展的业务（发现新的业务）不再难以实现。比如，视频会议、远程医疗、远程教育、E-learning 等的应用。过去十年中，一些 IT 使能的组织范围再界定的现象屡见不鲜。如美国航空公司的 Sabre 订票系统已经超出了所支持业务的范围，从软件收费上获得的利润甚至超过了航空的收入。再如，OTIS 电梯把其电梯监控系统作为附加的利润来源。本质上，这一层次的变革是价值链的根本性重构。管理者越来越认识到，通过 IT 应用可以加强我们的合作和控制能力，从而使传统条件下在内部完成的流程也可以在外部高效地完成。

14.3 “权力阳光”的科学管理之道

本质上，“权力阳光”系统是将 IT 使能作用与“权力阳光”机制融合在一起。

14.3.1 IT 对“权力阳光”机制的支撑

省政府办公厅《关于开展行政权力网上公开透明运行工作的意见》（苏政办发〔2008〕50 号）提出“从维护人民群众根本利益出发，运用现代信息技术，创新行政权力运行机制，推进行政权力依法行使、透明运行”的指导思想。要求“坚持行政权力网上公开透明运行与贯彻全面推进依法行政实施纲要的进程相一致、与建立健全惩治和预防腐败体系相衔接，经过两年多的努力，到 2010 年年底，使行政权力网上公开透明运行逐步成为各级政府施政的一项基本制度，基本建立权责清晰、程序严密、运行公开、制约有效的行政权力网上公开透明运行机制”。

江苏省政务公开领导小组副组长解畅同志对江苏行政权力网上公开透明运行内涵的诠释认为：行政权力网上公开透明运行，是在推进服务型政府建设进程中提出的政务创新理念，实质是以规范行政权力运行为目的，以电子政务网络为载体，以现代信息技术为支撑，积极构建权责清晰、程序严密、运行公开、制约有效的行政“权力阳光”运行机制。简单地说，就是通过对所有行政权力的清理和规范，实施行政权力事项全程网上公开透明运行，并对权力运行的全过程进行实时动态监察监控。

从 2008 年全省推行“行政权力网上公开透明运行”到 2010 年基本建成为“一项基本制度”，IT 起到了关键的支撑作用。其作用贯穿行政权力网上公开透明运行系统的局部开发阶段、内部集成阶段、业务流程再设计阶段和业务网络再设计阶段。

14.3.2 IT 与“权力阳光”机制的融合

《关于深化行政权力网上公开透明运行工作的意见》（苏政办发〔2011〕36 号）指出“深化行政权力网上运行，是深入推进依法行政、建设服务型政府的内在要求，是进一步推进政务公开、加快构建惩防体系的迫切需要，也是积极推进政府管理手段和服务方式创新的重要举措”。提出“要着重推进省、市两级‘三个融合’，提升县级行政权力网上运行质量，使系统功能更加完善、权力清理更加全面、网上办事更加便捷、监察标准更加严格、法制监督更加规范”的工作目标。并把“完善功能、拓展内涵、提升水平、强化监督”作为深化行政权力网上运行工作的主要任务。

江苏省政府《关于加强政务服务体系建设的实施意见》（苏政发〔2013〕31号）提出“充分利用现代信息技术，实现实体大厅与虚拟大厅的融合，创建高效、便捷、智能、透明的政务服务平台。完善政务服务中心网上审批平台系统，统一开发软件，实现信息互联互通并与行政权力网上公开透明运行系统有机融合。建立健全行政审批、公共服务、公共资源交易网上运行机制，推进行政审批和公共服务事项向电子政务平台集中，外网受理、内网办理、外网反馈、全程监督，逐步实现各级政务服务中心协同办理和联网运行。积极探索省、市、县纵横联办，实现网上政务服务中心为企事业单位和公众提供‘无接触式’管理与服务。”

IT 与“权力阳光”机制的融合则着重体现在政府业务范围的再定义，由“接触式”管理与服务向“无接触式”管理与服务迈进。

14.4　IT 使能的陷阱及规避

从政府到企业应用 IT 的经验表明，单纯技术决定论、技术中心主义、制度决定论等都不能达到预期的目的或者有效发挥 IT 的作用。“权力阳光”的目的在于“运用现代信息技术，创新行政权力运行机制，推进行政权力依法行使、透明运行”，因此，IT 是工具、支撑手段，不是目的。在引进、应用 IT 的过程中，应始终瞄准“构建权责清晰、程序严密、运行公开、制约有效的‘行政权力阳光运行’机制”这一远景目标。

14.4.1　技术决定论

技术决定论不仅关注技术，而且相信技术本身的发展必然导致理想的制度变迁。在技术决定论者看来，技术本身必然催生新的制度，“因特网决定一切”，足以引发政府的转轨，好像政治和制度会自行停止存在或丧失力量。（简·E·芳汀，2004b）一个例子是电子政务的实施，被认为将使行政价值观念发生如下转变：一是由过去的以政府为中心、政府以社会“主人”身份通过治民活动来实现对社会的控制，转变为以社会为中心、政府以社会“仆人”身份通过提供有效服务来满足社会需求使自己得以生存；二是政府由追求自我利益转向追求社会利益；三是由过去的“替民做主”的观念转向“由民做主”观念；四是由过去的关注政府工作效率转向关注公众利益的实现及政府服务的满意程度。（周志忍，2013）

对于技术决定论的偏倚，哈佛大学教授芳汀指出："信息技术和制度安排互相关联，相得益彰，既是自变量也是因变量，彼此之间互存着因果关系。"（简·E·芳汀，2004b）可见，IT 决定电子政务建设的成败、决定"权力阳光"建设效果的认识都有失偏颇。IT 的实施将伴随着相应的组织变革，IT 的价值才会自然而然产生。但 IT 的使能作用并不能决定组织进行何种程度、何种路径的变革。IT 对"权力阳光"的建设而言，应当定位于构建权责清晰、程序严密、运行公开、制约有效的行政"权力阳光"运行机制的工具与支撑手段。

14.4.2　技术中心论

"技术中心论"，热衷于引进一些"效能锦囊"（Prichard & Leonard, 2010），即能迅速提升某一方面绩效，以"短平快"为特征的袖珍工具，无视 IT 应用的环境和制度背景，忽视环境特殊性带来的特殊需求、限制和约束，忽视顶层设计和改革的系统性。通俗点说，技术中心论就是"研究眼睛仅仅盯着 IT"。IT 单兵突进和简单嫁接的结果是水土不服或"逾淮之橘变为枳"。从实践看，政府 IT 采购、IT 外包、绩效管理与评估、业务流程再造，以及门户网站群、政务微博、虚拟政务大厅等时髦技术，都在各级政府得到推崇和应用，其效果却大相径庭。技术中心论还有一个特点，简单嫁接效果不佳时依然矢志不渝从 IT 上求解，结果只能是自己的困惑和对他人的误导。

14.4.3　外包的两面性

IT 外包常见失误有两种。首先是日益严重的惰性：外包的存在令我们不必再劳神费力去理解那些难于处理的技术问题，但一味依赖外包只会令组织自身的 IT 能力趋于退化，甚至无法准确描述自身的需求。

一味依赖当然不好，但完全亲力亲为也影响效能。很多技术人员总是固执地认为由自己处理才够安全，但很多功能交给外包供应商其实更方便也更有效率，尤其是在云计算铺天盖地的今天。

科学的外包策略不但可以让组织保有适当的 IT 能力，也可以节省大量的人力、财力、物力的投入，保证组织运营的高效益。

14.4.4　一蹴而就的理想主义

认为引入一套大牌的、设计精良的设备、软件系统就可以达到预期目标的想法是不现实的。IT 的价值是在与组织的战略、结构、流程和文化不断整合的过程中逐步释放出来的。"权力阳光"的演变过程证明了这一点，IT 使能的 5 层次理论也支持这一观点。

有益的做法是：在局部开发阶段，可以运用 IT 能力对一些典型、重要、社会关注度高的业务操作进行再设计；在内部集成阶段，运用 IT 能力创造无缝组织流程，包括业务集成和技术系统集成；在业务流程重组阶段，不是简单改造现有的系统，而是着眼于满足未来内、外部需求的能力，对 IS 进行根本性思考和再设计；在业务流程再设计阶段，通过清晰的战略逻辑调整对整体业务网络进行重新设计，从而为公民提供更好的服务；通过合作与控制从外部业务协作中进行学习，培养随需应变能力。

第三篇　“权力阳光”之路径选择

中共十八届三中全会《中共中央关于全面深化改革全若干重大问题的决定》提出进一步推进政府行政职能改革、明晰政府与市场关系、基本公共服务均等化、法制政府建设、服务型政府建设等战略性意见，一方面是对江苏“权力阳光”运行实践的肯定，并对其工作的深入开展提出新的要求，另一方面也为江苏“权力阳光”运行实践指明了方向。

经过对江苏典型省本级职能部门（质监、地税、交通、住建）、地市（常州、南京）、区县（无锡滨湖、靖江市）广泛与深入的调研，通过反复研讨、集思广益、汇聚智慧明确了江苏“权力阳光”进一步推进的路径，主要包括：要进一步破解顶层设计的有限性、克服公共服务的选择性、突破信息资源共享的瓶颈、利用大数据支持科学管理、避免绩效管理流于形式、化解深度融合的体制性障碍、探索与推进政府数据开放和设计有效的价值共创机制。

第十五章　江苏“权力阳光”发展趋势分析

15.1　江苏“权力阳光”发展趋势

基于中国共产党第十八届中央委员会第三次全体会议研究了全面深化改革的若干重大问题，通过《中共中央关于全面深化改革若干重大问题的决定》（以下简称《决定》）的思想，江苏“权力阳光”的深化发展方向如下：

1. 政府职能转变

政府职能转变即“要健全宏观调控体系，全面正确履行政府职能，优化政府组织结构，提高科学管理水平”。

1）政府职能的基本定位

《决定》明确健全宏观调控体系的主要任务、调控手段、协调机制与调控方法。这一点确立了政府职能的基本定位。

宏观调控的主要任务是保持经济总量平衡，促进重大经济结构协调和生产力布局优化，减缓经济周期波动影响，防范区域性、系统性风险，稳定市场预期，实现经济持续健康发展。健全以国家发展战略和规划为导向、以财政政策和货币政策为主要手段的宏观调控体系，推进宏观调控目标制定和政策手段运用机制化，加强财政政策、货币政策与产业、价格等政策手段协调配合，提高相机抉择水平，增强宏观调控前瞻性、针对性、协同性。形成参与国际宏观经济政策协调的机制，推动国际经济治理结构完善。

深化投资体制改革，确立企业投资主体地位。企业投资项目，除关系国家安全和生态安全、涉及全国重大生产力布局、战略性资源开发和重大公共利益等项目外，一律由企业依法依规自主决策，政府不再审批。强化节能节地节水、环境、技术、安全等市场准入标准，建立健全防范和化解产能过剩长效机制。

完善发展成果考核评价体系。纠正单纯以经济增长速度评定政绩的偏向，加大资源消耗、环境损害、生态效益、产能过剩、科技创新、安全生产、新增债务等指标的权重，更加重视劳动就业、居民收入、社会保障、人民健康状况。加快建立国家统一的经济核算制度，编制全国和地方资产负债表，建立全社会房产、信用等基础数据统一平台，推进部门信息共享。

2）通过明确职能、转变职能、简政放权、准确定位来全面正确履行政府职能

转变职能，简政放权。《决定》指出我国改革开放以来的经验表明，各级政府转变职能，推进简政放权，是全面正确履行政府职能的有效途径。通过进一步简政放权，深化行政审批制度改革，最大限度减少中央政府对微观事务的管理，市场机制能有效调节的经济活动，一律取消审批，对保留的行政审批事项要规范管理、提高效率；直接面向基层、量大面广、由地方管理更方便有效的经济社会事项，一律下放地方和基层管理。

明确职能，准确定位。政府要加强发展战略、规划、政策、标准等制定和实施，加强市场活动监管，加强各类公共服务提供力度。加强中央政府宏观调控职责和能力，加强地方政府公共服务、市场监管、社会管理、环境保护等职责。推广政府购买服务，凡属事务性管理服务，原则上都要引入竞争机制，通过合同、委托等方式向社会购买。

改革事业单位体制。加快事业单位分类改革，加大政府购买公共服务力度，推动公办事业单位与主管部门理顺关系和去行政化，创造条件，逐步取消学校、科研院所、医院等单位的行政级别。建立事业单位法人治理结构，推进有条件的事业单位转为企业或社会组织。建立各类事业单位统一登记管理制度。

3）优化政府组织结构

转变政府职能必须深化机构改革。优化政府机构设置、职能配置、工作流程，完善决策权、执行权、监督权既相互制约又相互协调的行政运行机制。严格绩效管理，突出责任落实，确保权责一致。

统筹党政群机构改革，理顺部门职责关系。积极稳妥实施大部门制。优化行政区划设置，有条件的地方探索推进省直接管理县（市）体制改革。严格控制机构编制，严格按规定职数配备领导干部，减少机构数量和领导职数，严格控制财政供养人员总量。推进机构编制管理科学化、规范化、法制化。

2. 建设法治中国

即“建设法治中国，必须坚持依法治国、依法执政、依法行政共同推进，坚持法治国家、法治政府、法治社会一体建设。深化司法体制改革，加快建设公正高效权威的社会主义司法制度，维护人民权益，让人民群众在每一个司法案件中都感受到公平正义”。

1）深化行政执法体制改革

整合执法主体，相对集中执法权，推进综合执法，着力解决权责交叉、多头执法问题，建立权责统一、权威高效的行政执法体制。减少行政执法层级，加强食品药品、安全生产、环境保护、劳动保障、海域海岛等重点领域基层执法力量。理顺城管执法体制，提高执法和服务水平。

完善行政执法程序，规范执法自由裁量权，加强对行政执法的监督，全面落实行政执法责任制和执法经费由财政保障制度，做到严格规范公正文明执法。完善行政执法与刑事司法衔接机制。

2）确保依法独立公正行使审判权检察权

改革司法管理体制，推动省以下地方法院、检察院人财物统一管理，探索建立与行政区划适当分离的司法管辖制度，保证国家法律统一正确实施。

建立符合职业特点的司法人员管理制度，健全法官、检察官、人民警察统一招录、有序交流、逐级遴选机制，完善司法人员分类管理制度，健全法官、检察官、人民警察职业保障制度。

3）健全司法权力运行机制

优化司法职权配置，健全司法权力分工负责、互相配合、互相制约机制，加强和规范对司法活动的法律监督和社会监督。

改革审判委员会制度，完善主审法官、合议庭办案责任制，让审理者裁判、由裁判者负责。明确各级法院职能定位，规范上下级法院审级监督关系。

推进审判公开、检务公开，录制并保留全程庭审资料。增强法律文书说理性，推动公开法院生效裁判文书。严格规范减刑、假释、保外就医程序，强化监督制度。广泛实行人民陪审员、人民监督员制度，拓宽人民群众有序参与司法渠道。

4）完善人权司法保障制度

国家尊重和保障人权。进一步规范查封、扣押、冻结、处理涉案财物的司法程序。健全错案防止、纠正、责任追究机制，严禁刑讯逼供、体罚虐待，严格实行非法证据排除规则。逐步减少适用死刑罪名。

废止劳动教养制度，完善对违法犯罪行为的惩治和矫正法律，健全社区矫正制度。

健全国家司法救助制度，完善法律援助制度。完善律师执业权利保障机制和违法违规执业惩戒制度，加强职业道德建设，发挥律师在依法维护公民和法人合法权益方面的重要作用。

3. 创新社会治理

创新社会治理即“必须着眼于维护最广大人民根本利益，最大限度增加和谐因素，增强社会发展活力，提高社会治理水平，全面推进平安中国建设，维护国家安全，确保人民安居乐业、社会安定有序”。

1）改进社会治理方式

坚持系统治理，加强党委领导，发挥政府主导作用，鼓励和支持社会各方面参与，实现政府治理和社会自我调节、居民自治良性互动。坚持依法治理，加强法治保障，运用法治思维和法治方式化解社会矛盾。坚持综合治理，强化道德约束，规范社会行为，调节利益关系，协调社会关系，解决社会问题。坚持源头治理，标本兼治、重在治本，以网格化管理、社会化服务为方向，健全基层综合服务管理平台，及时反映和协调人民群众各方面各层次利益诉求。

2）激发社会组织活力

正确处理政府和社会关系，加快实施政社分开，推进社会组织明确权责、依法自治、发挥作用。适合由社会组织提供的公共服务和解决的事项，交由社会组织承担。支持和发展志愿服务组织。限期实现行业协会商会与行政机关真正脱钩，重点培育和优先发展行业协会商会类、科技类、公益慈善类、城乡社区服务类社会组织，成立时直接依法申请登记。加强对社会组织和在华境外非政府组织的管理，引导它们依法开展活动。

3）创新有效预防和化解社会矛盾体制

健全重大决策社会稳定风险评估机制。建立畅通有序的诉求表达、心理干预、矛盾调处、权益保障机制，使群众问题能反映、矛盾能化解、权益有保障。

改革行政复议体制，健全行政复议案件审理机制，纠正违法或不当行政行为。完善人民调解、行政调解、司法调解联动工作体系，建立调处化解矛盾纠纷综合机制。

改革信访工作制度，实行网上受理信访制度，健全及时就地解决群众合理诉求机制。把涉法涉诉信访纳入法治轨道解决，建立涉法涉诉信访依法终结制度。

4）健全公共安全体系

完善统一权威的食品药品安全监管机构，建立最严格的覆盖全过程的监管制度，建立食品原产地可追溯制度和质量标识制度，保障食品药品安全。深化安全生产管理体制改革，建立隐患排查治理体系和安全预防控制体系，避免重特大安全事故。健全防灾减灾救灾体制。加强社会治安综合治理，创新立体化社会治安防控体系，依法严密防范和惩治各类违法犯罪活动。

坚持积极利用、科学发展、依法管理、确保安全的方针，加大依法管理网络力度，加快完善互联网管理领导体制，确保国家网络和信息安全。

设立国家安全委员会，完善国家安全体制和国家安全战略，确保国家安全。

4. “权力阳光”运行

即“用制度管权管事管人，让人民监督权力，让权力在阳光下运行，是把权力关进制度笼子的根本之策。必须构建决策科学、执行坚决、监督有力的权力运行体系，健全惩治和预防腐败体系，建设廉洁政治，努力实现干部清正、政府清廉、政治清明”。

1）形成科学有效的权力制约和协调机制

完善党和国家领导体制，坚持民主集中制，充分发挥党的领导核心作用。规范各级党政主要领导干部职责权限，科学配置党政部门及内设机构权力和职能，明确职责定位和工作任务。

加强和改进对主要领导干部行使权力的制约和监督，加强行政监察和审计监督。

推行地方各级政府及其工作部门权力清单制度，依法公开权力运行流程。完善党务、政务和各领域办事公开制度，推进决策公开、管理公开、服务公开、结果公开。

2）加强反腐败体制机制创新和制度保障

加强党对党风廉政建设和反腐败工作的统一领导。改革党的纪律检查体制，健全反腐败领导体制和工作机制，改革和完善各级反腐败协调小组职能。

落实党风廉政建设责任制，党委负主体责任，纪委负监督责任，制定实施切实可行的责任追究制度。各级纪委要履行协助党委加强党风建设和组织协调反腐败工作的职责，加强对同级党委特别是常委会成员的监督，更好发挥党内监督专门机关作用。

推动党的纪律检查工作双重领导体制具体化、程序化、制度化，强化上级纪委对下级纪委的领导。查办腐败案件以上级纪委领导为主，线索处置和案件查办在向同级党委报告的同时必须向上级纪委报告。各级纪委书记、副书记的提名和考察以上级纪委会同组织部门为主。

全面落实中央纪委向中央一级党和国家机关派驻纪检机构，实行统一名称、统一管理。派驻机构对派出机关负责，履行监督职责。改进中央和省区市巡视制度，做到对地方、部门、企事业单位全覆盖。

健全反腐倡廉法规制度体系，完善惩治和预防腐败、防控廉政风险、防止利益冲突、领导干部报告个人有关事项、任职回避等方面法律法规，推行新提任领导干部有关事项公开制度试点。健全民主监督、法律监督、舆论监督机制，运用和规范互联网监督。

3）健全改进作风常态化制度

围绕反对形式主义、官僚主义、享乐主义和奢靡之风，加快体制机制改革和建设。健全领导干部带头改进作风、深入基层调查研究机制，完善直接联系和服务群众制度。改革会议公文制度，从中央做起带头减少会议、文件，着力改进会风、文风。健全严格的财务预算、核准和审计制度，着力控制“三公”经费支出和楼堂馆所建设。完善选人用人专项检查和责任追究制度，着力纠正跑官、要官等不正之风。改革政绩考核机制，着力解决“形象工程”、“政绩工程”以及不作为、乱作为等问题。

规范并严格执行领导干部工作生活保障制度，不准多处占用住房和办公用房，不准超标准配备办公用房和生活用房，不准违规配备公车，不准违规配备秘书，不准超规格配备警卫，不准超标准进行公务接待，严肃查处违反规定超标准享受待遇等问题。探索实行官邸制。

完善并严格执行领导干部亲属经商、担任公职和社会组织职务、出国定居等相关制度规定，防止领导干部利用公共权力或自身影响为亲属和其他特定关系人谋取私利，坚决反对特权思想和作风。

15.2　江苏“权力阳光”深化行动

15.2.1　调整和完善

系统支撑的不断完善：改变为以块来推动。行政权力的行使以条为主（所谓纵向对口，横向对齐），缺少横向协调与纵向整合。一级开发两级使用的不存在这种问题，市县两级分离的存在这种问题。

1. 条块结合，完善机制

各地、各部门要认真贯彻执行《江苏省行政权力网上公开透明运行管理暂行办法》，坚持和完善党委政府统一领导、政务公开领导小组组织协调、有关部门各负其责、纪检监察机关监督检查的领导体制和工作机制。省政务公开领导小组办公室要加强对全省行政权力网上运行的指导、协调和监督工作。省各有关部门要各司其职、通力协作，共同推进行政权力网上运行工作。各地、各部门要抓紧研究制定行政权力网上运行系统管理、预警纠错、网上投诉处理、绩效评估、督查督办以及情况通报等配套制度，努力构建行政权力网上运行长效管理机制。同时，要明确专门机构和人员负责行政权力网上运行工作，并落实专项经费，确保工作正常开展。

2. 网络互通，平台统一

推行跨地区、跨部门联动监管及部门内部联动监管，强化行政执法与刑事司法工作的衔接，建立案件网上移送的渠道和机制，实现部门之间、地区之间行政管理服务信息共享。推动跨部门办事服务事项联合审批，制定相关制度和流程，推行统一接件、一表填报、同步审批、限时办结，降低报审成本、提高审批效能。要求各单位把原有依照单项业务建立的应用系统逐步整合到部门统一系统中，实行统一用户管理、统一流程管理、统一数据库管理，部门系统中的所有数据均向“网上政务大厅”报送，实现电子岗位与实际岗位的数据同步、部门系统与统一平台的数据同步。

3. 数据共享，标准统一

建立健全行政审批、公共服务、公共资源交易网上运行机制，推进行政审批和公共服务事项向电子政务平台集中，外网受理、内网办理、外网反馈、全程监督，逐步实现各级政务服务中心协同办理和联网运行。积极探索省、市、县纵横联办，实现网上政务服务中心为企事业单位和公众提供“无接触式”管理与服务。推进标准化建设，制定政务服务中心建设标准，规范和统一服务名称、标识。逐步建立服务标准基础体系、质量标准体系、工作标准体系。制定岗位责任规范，根据不同岗位职责制定相应的岗位作业标准，确保政务服务工作规范、有序进行。建立健全行政审批、公共资源交易、电子监察等系统平台，不断完善标准化服务和管理运行机制。

4. 业务融合，分类指导

充分利用现代信息技术，实现实体大厅与虚拟大厅的融合，创建高效、便捷、智能、透明的政务服务平台。完善政务服务中心网上审批平台系统，统一开发软件，实现信息互联互通并与行政权力网上公开透明运行系统有机融合。针对不同层级、不同职能的条块应用，进行分类指导，充分发挥各级人民政府对政务服务管理机构的领导职责。

15.2.2　深入和扩展

“转作风”的本质就是规范权力运行，确保人民赋予的权力真正用于为民谋利。为认真贯彻中央和省委关于密切联系群众、改进工作作风的一系列部署和要求，促进创新政府、廉洁政府、法治政府建设，下一步将在全省开展行政权力网上公开透明运行深化行动（以下简称“深化行动”），进一步加强对权力的制约和监督，真正把权力关进笼子、赶上网。

1. 进一步清理规范行政权力事项

制定《省级机关部门清理规范行政权力事项实施方案》，选择 5 个省级机关部门组织条线系统开展行政权力清理规范工作，统一省、市、县三级权力名称、权力编码和运行流程，建立涉及权力运行所有环节的标准、条件、权责、时限等制度规范，实行标准化运作。以规范行政处罚裁量基准作为重点，逐项提出行使条件，对处罚种类、处罚幅度、处罚实施等，制定完善具体裁量标准和实施细则，减少自由裁量幅度，进一步规范执法行为。经过清理规范的行政权力事项向社会公开。修订完善行政权力动态调整办法，建立健全动态调整机制。

2. 深入排查防控权力运行廉政风险点

查找权力过于集中、运行程序不规范等可能造成权力滥用的风险，制定防控措施，编制廉政风险库。行政许可和非许可审批等权力事项要重点排查现场勘查、专家评审和听证等环节可能存在的廉政风险；行政处罚权力事项要重点排查立案、调查、案件核审、处罚决定等环节可能存在的廉政风险；行政征收、行政强制等权力事项要重点排查收费、执行等环节的廉政风险。对排查出的廉政风险，制定有针对性、可操作性、具体管用和切实可行的防控措施。充分运用现代信息技术手段对廉政风险进行防控的有效措施，切实强化对关键岗位和重点环节权力运行的制约和监督。

3. 积极开展县级政府政务公开和政务服务网上运行工作

推广依托电子政务平台加强县级政府政务公开和政务服务试点工作经验，结合村务公开和农村社区信息化建设，将电子政务平台向基层延伸，形成以各级政务中心为主体，专业服务大厅为依托，乡镇（街道）政务服务大厅为基础，村（社区）便民服务站为纽带，"上下联动、层级清晰、运行顺畅、就近覆盖"的社保、教育、卫生、医疗等基本公共服务网络。

4. 进一步提升监察监控水平

严格执行全省电子监察建设规范意见，按照分级管理分级监察的要求，完善电子监察系统，强化监察功能，细化监察规则，加大对权力"全上网、真上网"的督查督办和考核评估，加强对权力网上运行数据的统计分析和深化应用，为领导决策提供依据。升级完善政府法制监督平台，建立全省规范性文件管理系统，实现规范性文件网上制定和备案审查，深化网上行政执法主体、执法人员和执法行为监督、执法案卷评查等工作。将审批和监管有机结合起来，如果监管不到位，审批也可能出错；让监管职能既要为市场服务也要为审批服务。

在监察、监督工作的深化扩展上，应理清权力事项、流程及相应的规则（做什么、前置条件），强化监督（是否按流程、按规则办理）的规范性与力度。在内控工作上，行政机关人、财、物（如公共资源交易中心），土地、产权、政府采购、重大招标项目、药品招投标等，都应引入"权力阳光"的理念。

5. 进一步加强绩效管理

科学的绩效管理是推进"权力阳光"发展和深度应用的有力抓手。通过自动采集统计分析数据，对各部门、各岗位的行政效能以及行政事项的不同环节、不同时段的工作绩效进行对比和综合分析。对政府信息公开、行政权力运行情况进行实时监控监察，对行政执法和行政复议进行监督，以确保行政行为依法、透明、廉洁、高效运行。

6. 提高数据应用和分析能力

提高数据应用、分析的研究水平。督促各地各部门按照《江苏省行政权力网上公开透明运行信息系统数据接口规范》，及时准确地向省级平台传输数据，实现行政权力运行数据化、流程标准化、办公网络化、信息公开化。加强对网上权力运行数据的统计分析研究，特别是中、长期数据的规律性研究，及时发现施政过程中的苗头性、倾向性问题，为政府决策提供科学依据。进一步突破技术瓶颈，开展政府与民众的双向互动，实现权力在网上运行过程中能够及时听取公众反馈意见，促进政府决策的及时改进和完善。

第十六章 江苏“权力阳光”深入推进的路径选择

16.1 适应形势发展之需要

1. 转变政府职能，正确履行政府职能

深化行政体制改革的核心是转变政府职能。现在及今后一个时期，行政体制改革的重点是切实将政府职能转移到宏观调控、公共服务、市场监管、社会管理和环境保护上来，积极建立市场主体自律与社会组织协调机制，努力实现经济、社会、资源、环境的全面协调可持续发展。

审批和监管合理设置的问题，要加强监管，使缺位与越位得到制约。现在的问题是，审批太多、太 具体，门槛太高，而监管比较薄弱。政府的职能主要是要加强监管，加强调控。以猪肉生产的监管为例，涉及农业、工商、食监、质监等部门，见图 16.1。在生猪养殖环节，由农业部门行使质量安全监测和监督等职能；到屠宰环节时，由商务部门负责定点屠宰的准入和监督；进入市场及超市后，由工商及农业部门共同对流通环节进行抽检以及查处等；最后进入餐馆后由食品药品监管部门负责消费环节食品卫生许可和食品安全监督管理。若未进入市场，则

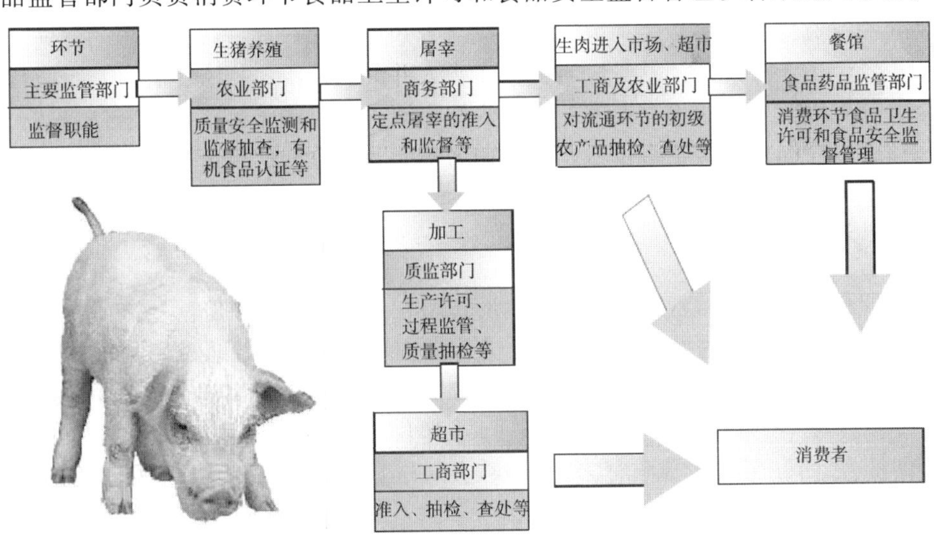

图 16.1 猪肉生产的监管流程

在屠宰后进入加工环节，将由质监部门负责生产许可和过程监督等，随后进入超市，由工商部门负责准入、抽检以及查处等，最后由消费者选择消费。

2. 优化政府结构，创新管理方式

合理的组织结构、协调的层级体系，是行政权力顺畅运行的重要基础。继续推进大部门体制改革，可有效解决一些制约经济社会发展的体制和机制难题，要坚定、持续地深入推进，需要防止和化解权力过于集中、领导职数过多、职能整合不到位、机构设置上下不衔接等问题；创新行政管理方式，深化应用现代IT化解行政权力行使过程中的效率、效益问题，将人治转变为“制度+科技”模式。实践告诉我们，现代IT在管理问题上，既是工具又是使能器。

3. 建设法治政府

坚持依法行政，用法律法规调整政府、市场、企业的关系，使政府依法管理经济和社会事务，推进政府工作的制度化、规范化和程序化，确保行政权力在法律范围内行使；严格依法行政，完善执法程序，坚决克服有法不依、执法不严等现象；强化对行政权力行使行为的法律监督，做到用法律管权、依法律办事。

4. 建设公开政府

建设公开政府是为了保障公民、法人和其他组织依法获取政府信息，提高政府工作的透明度，促进依法行政，充分发挥政府信息对人民群众生产、生活和经济社会活动的服务作用。一方面，将社会需要的信息通过政府公报、政府网站、新闻发布会以及报刊、广播、电视等便于公众知晓的方式公开；另一方面，对申请公开的政府信息，属于公开范围的，应当告知申请人获取该政府信息的方式和途径；属于不予公开范围的，应当告知申请人并说明理由；依法不属于本行政机关公开或者该政府信息不存在的，应当告知申请人，对能够确定该政府信息的公开机关的，应当告知申请人该行政机关的名称、联系方式；申请内容不明确的，应当告知申请人做出更改、补充。

5. 建设服务型政府

以加强公共服务为着力点，推动政府转型，建设服务型政府。一方面，该由政府管理的一定要管理好。比如基本公共服务方面，应通过合理的财力配置保障国民获得大体相同的基本公共服务。另一方面，不该由政府管理的一定要转移出去。应切实减少行政审批事项、积极推进事业单位改革、发展和培育可承接公共服务职能的社会组织，逐步形成政府、市场、社会既分工明确、又相互协调的新型结构。

6. 健全惩治和预防腐败体系

加强党对党风廉政建设和反腐败工作统一领导，改革党的纪律检查体制，健全反腐败领导体制和工作机制，改革和完善各级反腐败协调小组职能。落实党风廉政建设责任制，党委负主体责任，纪委负监督责任，制定实施切实可行的责任追究制度。推动党的纪律检查工作双重领导体制具体化、程序化、制度化，强化上级纪委对下级纪委的领导。全面落实中央纪委向中央一级党和国家机关派驻纪检机构，实行统一名称、统一管理。健全反腐倡廉法规制度体系，完善惩治和预防腐败、防控廉政风险、防止利益冲突、领导干部报告个人有关事项、任职回避等方面法律法规，推行新提任领导干部有关事项公开制度试点。健全民主监督、法律监督、舆论监督机制，运用和规范互联网监督。

7. 形成“权力阳光”运行机制

“阳光是最好的防腐剂”，通过权力清理、权力运行、行政监察、法制监督以及各级职能部门办公室、法规处、信息中心、监察处等的联合推进，实现信息采集、流程监控、自动预警、绩效评估、异常处理以及实时报送等功能，对政府信息公开、行政权力运行情况进行实时监控监察，确保行政行为依法、透明、廉洁、高效的运行。

16.2 破解顶层设计的有限性

顶层设计是指从全局视角出发，围绕着某个对象的核心目标，统筹考虑和协调对象的各方面和各要素，对对象的基本架构及要素间运作机制进行总体的、全面的规划和设计。顶层设计是一种带有全局观念的设计思路，“顶层”指的是逻辑概念层级上的顶层，是自高端开始对全局进行总体设计，而非在设计对象上是顶层。

因此，为实现“权力阳光”这一核心目标，要从顶层、整体的高度去看待和分析“权力阳光”发展的问题，这就需要跳出局部环境、局部利益的约束和限制，考虑到“上接中央”、“下联村镇”等统筹安排；“权力阳光”顶层设计不仅要考虑政务层面的内容，如行政管理体制、政府职能及其具体业务类型之间的关系，还应考虑网络建设、安全管理、信息资源建设等诸多技术层面的内容；不仅要考虑设计对象自身的构成要素和体系结构，还应考虑设计对象的外部环境影响，例如一个部门的“权力阳光”顶层设计不仅要考虑部门内各种要素之间的运作关系，还应考虑该部门在政府纵向层面和横向层面上的相互协调，如区县政府权力事项、服务事项设置的不统一问题（服务数量、内容都不相同）；“权力阳光”顶层设计的重点在于建立各要素之间良好的互动关系，需要探讨如何通过设计推动各部门间的业务协同和信息共享，如何确保工作流程、信息系统、数据以及相应技术之间深度融合。建立一个能够自我反馈的、自我更新的、健康的“权力阳光”生态系统。

16.3　克服公共服务的选择性

十八届中央委员会第三次全体会议研究了全面深化改革的若干重大问题，明确提出“推进社会领域制度创新，推进基本公共服务均等化”的决策。《决定》把推进基本公共服务均等化作为60项具体任务之一。基本公共服务均等化是指政府要为社会公众提供基本的、在不同阶段具有不同标准的、最终大致均等的公共物品和公共服务，是我国公共财政制度改革的基本目标之一。也就是说，在基本的公共服务领域，政府应尽可能地满足人们的基本物质需求，尽可能地使人们享有同样的权力。简而言之就是，人人都能享受到公共服务，享受的机会是平等的。

江苏“权力阳光”运行的目标之一就是支撑四级电子政务服务体系的建立，向社区、村镇延伸，以社区服务站、村镇信息站（便民室）为基本单元，向公众、企业服务，从而使公众享有公平、均等的电子化公共服务。探索云政务（服务）模式，探索同城异地办理，克服属地原则的选择性局限。

“权力阳光”深化应用伴生着一个潜在的问题——数字鸿沟（digital divide）的问题日益凸显。所谓“数字鸿沟”是指在所有的国家，总有一些人拥有社会提供的最好的信息技术。他们有最强大的计算机、最好的电话服务、最快的网络服务，也受到了这方面最好的教育。另外有一部分人，他们出于各种原因不能接入最新的或最好的计算机、最可靠的电话服务或最快最方便的网络服务。这两部分人之间的差别，就是所谓的“数字鸿沟”。处于这一鸿沟的不幸一边，就意味着他们很少有机遇参与到以信息为基础的新经济当中，也很少有机遇参与到在线的教育、培训、购物、娱乐和交往当中。“数字鸿沟”的存在使得部分信息技术素养较低、收入较低、IT 基础设施发展水平低、经济水平低的人群、地区无法同等地获取公共服务，严重阻碍了公共服务均等化及推进。

在应对“数字鸿沟”的问题上，世界各国都出台了一些成功的应对措施。如2000 年 2 月，美国政府颁布了“从数字鸿沟走向数字化机遇”的动议和措施。这些措施包括鼓励私营机构参与、提高师资教学水平、创建社区技术服务中心、发挥公共及私营机构作用、给予中下层新形式服务、加快私营机构在城市贫困社区及偏远地区的高速网络建设、增加本土美国人在信息技术及其他相关领域里的就业比重等。英国也提出了在全国建立超过 700 家互联网接入中心、降低网络接入费用、在借租计算机和网络培训方面提供税收优惠等措施的“5 年内使每个家庭能上网”的计划。美国、英国的这些措施主要目的是：通过政府、行业部门及私营机构的共同努力，完善网络基础设施、提供有关技术服务、加强公民技能培训、普及计算机和网络知识等。

“网盲”就是未来社会的新文盲。因此，在推行“权力阳光”的深入发展上，还应采取一定措施，如通过电视、广播、报纸等大众媒介普及计算机和互联网知识，促进计算机、网络等专业技术的大众化，以便普通公民都能有效驾驭计算机、互联网及高速网络等先进技术。比如广泛发动大学生通过暑期的网络知识扶贫下乡活动、建立地区性技术服务中心、社区信息化建设等。对企业而言，可通过减税、义务培训等在内的行政管理电子化，使网络成为企业运营不可或缺的一部分。从而，让企业、公众享有“权力阳光”带来的同等权利，推进基本公共服务均等化。

16.4　突破信息资源共享的瓶颈

江苏省政府《关于加强政务服务体系建设的实施意见》（苏政发〔2013〕31号）提出“权力阳光”深度推进的目标：要着重推进省、市两级“三个融合”，提升县级行政权力网上运行质量，使系统功能更加完善、权力清理更加全面、网上办事更加便捷、监察标准更加严格、法制监督更加规范。调查表明，标准规范的不一致、条块分割的障碍、权力让渡认知不清、网络基础设施发展不平衡、信息安全等问题是制约“权力阳光”深度融合的瓶颈问题。

实践也证明“权力阳光”通过权力清理、权力运行、行政监察、法制监督以及各级职能部门办公室、法规处、信息中心、监察处等的联合推进，实现了信息采集、流程监控、自动预警、绩效评估、异常处理以及实时报送等功能，是有效推进“条”、“块”之间实现信息资源共享的有效途径。“权力阳光”深入推进的执行力与信息资源共享之间可以实现交互促进，螺旋上升。

调研表明，“条”、“块”间数据开放、信息共享的联动问题依然存在，多部门掌握数据的不一致性依然构成“权力阳光”向“三个融合”深度应用发展的最大障碍。

16.5　利用大数据支持科学管理

大数据（big data），或称巨量数据、海量数据、大资料，指的是所涉及的数据量规模巨大到无法通过人工在合理时间内达到截取、管理、处理并整理成为人类所能解读的信息。

2012年10月，时任广东省委书记汪洋到广东省财政厅视察，荐书《“大数据”：正在到来的数据革命》。他敏锐地感知到“大数据”时代的来临，指出，“大数据”是世界下一个创新、竞争和生产力提高的前沿，是政府工作一个新的战略制高点。随后，广东率先启动大数据战略推动政府转型；北京推出北京市政务数据资源网，目标是把全市政务部门可开放的各类数据全部开放给社会公众，提供数据下载及相关服务，充分发挥政府数据资源经济和社会价值，推动信息惠民和社会化开发利用；上海、山东、浙江也纷纷推出大数据服务。2015 年 6 月，国务院办公厅发布《关于运用大数据加强对市场主体服务和监管的若干意见》（国办发〔2015〕51 号），提出充分运用大数据先进理念、技术和资源，加强对市场主体的服务和监管，推进简政放权和政府职能转变。2015 年 8 月国务院发布《关于印发促进大数据发展行动纲要的通知》（国发〔2015〕50 号），围绕全面推动我国大数据发展和应用，加快建设数据强国这一总体目标，确定三大重点任务：一是加快政府数据开放共享，推动资源整合，提升治理能力；二是推动产业创新发展，培育新业态，助力经济转型；三是健全大数据安全保障体系，强化安全支撑，提高管理水平，促进健康发展。这是指导我国大数据发展的国家顶层设计和总体部署的纲领性文件。

江苏“权力阳光”运行将所有依法确定的行政权力事项逐一编码上网运行，执法主体、法定依据等权力要素同步公开，所有网上行政权力的行使环节、行使步骤、办理结果都能实时查看，网上运行平台真实记录权力事项的办理全过程，同时建立省、市、县三级数据交换平台，实现不同部门、不同系统之间权力数据的实时交换，切实做到权力要素全公开、权力运行全透明、办理过程全留痕、内网外网全贯通。可见，“权力阳光”运行过程形成海量数据，而且数据聚集的速度高、异构性强，通过应用面向“大数据”的数据开发、应用发现、数据服务，把蕴藏在大数据中对决策有用的信息挖掘出来，将信息转换为具有社会效益的公共服务，来启动透明政府建设、引领行政职能改革和推动社会发展。

16.6　避免绩效管理流于形式

在新的历史时期，对政府绩效进行评估是整个政府管理创新的一部分，关系到政府职能和运行机制转变，有利于提升政府管理能力，提升管理水平，提高政府效能；政府绩效评估是政府绩效管理的核心，有助于法治政府、责任政府、服务政府的建设，进一步提高政府的行政能力，为经济社会发展注入新的活力和持久的动力。正是从这个意义上，政府绩效评估体系被认为是“新一轮政府创新的驱动器”。

“权力阳光”运行中的绩效考核以各职能部门上报数据（自建系统）、采集数据（统建系统）为依据，建立考核标准体系，开发考核系统，自动运行、计算考核结果。在考核数据客观性、可追溯性上，建立了科学的制度。与传统行政考核流程相比，“权力阳光”系统的权力跟踪不仅划清了不同权力之间的界限，更能责任到人，负责到岗，从而使得处理结果可回溯。这样一来，事务处理从“看不见”的部门内部向外部转化，变得“可见”。监督监察部门根据“看得见”的“痕迹记录”

对处理结果进行监督和审查，保证了权力部门权力行使的合理，也保证了处理结果的可靠公正。

但要使“权力阳光”绩效考核落到实处，还需要从下面几个方面对行政权力绩效管理进行调研，充分掌握各地权力运行现状：一是行政许可类的权力事项的实际办理业务情况，如权力事项是否存在业务系统办理在“权力阳光”系统事后登记的情况。二是行政许可类的权力事项是否存在纸质办理和网上办理并存的现象，且网上办理采用事后录入的方式。三是行政许可类的办理事项的实际办理期限的统计，是否存在同比或环比降低的趋势，需要数据支撑。四是场景式服务大厅的建设与运行模式是否规范、高效、及时，能为行政相对人提供快捷的办事平台。五是行政服务中心的一站式受理的效率。六是行政处罚、行政征收、行政强制类的事项是否按实际情况进行在线运行，处罚的自由裁量是否定义规范合理，超自由裁量的现象是否存在。七是落实对行政复议、行政诉讼的情况统计分析和重大行政处罚备案情况的统计分析。八是基于数据分析结果进行监督和审查。

16.7　化解深度融合的体制性障碍

江苏省政府《关于加强政务服务体系建设的实施意见》（苏政发〔2013〕31号）提出“权力阳光”深度推进的目标：要着重推进省、市两级“三个融合”，提升县级行政权力网上运行质量，使系统功能更加完善、权力清理更加全面、网上办事更加便捷、监察标准更加严格、法制监督更加规范。所谓“三个融合”是指“权力阳光”与政务（行政）服务中心审批和服务事项办理融合，与部门核心业务融合，与行政绩效管理融合。

要实现“权力阳光”与政务（行政）服务中心审批和服务事项办理融合，需要首先完善政务（行政）服务中心窗口服务与部门后台业务处理之间的协同机制，实现前后业务数据的一致化、自动化、即时化。

要实现“权力阳光”与部门核心业务融合，需要将行政权力网上运行系统作为部门开展核心业务工作的基本要求，扩展完善已建与在建业务系统，合理规划新建业务系统，实现行政权力网上运行与部门核心业务工作的有机融合。

要实现“权力阳光”与行政绩效管理融合，需要将行政权力网上运行数据作为行政绩效评价的重要依据，提高绩效管理的客观性、准确性，同时充分发挥行政绩效评估的导向和激励作用，促进行政权力网上运行效率和水平的提高。

要实现“权力阳光”的“三个融合”，要充分利用政府法制监督平台，开展网上规范性文件备案审查、行政执法人员和执法行为监督、执法案卷评查等工作，对违法行使行政权力的行为，及时发起督办。完善电子监察标准，细化监察规则，提高行政监察的科学性、准确性和有效性。按照层级监察的思路，创新监察监控手段，加大监察监控力度，确保所有行政权力全程在网运行。对权力不上网运行或网下办理、网上登记等现象监察不到位、纠错不及时、督办不得力的，严肃追究相关人员责任。

16.8　探索与推进政务数据开放

国务院办公厅发布关于政府信息公开的意见，促进数据开放和利用，构建相应的数据开放工程，强化社会信息的公开透明。信息公开是电子政务的灵魂，更是信息时代政府职能转变的重要契机。2015 年 8 月国务院发布《关于印发促进大数据发展行动纲要的通知》(国发〔2015〕50 号)，围绕全面推动我国大数据发展和应用，加快建设数据强国这一总体目标，确定三大重点任务：一是加快政府数据开放共享，推动资源整合，提升治理能力；二是推动产业创新发展，培育新业态，助力经济转型；三是健全大数据安全保障体系，强化安全支撑，提高管理水平，促进健康发展。这是指导我国大数据发展的国家顶层设计和总体部署的纲领性文件。大数据时代下，政府是整合开放的平台，建立了公众与政府间的沟通渠道，越来越多的国家和组织利用其开展民意调查，通过在线交互让民众成为政务流程的节点，让公众参与到政策制定与执行、效果评估和监督之中，使民众参政议政成为可能，帮助政府进行社会管理和解决社会难题。同时，政府公开的数据将为企业和个人创造价值，打破政府部门对数据的垄断倾向，将不同的数据整理好开放给社会利用，创造更多价值。

2009 年，为了增加政府资料透明度，美国开通 Data.gov，这是政府数据开放进程中的里程碑事件。2010 年 11 月，欧盟首次提出“欧盟开放数据战略”，旨在将公共部门搜集和产生的原始数据通过再利用成为数以万计 ICT 用户依赖的数据材料。2011 年，美国、英国、巴西、挪威、墨西哥、印尼、菲律宾、南非等八国宣布成立“开放政府联盟”(OGP)，并发布《开放政府宣言》:“政府代表人民收集并保存了各种各样的信息，人民有权利获取关于政府活动的各种信息。”2012 年 6 月，日本 IT 战略本部发布电子政务开放数据战略草案，迈出了政府数据公开的关键一步。

国内政府数据开放实践上，2012 年，广东率先启动大数据战略推动政府转型，率先从财政、环保、招投标等领域开展数据公开试点，并逐步公开专项资金安排、使用情况；同年，由北京市经信委牵头建设，北京市各政务部门共同参与，推出北京市政府数据资源网（www.bjdata.gov.cn）测试版；随后，上海开通“上海政府数据服务网”，开放上海市 9 个职能部门、21 个门类的公共数据。政府数据开放的目标是把市政务部门可开放的各类数据全部开放给社会公众，提供数据下载及相关服务，充分发挥政府数据资源经济和社会价值，推动信息惠民和社会化开发利用。

政府数据开放大势所趋。“权力阳光”运行汇聚了海量的公共数据，科学、有序、合法、合理地向社会开放，让企业、公众从数据开放中发现与创造价值。电子监察是一个有效的手段，可以有效推动政务数据资源的汇聚，奠定政务信息资源（如药品、食品企业的违规数据）向社会开放的基础。

16.9 设计有效的价值共创机制

党的十八大把学习型、服务型、创新型执政党建设作为党的重要战略部署，进一步为服务型政府建设提供了坚实的组织基础。国发〔2012〕23 号文件明确了“国家、省、市、区、县、街道社区的服务落地的服务型政府建设蓝图，力倡‘应用下移、服务落地’”，将政府服务职能建设落到实处。

江苏“权力阳光”运行的目标之一是建立四级的电子政务服务体系，向社区、村镇延伸，以社区服务站、村镇信息站为基本单元，向公众、企业服务，从而使公众享有较为均等的电子化公共服务。通过社区电子服务能力的培养，电子政务向乡、镇、村延伸，真正做到“小事不出村，大事不出镇”。力争公众、企业的事情在社区（乡、镇、村）得到办理，减轻省、市职能部门的服务压力，提高办事效率，使“一站式”服务落地。

电子政务服务是否能真正落地，关键要看其价值创造过程是否真正实现供需双赢。审视“权力阳光”的价值创造过程，系统（包括硬件与软件）的建立，支持公务人员的工作（消费），提升工作绩效，实现内部价值的创造与消费；“权力阳光”运行与公务人员的互动并得到有效的监督、监察，是其部门外部价值的创造与消费。

简言之，“权力阳光”价值的创造是各参与方参与交互的价值共创过程，将用户（公务员、公众、企业）参与、用户体验、用户满意有机联系起来，公务人员的参与、认同“权力阳光”运行以充分发挥其效能。诸如，微博问政、市政热线、新闻窗口等对政策法规进行听证、征求公众意见。

第四篇　“权力阳光”典型案例

该部分为案例部分，在实地调研、专家访谈、小型研讨的基础上，整理出江苏省省级部门的典型案例 5 例，地方市、县（区）政府部门的典型案例 4 例，主要应用场景 4 类 19 例。

第十七章　江苏省级部门典型案例

17.1　“阳光质监”：打造质量技术监督的显微镜

通过“权力阳光”系统充分发挥网络公开、便捷、高效的特点，强化社会管理和公共服务职能，把政府职能转变到为市场主体服务和创造良好发展环境上来，转变到推进社会发展和改善民生上来，增强了推动发展和服务转型的针对性和有效性。各审批事项提前办结率明显上升，人民群众对质监部门的满意度持续提高。通过电子监察系统，可以对权力运行各环节的办理进度进行实时监控。对临近办理时限的工作事项，系统自动蓝灯预警，提醒承办人；对超过时限仍未办理的，系统自动黄灯警告，发送督办信息给承办人；对超过督办期限仍未办结的，监察人员可以手动发起督办流程，责成限期反馈。监察人员通过查看办件的亮灯预警情况，监督工作人员的行政效能，有效提高了行政许可和行政处罚的办理效率。据统计，行政许可的办件周期从原来平均 20 天左右缩短到 15 天左右，行政处罚的办结时间从原来平均将近 90 天缩短到 60 天左右。通过不断收集积累企业基本信息、企业相关产品信息、证照信息、原材料信息、使用设备信息、质检记录和违法信息等，可以编制更有效的监督、执法检查计划，确定更有针对性的监督、执法检查内容，提高证后监管、执法检查和执法办案的精准度。

17.2　“阳光住建”：四级服务体系的建立

2013 年 5 月份更名后正式对外服务的江苏省住建厅便民服务中心，现已成为该厅践行党的群众路线的一个旗帜，“简政放权”则是这面旗帜上的关键词，这是江苏省住建厅迈向“四级服务体系”的一个开始。

据了解，该中心办理业务 44 项，面向江苏省住房建设系统 4 万多家企业、近 20 万执业资格注册人员和近 90 万从业上岗人员，提供的公共服务面广量大。江苏省住建厅领导班子召开会议，确定以“方便群众、群众满意”为目标，以“依法行政、公开透明”为准绳，秉承解放思想、务实创新、便民革新精神，用心在简政放权上下工夫。

经过梳理后，一些程序合并或者是集中处理。以企业审批为例，由原来两周研究一批改为每周研究一批，审批周期由原先 20 个工作日压缩近一半。值得一提的是，资质材料审批完成后，申请人不必再到便民服务中心取件，而由该中心快递到当地建设主管部门，在当地领取即可。如此，每年可减少 8000 人次来取件，而过去申请人从外地来南京平均一趟要花费 1000 元左右。葛仁军表示，此举虽然增加了便民服务中心工作量和邮寄成本，但对服务对象来说既节省时间又节约成本，同时可以一定程度上遏制中介行为。

另据了解，接下来，在下放全省 46 万人施工企业安全人员任职资格证书打印到市县主管部门的基础上，该中心还打算将本市县内的人员调动、信息变更、正常注销、遗失补办、证书延期等继续授权下放，这样一来每年又可以减少近 3 万人次上来办理业务。

17.3 “阳光地税”：监督上提，事务下放

江苏省地税在进行大量内部校验基础上加强了外部监控，通过科学设计监察规则和预警指标，实现对税收执法事项行使的“监督上提”，及时发现违法违规行为或疑似违法违规行为，发现异常的由系统自动发起预警信息。通过流程监控功能对权力事项或非权力事项进行实时监控，如通过运行流程监控功能可以发现还有一天到期的事项进行黄色提醒，超期事项进行红色预警，点击操作按钮，可以发起督办。据统计，2011 年电子监察平台共发布预警信息 19434 条，督查督办事项 2502 件；依权力的重要程度、自由裁量权的大小、违规违纪行为发生的概率和危害程度，全面梳理排查评估廉政风险，确定了需要重点监控的权力事项 72 个、风险点 166 个，依据法律法规、政策规定和廉政要求，提出防控措施 456 项。

而江苏省地税的“事务下放”体现在纳税服务方面的应用成效方面。实现权力网上公开透明运行，通过网上办税服务厅功能的不断拓展，强化电子办税、预约服务、网上查询、网上涉税申请、网上举报投诉及反馈等网上服务的功能，并提供申报表、申报项目的个性化定制等服务措施，使纳税人实现足不出户就能办理绝大部分涉税事务，相关办理结果也可以从网上查询。通过“权力阳光”外网系统的功能设置，纳税人随时通过涉税编号登录查看自己办件的进度和完成情况，可以通过“权力事项公开区”查看到每项行政权力的基本信息，可以通过“涉税事项链接区”查看纳税事项的总体介绍，方便纳税人进行纳税事宜的快速查询，并提供了涉税税收法规的查询，系统将江苏地税网站的服务监督信息进行了集成，方便广大纳税人对江苏地税行使行政权力进行监督。全面推广应用电子档案库，与“影印系统”对接，对录入的档案信息，系统自动分配查询权限，实现多部门共享。对本部门无权查看的信息，可以通过网上申请调阅查看，调阅期限届满后，系统自动收回权限，进一

步提高涉税资料电子化采集和数据利用水平。

17.4 “阳光交通”：三级联网工程

按照省政府继续推进行政权力网上公开透明运行工作要求，通过厅直单位业务系统的改造和市县交通运输部门行政权力运行系统的建设，实现交通部门行政权力运行数据与市县政府行政权力网上公开透明运行系统之间的数据共享；建立覆盖全省交通运输部门的层级监察体系，切实推动规范执法与行风建设，实现核心业务在横向上可以监察、行政权力在纵向上可以管理的目标；推进交通行政权力网上公开透明运行工作的省、市、县三级联网，掌握全省行政权力运行的总体情况，为推动全省交通运输行业的发展提供决策依据，满足省委省政府关于“三个全覆盖”的要求。

根据《江苏省交通运输行政权力网上公开透明运行三级联网行政权力规范（暂行）》的要求，首先由厅公路局对省市县三级公路行政权力进行统一梳理，重点对行政权力事项名称、行使依据、法定期限、收费标准、自由裁量基准等进行统一。各市县交通运输部门在厅公路局梳理成果的基础上，自行组织细化梳理，初步完成规范化和一致性的调整，梳理结果报送至省交通运输厅。经过统一梳理，省级公路行政权力共计 90 项，其中行政许可 18 项、行政处罚 54 项、行政强制 12 项、行政确认 4 项、其他权力 2 项；市级（除有立法权的市）行政权力共计 73 项，其中行政许可 16 项、行政处罚 42 项、行政强制 11 项、行政确认 3 项、其他权力 1 项。

17.5 “阳光发改”：公共权力监察能力的构建

2010 年，江苏省委连续下发了 5 个构建惩治和预防腐败体系基本框架文件，其中《关于构建权力运行监控机制的意见》中，明确要求建立健全公开透明的权力运行机制，完善行政权力网上公开透明运行制度。同时，还下发了《江苏省构建惩治和预防腐败体系基本框架工作考核评价办法》，明确要求各单位党委（党组）书记履行第一责任人的职责，亲自抓、负总责，并进行考核。

按照这个要求，省发改委原来建立的外挂临时软件存在着部分行政权力网上网下“双轨”运行、若干环节需事后补录补办等现象，既影响了工作效率，也不能真正体现“权力阳光”运行的要求。针对这种情况，省发改委党组决定，由纪检组牵头负责，引入成熟可靠的电子信息技术，以“先进、管用”为原则，全力打造融电子政务、行政权力网上公开透明运行与电子监察于一体的“阳光”发改系统。省发改委监察室主任吴建鹏介绍，在权力运行流程图中设置了 147 个风险点，制定 541

项防控措施，全委 18 个业务处室的全部 46 项行政权力全部在网上运行，并融合自动办公系统的公文接受、办理、印发等功能，确保所有行政权力“全上网”、“真上网”。同时，以阳光行权的同等要求规范普通公文办理流程，全委 35 个处室所有内部事权也全部实现网上运行。

江苏省发改委全力打造融电子政务、行政权力网上公开透明运行与电子监察于一体的“阳光发改”系统，推动权力运行更加公开透明，受到省及国家层面的肯定，获得了 2012 年度中国电子政务技术应用最佳实践奖，江苏省纪检监察系统 2010~2012 年度创新奖的二等奖。按照“一岗双责”的要求，严格落实党风廉政建设责任制，层层级级签订党风廉政建设责任书。深入开展保持党的纯洁性主题教育活动，及时传达中央和省委有关文件精神，营造浓厚的廉政文化氛围。加强对职能处室正确履行职责情况和“三重一大”事项的监督检查，充分发挥各种监督检查的综合效应。加大纪检监察信访案件查处力度，认真做好信访举报的核查处理。旗帜鲜明地教育保护干部，态度明确地惩处违纪违规行为，在机关营造团结向上、风清气正的良好氛围。

第十八章　江苏地方政府典型案例

在实地调研、专家访谈、小型研讨的基础上，整理出市、区（县）级部门的典型案例 4 例。

18.1　集成服务：南京市行政服务中心

2011 年，南京市按照全省行政权力网上公开透明运行工作部署要求，以系统整合升级为关键，以与政务服务中心建设深度融合为载体，以法制监督和网上监察为重点，全力推进行政权力网上公开透明运行“三个全覆盖”，取得了良好效果。

以完善业务系统功能为重点，努力提升整体工作水平。结合政府机构改革，坚持把业务系统升级完善工作列为今年工作重点，及时开展新一轮的宣传发动、工作部署、业务培训和督查检查，不断提升整体工作水平。各级政府及部门针对原有系统功能不完善、数据接口不符合的实际情况，普遍搭建专门工作班子，投入专项资金，认真对照 2011 年全省行政权力网上公开透明运行考核办法及细则，积极完善业务系统功能，取得良好效果。市阳光办通过召开会议、发送督办通知和上门帮助工作等多种形式，认真抓好业务系统改造验收工作，同时进一步做好业务数据对接，及时提醒和督促各部门、区县每个工作日报送一次数据，确保市区两级平台的协调性和连续性。

以推进清理行政权力为基础，确保法制监督全面覆盖。加快推进法制监督系统建设，按照政府机构改革后各级政府部门“三定”方案，组织对市、区（县）两级行政执法事项进行全面清理，对保留的行政权力逐项统一编码管理并向社会公示。目前，市级行政权力事项核减到 2009 项，区县行政权力事项总数进一步压缩，实现权力信息的全控制、全上网、全留痕，切实保证法制监督高效便捷。

以发挥电子监察系统作用为关键，扎实推进行政权力网上实时运行。按照省工作标准和技术规范，组织对电子监察系统进行升级改造，加快研发与省级电子监察系统数据接口，保证电子监察监控系统与“网上政务大厅”的无缝对接。专门下发通知，督促全市各级纪检监察机关负责同志及相关工作人员登录市级行政监察监控系统，查看监察系统报送和告警事项情况，重点对数据质量、审批流程等内容开展实时全程监察，针对发现的问题，及时发起督办指导，分类处理预警告警，纠正权力运行中的不规范行为。市阳光办、监察局组织专门力量开展上门督查和网上检查，对数据上报不及时、纠错不得力等情况，严格按照考核办法，予以扣分，结果纳入全市依法行政考核和绩效排名，作为法治江苏合格区县创建考核和市级机关作风建设综合评议重要依据，有效增强了网上监察的制约性和有效性。

18.2　数据分析：常州市综合数据平台

2008 年 12 月 31 日，常州沿用“科技防腐、网络辅政、公开利民”的思路，在江苏率先建成了市、县两级“三合一”阳光政务平台。据了解，该平台实现了权力运行、法制监督和行政监察的三位一体，在此基础上，做到“权力全覆盖、运行全透明、流程全受控”。常州市行政权力网上公开透明运行工作连续三年在全省考核验收中名列前茅。

据常州市政府办公室电子政务处的工作人员介绍，“三合一”阳光政务平台建设依循“权由法定”、关注“怎样用权”、坚持“权受监督”。2008 年以来，共梳理和对照 1400 多部法律、法规和规章，清理了行政许可、行政处罚等 12 大类行政权力，定制入网了市级 48 个行政机关、6550 个权力事项和县级 192 个行政机关、2.26 万个权力事项。通过该平台，进一步明晰了行政机关及所属单位开展行政管理和社会服务的法定依据及核心业务。所有权力及法定主体涉及的基本要素，均通过政府门户网站“三合一”阳光政务平台对外公开，全面实现了网上“晒”权。截至目前，平台连续稳定运行 1000 天以上，累计办件 1000 万件以上，向省级平台及时报送数据 2 千万条以上，有序实现了网上“行”权。通过互联网门户公开相关运行信息，公众可以进行网上咨询、投诉和查询办理进度及结果，对行政权力网上运行实施社会监督，有效实现了网上“控”权。

目前，常州按照“三个全覆盖”和“三个融合”的目标，不断推进行政权力网上运行工作，即行政权力事项、县级以上行政机关和网上电子监察的全覆盖，行政权力网上运行系统与行政服务工作、与部门核心业务、与行政绩效管理的有机融合。

以常州市武进区“三合一”阳光政务平台为例，常州市武进区“三合一”阳光政务平台是目前江苏省“权力阳光”做得比较优秀的一个平台，截至 2013 年 10 月 31 日，平台入网行政权力事项共计 5634 项，包括行政许可 399 项，非许可审批 175 项，管理服务 100 项，行政处罚 4446 项，行政征收 32 项，行政强制 126 项，行政给付 19 项，行政裁决 6 项，行政确认 22 项，行政检查 79 项，行政奖励 75 项，行政征用 3 项，其他行政权力 152 项，休眠 3228 项。各部门在线办理事项总量达到 59914 件，其中许可、非许可和管理服务等三类办件 52708 件，行政处罚、行政检查等十类事项办件 7206 件。异常办件 30 件，其中内容异常 9 件，流程异常 20 件，疑似事后补录 1 件。2013 年 10 月份，全区有 34 个单位的监察人员上线履职，累计达到 933 人次；区监察局和部门监察人员累计发出督办督查通知书 27 封，收到回复 26 封，其中区监察局发出 5 封，收到反馈 5 封，督查督办率达到 100%。

18.3　综合应用：邳州市“七位一体”电子政务服务平台

2011 年 11 月，邳州市被确定为全国政务公开和政务服务试点县（市）以来，市委、市政府高度重视，视挑战为机遇，决心变试点为亮点，加大投入，扎实推进。2012 年 4 月，在全国 100 家试点县（市）中第一个开通政务公开和政务服务系统，建成了“七位一体”的综合性政务服务平台，确定 3032 项政务公开和政务服务事项，实时为广大群众提供政务信息、业务办理、状态查询、咨询投诉、结果反馈等综合电子政务服务。高标准建设市级行政服务中心、镇级政务中心和村级便民服务站，形成了“三级运行”的全方位政务服务体系，实现各类服务资源的有机融合。

1. “七位一体”运行平台

邳州市在行政权力网上公开透明运行系统基础上，通过调整、升级、改造，在资源标准、运行规范、数据共享、技术支撑、运营管理等方面实现全面整合，建成了集政府信息公开、行政职权和便民服务网上公开透明运行、行政服务、法制监督、电子监察、“12345”政府服务热线及政风行风热线“七位一体”的综合性电子政务服务平台，实现了与政务服务中心审批和服务事项办理融合、与部门核心业务融合、与行政绩效管理融合等“三个融合”，全面实现了信息公开规范化、政务办公无纸化、行政服务一体化、办事流程合法化、电子监察全程化、系统功能多样化。

1）整合信息公开系统，拓展政府信息公开范围

通过政府门户网站群建设，拓展信息发布途径和范围，运用各部门子网站，实现与政府门户网站信息共享，全面公布与群众普遍关心、涉及群众切身利益的政府信息。切实加强信息公开保障力量，实现专人负责、专业指导，建立健全信息公开制度，保障了信息公开的合法性、及时性和准确性，实现了信息公开规范化。对照国家基本目录中 65 项政府信息公开事项，结合邳州实际，最终确定政府信息公开事项共计 18 大类 62 项，其中《基本目录》中邳州市共有 8 项不存在，另外新增加 5 项。截至 2012 年 12 月 31 日，全市各级政府机关通过中国邳州网累计主动公开政府信息 15629 条，其中，2012 年度主动公开政府信息 7150 条，公开数量明显增多，公开层次不断加深。各镇、各部门按照公开为原则、不公开为例外的要求，规范发布政府信息公开内容，做到了“三个全部公开”，即所有政务事项能公开的全部公开，各部门单位的职责范围、机构设置、办事程序和服务承诺全部公开，涉及群众

切身利益的教育、医疗、卫生、供电、供水、供气、社会保障、促进就业、城乡低保、优抚救灾、困难救助、失地农民补贴等政务全部向全社会公开，接受群众监督。

2）整合“权力阳光”系统，保障权力公开透明运行

在原有行政权力网上公开透明运行系统、法制监督系统和电子监察系统的基础上，将便民服务系统纳入其中，通过调整、升级、改造，全新整合“权力阳光”系统，全面打造集行政权力网上透明运行系统、政务服务系统、便民服务系统、法制监督系统和电子监察系统为一体的“权力阳光”系统，并实现“权力阳光”系统、部门已建应用系统和财政收费验证系统的无缝对接。建立“外网受理、内网办理、外网反馈”的协同工作机制，采取预警纠错、督查督办、绩效考核等多种方式保障系统公开透明运行。严格规范业务流程，各部门做到实时网上办理权力事项，部分长期未使用的行政权力事项陆续挂起。制定专门的管理制度，采取一天一通报、下发督办单制度，并严格执行零报告制度。目前，市直 43 个部门 2992 项行政职权和便民服务事项已全部向社会公开，并在市行政职权和便民服务网上公开透明运行系统上运行。

3）整合行政服务系统，促进便民政务快捷高效

升级行政服务平台，实现行政职权和便民服务网上公开透明运行系统与行政服务中心审批和服务事项办理的完全融合，构建“一个窗口对外、内部审批、限时办结”的运行模式，设立了总台登记系统，推出企业注册登记并联审批“一表制”模式，强化了对各窗口系统录入情况的实时监管，保证了各窗口数据共享，实现了行政服务一体化。以方便群众办事为目的，简化办事程序和环节，科学设置服务事项和流程，提供便捷、高效的服务。健全首问负责、限时办结、服务承诺、考核评议、责任追究等制度，着力提升政务服务质量和水平。完善“一个窗口受理、一站式审批、一条龙服务、一个窗口收费”的运行模式，推行简易事项个人审批负责制、前置审批事项告知承诺制、相关事项申请一表制、项目收费一票制、全程协办制，涉及两个以上部门的事项实行并联审批、联合审批，重大事项实行联合会办、联合勘查、联合验收。采取“一站式”行政服务平台、“一条龙”行政服务机制，提高服务效率。

4）整合法制监督系统，实现办理事项合法有效

通过运用法制监督系统，对行政权力事项名称、事项类型、办理主体、行使依据、法定期限、收费标准与依据和自由裁量权拆分等进行依法审核，强化对政务服务数据库的规范化管理，保证业务办理的合法性，防止违规操作、违纪运行情况的发生。特别是在重大许可与处罚备案、执法人员管理等方面进行了有效监督，实现了办事流程合法化，真正建成了外网受理、内网办理、外网反馈的政务大厅。为保证办理事项的公开透明高效，实行每月通报制度，对有关督查督办事项进行跟踪调

查和反馈结果处理，有效遏制了“中梗阻”现象发生。

5）整合电子监察系统，保证办理流程实时监控

运用现代信息技术，固化行政权力运行流程，实现全程电子化运行和实时监督，系统有预警纠错、投诉管理、统计分析、绩效评估、督查督办等九个大项功能，确保行政行为依法、透明、廉洁、高效运行。以政府信息公开、行政职权事项和便民服务事项的全过程监督监察为重点，对业务办理超时限、违规收费、违反审批程序发出预警，设置绿灯畅通、黄灯警示、红灯问责的提示标识，对所有部门业务人员的在线情况、业务办件情况进行实时监控，实现电子监察系统对所有部门、所有权力及所有权力运行过程的网上行政监察全覆盖。通过运用电子监察平台与各镇（村）、各部门单位的业务系统直接对接，自动实时采集办理过程中的信息，实行同步全程监控。通过在服务窗口大厅设置摄像头，运行视频监控系统，对办公现场实施现场监控。目前，电子监察系统覆盖了市、镇、村三级，实现了电子监察全程化。

6）整合服务热线系统，满足广大群众合理诉求

开通“12345”政府服务热线，采用网络技术，集人工接听、录音查询、交办转办等多种服务和管理功能于一体，形成了一号牵头、多线联动、24 小时受理的一站式公共热线服务体系。服务热线功能齐全，公开受理群众诉求，为广大群众提供全天候、高效率的政务信息咨询、建议、批评、投诉、非报警紧急求助等服务。整合各部门单位、镇、村的服务资源，为公众提供全面服务，真正实现便民服务中心“为民服务网络化、解决问题高效化、信息管理自动化”。截至 2013 年 3 月 31 日，热线共接处电话 14386 个，经督查中心审核，向涉及诉求事项处理的单位派发电子工单 13630 件，及时办结率 96.34%，较好满足了群众诉求。

7）整合行风热线系统，解答百姓关心关注问题

行风热线由市纪委、纠风办和市广播电台联合举办，就当前群众关心的热点难点问题进行交流。通过政府门户网站，同步直播行风热线节目，强化行业建设，倾听群众呼声，并就网友反映的问题通过网络论坛在线解答和回复。与新闻媒体密切配合，围绕群众反映的问题和上线部门（单位）对问题的解决情况进行追踪报道，主动加强与群众的沟通，真诚倾听群众呼声，真心实意为群众办事，注重解决问题，切实发挥行风热线服务民生的积极作用。实现广播、电视、报刊、网络同步预告、同步报道、同步追踪，增强“声、屏、报、网”联动效果。加大对上线部门（单位）办理群众投诉的督查力度，对群众反映强烈的问题长期得不到解决的要进行问责；对不重视上线工作或因工作不力造成不良社会影响的将进行严肃查处，并通过新闻媒体公开曝光，打造群众满意、社会认可、具有特色的行风热线监督品牌。

2. “七位一体”三级运行服务体系

邳州市依托统一的电子政务平台，建立完善市、镇、村三级便民服务网络，实

现了行政职权和便民服务事项在市级规范办理、镇级授权受理（办理）、村级实时查询（受理）的“三级运行”政务服务体系。一是规范建设市级服务中心。投资 2000 多万元，易地新建了 6000 余平方米的行政服务中心。目前，行政服务中心共进驻单位 36 家，工作人员 160 余人，进驻事项 569 项，所有行政审批事项实现一个大厅受理、一站式办结、一条龙服务，成为苏北县级面积最大、功能最全、进驻单位最多的行政服务中心。二是精心打造镇级政务中心。按照统一办公场所、统一门牌标识、统一进驻事项、统一服务窗口、统一内部设施、统一建章立制、统一领导机构、统一考核奖惩的“八个统一”要求，建成 25 个镇（办事处）级政务中心，13 个市直部门、125 项行政职权和便民服务事项全部进驻镇级政务中心，形成了从接件、受理、审核、批准到办结的上下联动运行模式。三是建立完善村级便民站点。按照一个固定地点、一台专用电脑、一名工作人员、一套规章制度的“四个一”标准，在全市 490 个行政村（居）设立便民服务站，36 项村级延伸事项全部进驻，通过统一的电子政务平台，为群众提供在线咨询、业务受理等便民服务，基层群众办事真正做到了“小事不出村，大事不出镇”。

邳州市“三级运行”的便民服务体系，服务范围遍及全市所有镇（办事处）、村（居），在方便群众办事，改善服务方式上发挥了积极作用。市级行政服务中心、镇级政务中心和村级便民服务站实行“一站式办理”、“全流程代办”服务模式，办理时限大大缩短，已经成为政府与群众之间的一座“连心桥”，成为最受群众欢迎、最让老百姓得实惠的便民服务“超市”。

3. “七位一体”服务渠道

1）依托电子政务平台，建立完善网络发言人制度

深入推进以网络问政、网络理政、网络考政为主体的“网络三政”建设，努力拓宽群众诉求表达渠道。通过规范化、制度化的形式，在网上及时、主动、准确地发布权威信息，回应、处置网民各类诉求，最大限度地满足人民群众的知情权，引导网络舆情良性发展。2012 年，江苏省委巡视组对市“网络三政”工作进行专题调研，并在省委《调查与研究》刊发。

2） 在政府门户网站上开通“书记市长网上直通车”

市四套班子全体成员和镇、部门单位主要负责人在“直通车”上实名登记，及时回复和处理群众关心的问题，建立健全交办、会办和督办制度，架起了党群干群“连心桥”。自 2012 年 3 月 24 日开通以来，网民点击量已达 360 多万次，反映有效问题 3500 余件次，及时回复解决率达 97%，104 个镇级及市直单位“一把手”都实名限时回复网民的问题。徐州市委市政府充分肯定邳州市做法，要求在全市进行推广。

18.4　滨湖区“阳光权力”系统建设

进入无锡市滨湖区的“权力阳光”网上大厅，界面如图 18.1 所示。其首页导航栏包括了办事公告、办事指南、表格下载、在线申报、咨询、预约、投诉、E 站通、政民互动和场景服务这十项功能。

图 18.1　无锡市滨湖区网上政务大厅主页

1. 办事公告

点击“办事公告”，进入如图 18.2 显示的页面。页面右侧的列表中显示了无锡市滨湖区最新的公告通知，例如点击第一行的“滨湖区行政服务中心职工请销假制度”标题，在图 18.3 的页面上，便提供了关于这一事项的文件下载，想具体了解这一事项的用户便可点击该文献下载按钮后打开查阅。

图 18.2　无锡市滨湖区网上政务大厅办事公告页面

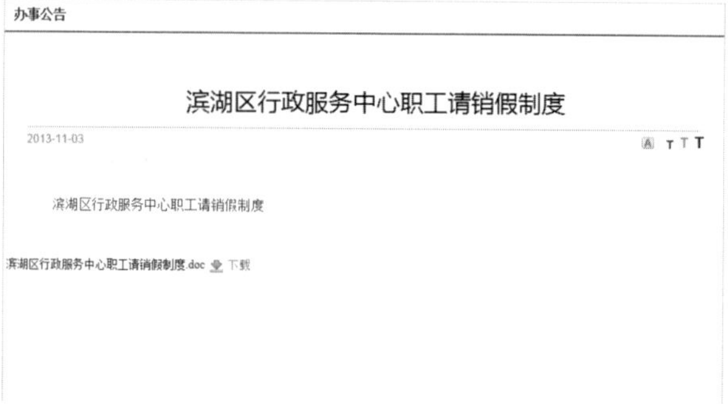

图 18.3　无锡市滨湖区行政服务中心职工请销假制度文件下载页面

2. 办事指南

办事指南页面如图 18.4 所示。该页面按“个人办事”和“企业办事”分为两类，用户根据自己的情况和需求选择不同的类别进行操作。例如选择“个人办事”中的“出境入境”，进入图 18.5 显示的页面。点击“出入境”，进入图 18.6 显示的出入境业务办理页面。用户可以根据自己需求选择是办理出国、往来港澳或者台湾进行相关手续办理。

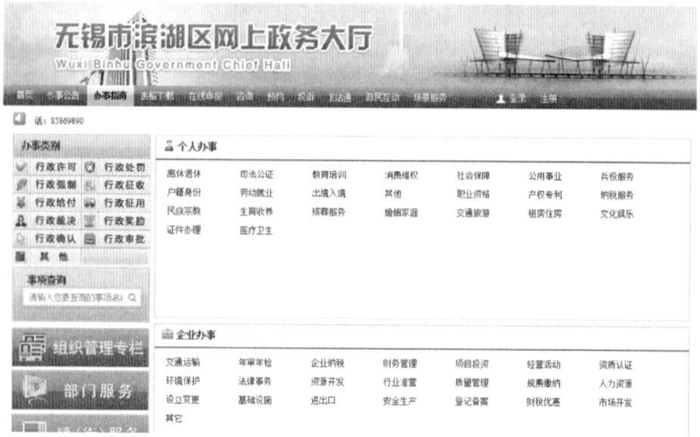

图 18.4　无锡市滨湖区网上政务大厅办事指南页面

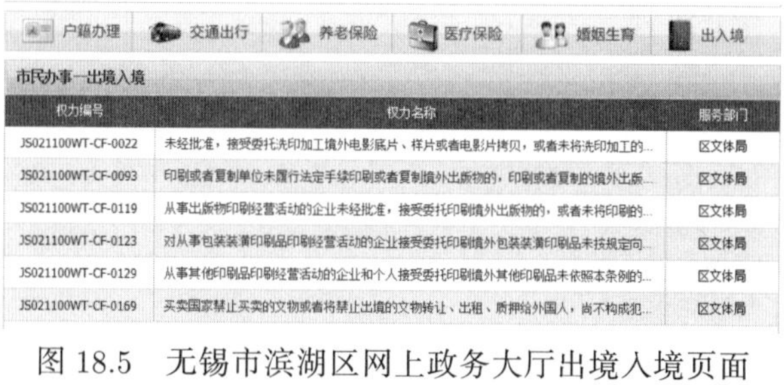

图 18.5　无锡市滨湖区网上政务大厅出境入境页面

图 18.6　无锡市滨湖区网上政务大厅出入境办理页面

3. 表格下载

表格下载页面如图 18.7 所示，用户可以选择相应的行政部门，点击后选择相关的表格进行下载填写。首页默认的是区发改局的相关表格。如点击“政府投资项目建议书（立项）报批咨询联系单”的下载按钮，便可以下载到相应的表格。

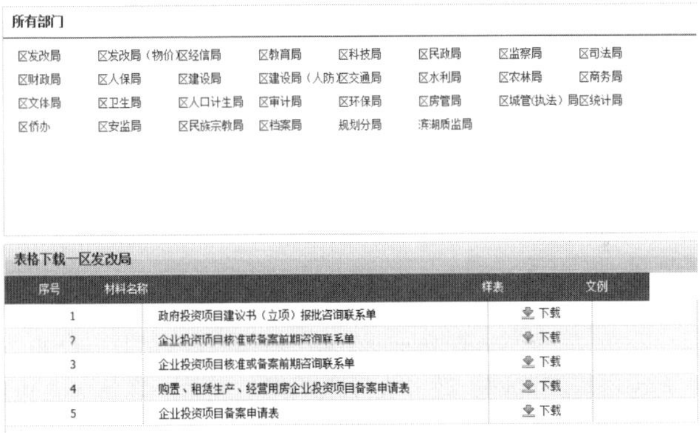

图 18.7　无锡市滨湖区网上政务大厅表格下载页面

4. 在线申报

在线申报的页面如图 18.8 所示，页面下方的表格中详细列举了各种权力事项的申报项目。用户也可以在部门名称和权力类型中按需选择，就可以直接看到自己想要申报的权力项目。例如选择“烟花爆竹经营（零售）许可”区安监局的权力事项，在图 18.9 显示的页面中，用户可以“烟花爆竹经营（零售）许可”申请事项的具体条件和信息，根据以上内容再点击“我要申报”后，办理相关手续后完成申请。

图 18.8 无锡市滨湖区网上政务大厅在线申报页面

图 18.9 无锡市滨湖区网上政务大厅烟花爆竹经营（零售）许可申报页面

5. 咨询

咨询页面如图 18.10 所示，无锡市滨湖区一共列出了 24 种类型的咨询信息，用户可以根据自己情况选择相应标题查看咨询内容。例如要查询教师职称方面的信息，点击“如何办理教师职称评聘”，进入图 18.11 的页面，用户便可看到关于教师职称方面的详细信息。

图 18.10　无锡市滨湖区网上政务大厅咨询页面

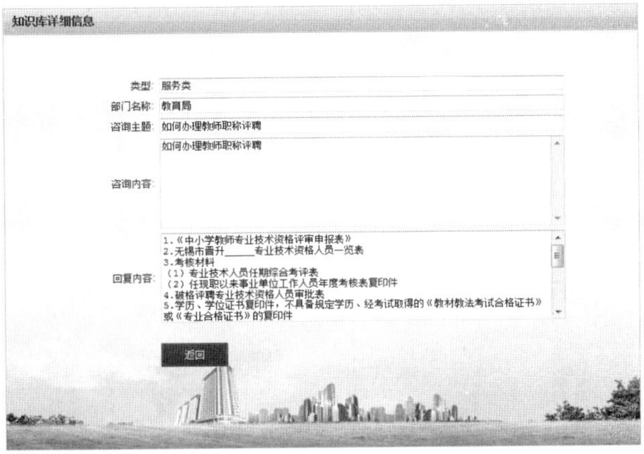

图 18.11　无锡市滨湖区网上政务大厅办理教师职称评聘页面

图 18.12　无锡市滨湖区网上政务大厅政民互动页面

6. 政民互动

政民互动的页面如图 18.12 所示，页面上方有关于访谈的相关内容，用户可以看到“最新访谈”、“历史访谈”以及“访谈计划”。页面右方有领导信箱，这是政府与市民深入互动的一个体现。用户可以在领导信箱内看到别的市民提问的内容与领导的回答。政民互动页面下方有个表格，表格中列举的都是最新的市民提问的信件，用户可以点击标题打开查阅，可以看到表格中绝大多数人对于政府的回答都是满意的，只有一两个对于回答的满意程度是“有待改进”。

7. 场景服务

无锡市滨湖区网上政务大厅提供了场景式服务功能，利用 flash 等多媒体技术为用户提供了一个虚拟场景，相比较网站文字而言，虚拟大厅更符合用户传统办理业务的习惯（图 18.13）。例如需要办理养老保险业务，即点击左侧第一个“养老保险”按钮，便跳至图 18.14 的页面。用户再根据自己的具体情况按提示进行选择，便可以在网上办理养老保险相关业务。

图 18.13　无锡市滨湖区网上政务大厅场景式服务页面

图 18.14　无锡市滨湖区网上政务大厅场景式服务养老保险页面

第十九章 “权力阳光”主要应用场景

江苏省“权力阳光”的应用场景主要分为四类：网站主页、政务大厅、执法现场和虚拟大厅。

19.1 网 站 主 页

19.1.1 江苏省政府

点击进入江苏省政府行政权力网上公开透明运行平台后，便可以见到如图 19.1 所示的页面。首页右侧为行政执法公开，有行政许可、行政处罚等内容，公众可以点击自己希望了解的行政执法详细查阅。例如点击行政许可，便可以看到如图 19.2 显示的页面。在这一页面用户可以选择所需的职能部门或行政权力进行查阅。

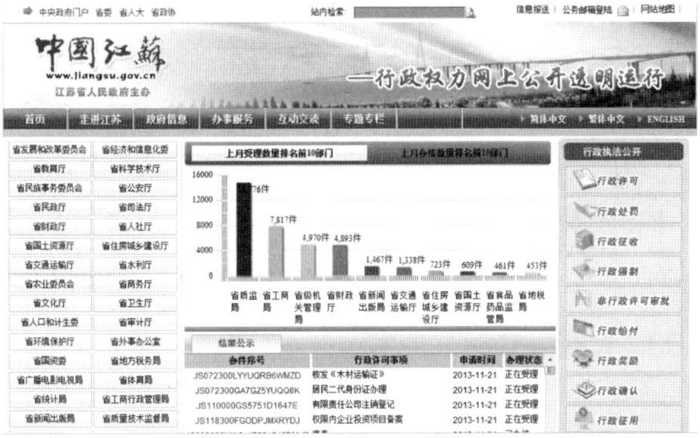

图 19.1 江苏省政府行政权力网上公开透明运行平台首页

首页中间部分是一张“上月受理数量排名前 10 部门”统计图，公众也可以点击“上月办结数量排名前 10 部门”进行查看。统计图下方是行政许可事项办理的结果公示，通过办理状态一栏的公示，用户可以了解自己事项的办理情况，可以免去亲自走一趟行政部门的时间与精力。首页左侧是江苏省各个职能部门的链接，通过点击这些链接，可以查看各个职能部门行政权力事项的办理（如行政审批、行政裁决等）或是各个职能部门的特有服务（如教育厅的教育评估系统）等。

图 19.2　江苏省政府行政权力网上公开透明运行平台行政权力事项页面

19.1.2　江苏省质监局

江苏省质监局首页左侧上方是用户登录模块，用户在登录后方可进行一系列业务办理等操作（图 19.3）。下方是通知公告，用户可以点击所需要的信息标题进行详细查阅。首页右侧上方显示了各个办理部门相关行政权力事项的办件过程，用户可以点击办事流程、办事指南、表格下载和网上办理等内容进行查看。右侧下方可以看到用户自己的历史申报记录。

图 19.3　江苏省质监局行政权力网上公开透明运行平台首页

19.1.3　江苏省住建厅

江苏省住建厅行政权力网上公开透明运行平台首页如图 19.4 所示。首页左侧包括了用户登录和办事指南两个模块。右侧为行政权力目录公开以及受理查询等服务，包括了行政许可、行政处罚、行政审批等内容，用户可点击具体的行政权力事项进行查看。

图 19.4　江苏省住建厅行政权力网上公开透明运行平台首页

19.1.4　江苏省地税局

江苏省地税局行政权力网上公开透明运行平台首页如图 19.5 所示。首页左侧为新闻，记录了江苏省地税局在“权力阳光”上的进展情况。首页右侧为江苏省地税局的业务办理情况，用户可以点击税收收入、征管质量、涉税事项等图标进行查阅。左侧下方为权力运行结果公示，用户可以了解到相关权力事项办理时间以及流程状态等。右侧下方为用户登录模块，用户登录后即可进行一系列业务办理操作。通过首页菜单“权力公开”项进入权力事项查询模块，用户可以根据自己的需要输入关键字后进行查询。

图 19.5　江苏省地税局行政权力网上公开透明运行平台首页

19.1.5　江苏省交通厅

江苏省交通厅的行政权力网上公开透明运行平台首页如图 19.6 所示。首页左侧上方为工作动态，介绍了江苏省交通厅行政权力网上公开透明运行最新的工作情况。右侧为用户登录模块，下方为办件查询模块。首页左侧下方为行政权力目录，用户可以点击需要的权力名称进行详细阅读。权力目录下方为结果公示，这里展示了各个申请事项受理情况。

图 19.6　江苏省交通厅行政权力网上公开透明运行平台首页

19.1.6　江苏省发改委

江苏省发改委的行政权力网上公开透明运行平台首页如图 19.7 所示。首页左侧上方是通知公示，下方可以进行网上申报、办件查询、投诉举报等事项办理。首页右侧上方是权力目录，用户可以选择行使部门或权力名称进行行政权力事项情况查询。下方为行政权力事项办理公示，用户可以看到自己办件结果公示情况。

图 19.7　江苏省发改委行政权力网上公开透明运行平台首页

19.2　政 务 大 厅

以江苏省南京市政务大厅为例，南京市政务大厅首页如图 19.8 所示。南京市政务大厅首页的左侧是一些权力事项的结果公示，在这一栏用户可以看到各个单位所申请事项的情况。点击“更多结果公示”，会显示如图 19.9 的页面。

图 19.8　南京市政务大厅首页

图 19.9　南京市政务大厅结果公示页面

在这一页面，用户可以搜寻申请事项结果，或者在页面左侧选择个人、企业等限定条件查询结果。南京市政务大厅首页中间部分是查询和在线受理模块。用户可以根据页面上所显示的内容，点击具体栏目查看受理事项的具体内容。首页右侧上方是新闻公告，用户可以在这里看到有关“权力阳光”有关新闻报道。首页下方是分门别类的服务，有“主题服务”以及部门服务等，用户可以根据自己的需求选择其中的一类服务。

19.3　执 法 现 场

19.3.1　江苏省质监局

江苏省质监局网上办事页面如图 19.10 所示，用户选择需要办理事项的图标，点击后，事项名称后面会出现四个小图标，分别为办事流程、办事指南、表格下载以及网上办理。用户点击表格下载后会出现如图 19.11 显示的页面。用户在进行登录后点击网上办理，将之前下载的表格进行内容填写并准备好相关材料，进行相应操作后提交完材料便完成网上办理。

图 19.10　江苏省质监局网上办事页面

图 19.11　江苏省质监局表格下载页面

19.3.2　江苏省住建厅

以江苏省住建厅行政权力网上公开透明运行平台的申请事项查询为例。申请事项查询对历史资质申请和正在申报的申请进行查询，通过查询企业可以了解历史申请和当前的办理情况。通过条件可查询到指定的申请事项，点击对应的“查看申请”链接可以查看详细的内容，操作界面分别如图 19.12 和图 19.13 所示。

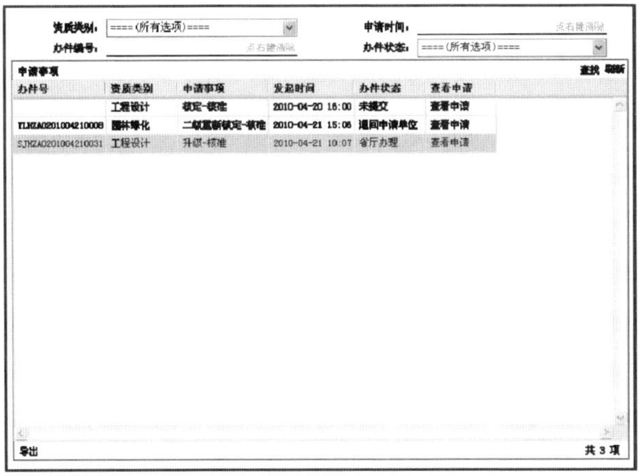

图 19.12　已办事项查询

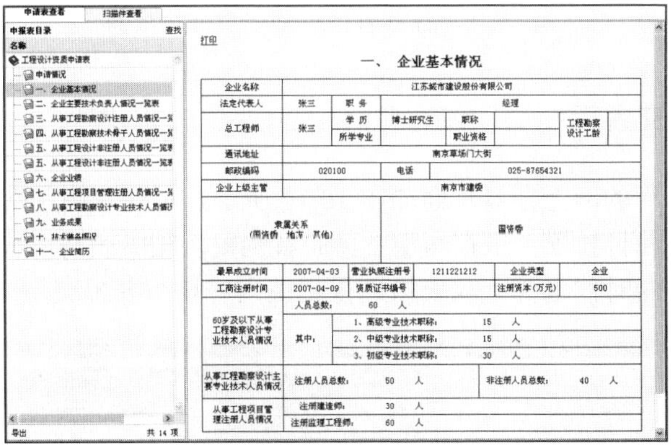

图 19.13　办件查看

19.3.3　江苏省地税局

江苏省地税局的网上办事页面如图 19.14 所示。例如点击“纳税申报”中列出的“单位纳税人申报”，便会跳至如图 19.15 显示的页面。用户需要进行登录，登录后依照提示进行操作后便可完成单位纳税人申报。

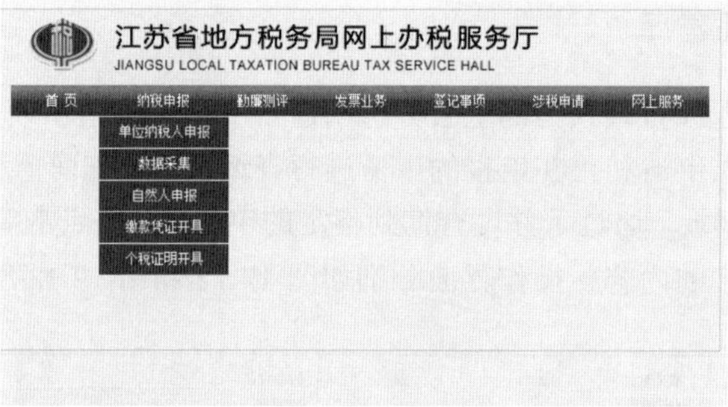

图 19.14　江苏省地税局网上办事页面

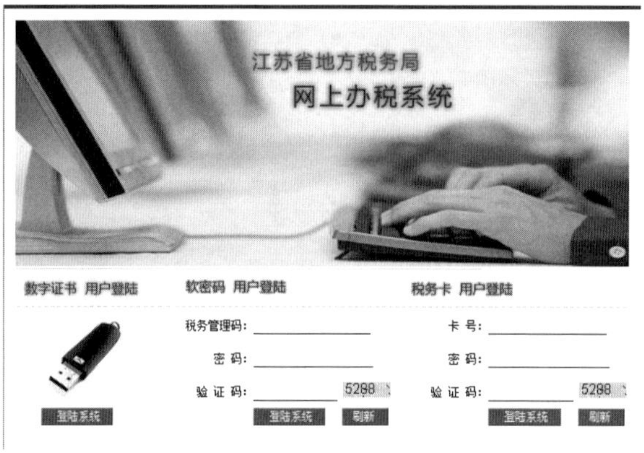

图 19.15　江苏省地税局用户登录页面

19.3.4　江苏省交通厅

江苏省交通厅的网上办事页面如图 19.16 所示。页面左侧是网上办事模块，分为许可项目申报和科技项目申报两块。页面右侧提供相关表格下载功能，用户在申请相关项目申报的时候也要下载表格进行相关内容填写并提交。

图 19.16　江苏省交通厅的网上办事页面

19.3.5　江苏省发改委

点击江苏省发改委行政权力网上公开透明运行平台导航栏中的“网上申报”，便会跳至如图 19.17 显示的网上办事页面。用户需进行登录操作后，方可进行相关业务操作。

图 19.17　江苏省发改委网上申报登录页面

19.3.6　江苏省教育局

江苏省教育局网上办事页面如图 19.18 所示。点击“在线申请”图标后，会进入如图 19.19 所示的页面。图 19.19 所示的页面显示了各种行政事项名称，用户可以根据需要选择，例如这里选择“中小学地方课程教材审定”，然后点击名称后的“申请”图标，便完成“中小学地方课程教材审定”网上申请操作。

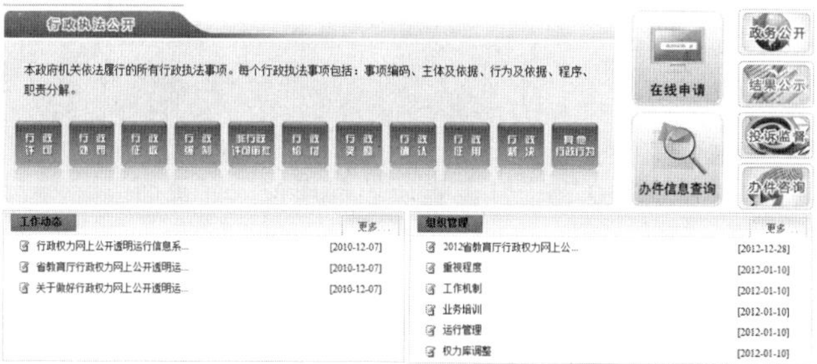

图 19.18　江苏省教育局网上办事页面

图 19.19　江苏省教育局在线申请页面

19.4　虚 拟 大 厅

19.4.1　江苏省质监局

江苏省质监局的虚拟大厅页面如图 19.20 所示。虚拟大厅下方有三个图标按钮可以选择，见图 19.21。例如我们选择“食品生产许可证”，便可以看到如图 19.22 显示的页面。用户根据自己需要点击相应功能查看具体内容。

图 19.20　江苏省质监局虚拟大厅页面

图 19.21　江苏省质监局虚拟大厅功能选择

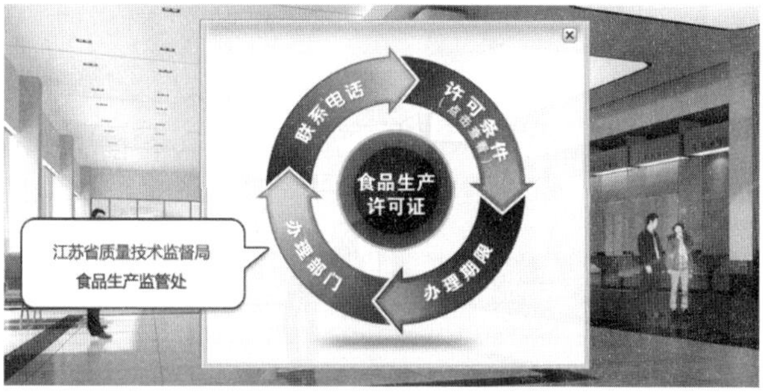

图 19.22　江苏省质监局食品生产许可证页面

19.4.2　江苏省交通厅

江苏省交通厅虚拟大厅页面如图 19.23 所示。例如我们点击“公路局”，页面显示如图 19.24 所示。点击“选择办理事项”后，会弹出如图 19.25 显示的功能选择框，用户可根据自己的需求选择相应的标题点击，点击后可以详细查阅办事指南、办事状态等业务办理内容信息（图 19.26）。

图 19.23　江苏省交通厅网上办事虚拟大厅页面

图 19.24　江苏省交通厅公路局虚拟大厅页面

图 19.25　江苏省交通厅公路局功能选择页面

图 19.26　江苏省交通厅公路局业务办理页面

19.4.3　江苏省发改委

进入江苏省发改委的 3D 虚拟场景，我们可以看到图 19.27 所示的页面。点击图中的工作人员，会出现办理业务选择。例如我们选择金融服务，便会转到图 19.28 所示的页面。例如我们选择办理创业投资方面的业务，会显示如图 19.29 所示的页面，然后点击“网上申报”便完成了操作。

图19.27　江苏省发改委虚拟场景业务办理导航页面

图19.28　江苏省发改委金融业务导航页面

图19.29　江苏省发改委创业投资金融业务页面

19.4.4　江苏省公安厅

江苏省公安厅的虚拟大厅页面如图 19.30 所示。首页有一个功能选择框，用户可以选择需要服务的种类，例如选择“网上办事”，便会弹至如图 19.31 的页面。在图 19.31 的页面我们选择“出入境办事大厅”，在图 19.32 显示的页面上用户可以选择需要的办事项目，例如选择“出入境证件办理进度查询”，页面便跳至江苏省公安厅出入境管理局页面，用户进行相应操作便可进行进度查询。

图 19.30　江苏省公安厅网上虚拟大厅页面

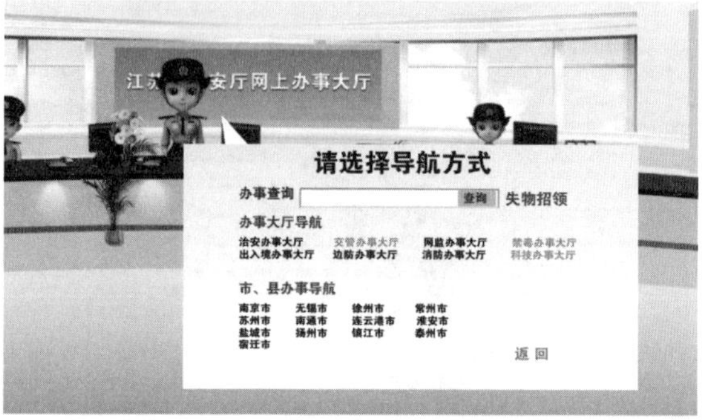

图 19.31　江苏省公安厅网上办事导航页面

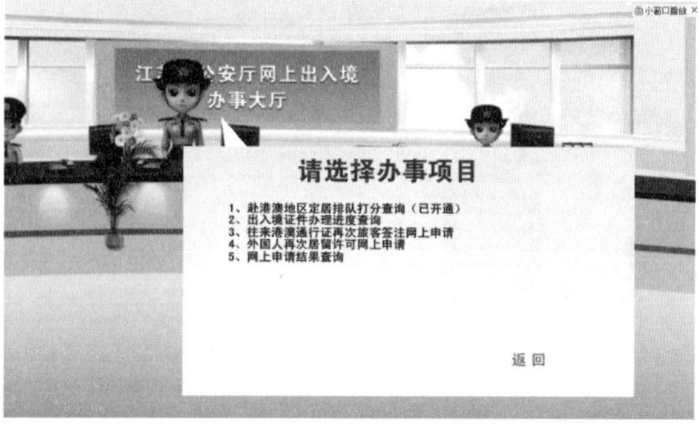

图 19.32　江苏省公安厅网上出入境办事页面

19.4.5　江苏省环保厅

点击江苏省环保厅“场景式服务”图标，便进入江苏省环保厅的虚拟大厅页面，如图 19.33 所示。例如点击“虚拟三维”，便会出现如图 19.34 显示的页面。在图 19.34 显示的咨询台页面右方，用户选择自己需要的业务功能进行操作。例如点击“咨询服务”，用户可以在如图 19.35 显示的页面上对想要咨询的权力进行查询。

图 19.33　江苏省环保厅虚拟大厅导航页面

例如选择“江苏省环境保护厅建设项目环境影响评价文件审批”，在如图 19.36 的页面上会详细列出这一权力的相关信息。

图 19.34 江苏省环保厅虚拟三维导航页面

图 19.35 江苏省环保厅咨询服务页面

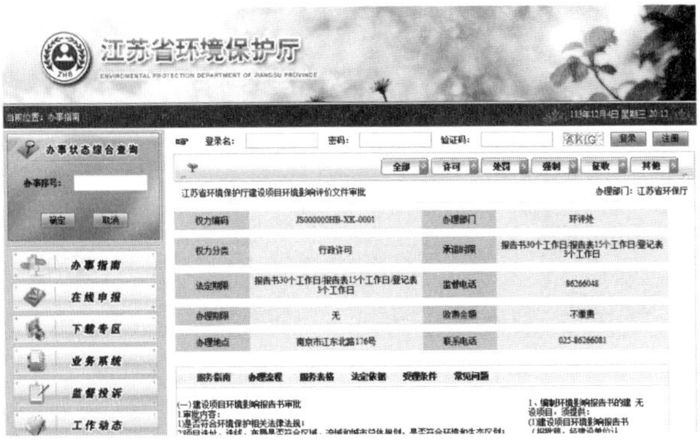

图 19.36 江苏省环保厅建设项目环境影响评价文件审批页面

19.4.6 江苏省物价局

江苏省物价局门户网站在“便民服务”一栏里提供了场景式服务，如图 19.37 所示。点击后便进入江苏省物价局的虚拟大厅，见图 19.38。江苏省物价局虚拟大厅提供了“网上办事”、“资讯查询”、“价费政策查询”、“商品价格与收费标准查询”、“咨询与投诉”。例如点击“网上办事”，页面便跳至图 19.39。在图 19.39 显示的页面上，用户可选择需要办理的业务，例如选择“办理资质、资格认定与注册事项”，见图 19.40。用户根据提示进行一系列操作后，便可完成业务办理。

图 19.37　江苏省物价局便民服务功能模块

图 19.38　江苏省物价局场景式服务页面

图 19.39 江苏省物价局网上办事页面

图 19.40 江苏省物价局办理资质、资格认定与注册事项页面

参 考 文 献

鲍勃·杰索普. 1999. 治理的兴起及其失败的风险: 以经济发展为例的论述. 国际社会科学杂志(中文版), 2: 41.

彼得斯·B·盖伊. 2003. 政府未来的治理模式. 北京: 中国人民大学出版社.

薄贵利. 2005. 完善政府公共服务职能,加强服务型政府建设. 国家行政学院学报,6: 23.

陈凤菊. 2015. 浅析新公共管理理论及其对中国行政改革的影响. 吉林省教育学院学报(下旬), 31(7): 139-140.

陈祥荣. 2005. 电子政务与电子治理. 成都行政学院学报, 13(5): 53-55.

程子勤, 陈希斌, 王自起. 2009. 构建权力阳光运行机制创新研究. 河北工程大学学报(社会科学版), 26(1): 46-48.

戴维·奥斯本, 特德·盖布勒. 1996. 改革政府——企业精神如何改革着公营部门. 周敦仁, 等译. 上海: 上海译文出版社.

党秀云. 2009. 民族地区公共服务体系创新研究. 北京: 人民出版社.

董海欣. 2008. 电子政务环境下政府信息资源共享模式与运行机制研究. 长春: 吉林大学.

樊博, 孟庆国. 2009. 顶层设计视角下的政府信息资源共享研究. 现代管理科学, 1: 3-5.

冯海荣. 2013. 论电子政务与电子政府关系. 中国电子商务, 1: 1.

符永康. 2012. 十八大首提“服务型”政党: 执政方式嬗变. http://www.chinanews.com/gn/2012/11-10/4318036.shtml[2012-11-10].

高云涛. 2013. 雷霆下的阳光——严格监督是硬道理. http://news.xinhuanet.com/theory/2013-02/05/c_124325429_3.htm[2013-2-5].

郭海. 2008. 从公共权力的特征看权力阳光运行的制度基础. 郑州大学学报(哲学社会科学版), 41(3): 5-7.

郭锐, 赫郑飞. 2011. 以政府管理创新推进中国特色行政管理体制改革——中国行政管理学会 2010 年会暨“政府管理创新”研讨会综述. 中国行政管理, 2: 122-123.

何振. 2007. 网络环境下政府信息资源共享机制研究.档案学通讯, 3: 40-42.

侯卫真, 于丽娟. 2004. 电子政务系统的建设与管理. 北京: 中国人民大学出版社.

胡广伟. 2010. 电子政务服务管理. 南京: 南京大学出版社.

胡锦涛. 2007. 高举中国特色社会主义伟大旗帜 为夺取全面建设小康社会新胜利而奋斗——在中国共产党第十七次全国代表大会上的报告. 求是, 21: 3-22.

胡锦涛. 2012. 坚定不移沿着中国特色社会主义道路前进 为全面建成小康社会而奋斗——在中国共产党第十八次全国代表大会上的报告. 求是, 22: 3-25.

季风. 2012. 日本科技发展研究. 大连: 东北财经大学.

简·E·芳汀. 2004a. 虚拟政府. 北京: 中国人民大学出版社.

简·E·芳汀. 2004b. 构建虚拟政府: 信息技术与制度创新. 邵国松译. 北京: 中国人民大学出版社.

姜奇平, 汪向东. 2004. 行政环境与电子政务的策略选择. 中国社会科学, 2: 80-91.

克里斯汀·格朗鲁斯, 范秀成. 1999. 从科学管理到服务管理: 服务竞争时代的管理视角. 南开管理评论, 1: 4-7.

孔繁玲. 2006. 构建电子治理运行机制探析. 学习与探索, 6: 70-72.

李步云, 刘士平. 2004. 论行政权力与公民权利关系. 中国法学, 1: 10-20.
李卫东. 2008. 政府信息资源共享的原理和方法. 中国行政管理, 1: 65-67.
刘邦凡, 覃思思. 2007. 论电子治理下的政府管理转变与创新. 电子政务, 1: 58-61.
刘伟. 2008. 电子治理: 协商民主视野下电子政务发展演进的新路向. 广西社会科学, 9: 199-203.
刘玉宝. 2005. 电子政务与政府管理创新研究. 天津: 天津大学.
罗志军. 2008 年江苏省政府工作报告. http://www.js.gov.cn/jszfxxgk/zyhy/gzbg/201105/t20110520236550.html[2011-5-20].
宁家骏. 2009. 顶层设计奏响电子政务的乐谱. 中国计算机用户, 9: 44-47.
欧文・E・休斯. 2001. 公共管理导论. 彭和平, 等译. 北京: 中国人民大学出版社.
萨瓦斯. 2003. 民营化与公私部门的伙伴关系. 北京: 中国人民大学出版社.
宋任东. 2004. 转型期中国行政权力格局调整问题论析. 武汉: 华中师范大学.
汪家斌. 2009. 让权力在阳光下运行: 制约与监督新视角. 中共银川市委党校学报, 11(1): 22-24.
汪玉凯. 2002. 中国政府信息化与电子政务. 新视野, 2: 54-56.
王浦劬. 2014. 国家治理、政府治理和社会治理的含义及其相互关系. 国家行政学院学报, 3: 11-17.
王旭东. 2008. 社会信息化概念的历史考察及其厘定. 安徽师范大学学报(人文社会科学版), 36(4): 414-419.
武宗锋. 2012. 电子政务环境下政府信息资源共享运行机制探析. 图书馆学研究, 17: 56-58.
肖能德, 李恩敬. 2010. "顶层设计"在电子政务建设中的应用. 福建教材, 3: 122-124.
新华社每日电讯. 2013. 政府"开门"办公，让权力阳光运行. http://news.xinhuanet.com/mrdx/2013-09/25/c_132747376.htm[2013-9-25].
阎立. 2010. 地方政府职能有效性的建构逻辑: 基于供求框架的分析. 江海学刊, 3: 113-118.
杨道玲, 王璟璇. 2015a. 中国电子政务"十二五"的进展回顾与评价. 电子政务, 4: 2-10.
杨道玲, 王璟璇. 2015b. "十三五"电子政务转型发展的路径选择. 电子政务, 4: 18-23.
杨道玲, 王璟璇. 2015c. 中国电子政务"十三五"面临的机遇与挑战. 电子政务, 4: 11-17.
杨进安. 2005. 论我国行政权力对电子政务的制约. 行政论坛, 1: 26-29.
杨琳瑜. 2009. 电子政务环境下政府信息资源共享的运行机制探究. 内蒙古电大学刊, 4: 21-23.
杨学山. 2010. 电子政务的顶层设计. http://www.ciotimes.com/information/topic/topic20100627/201006281903.html[2010-6-27].
伊藤阳一. 1994. 日本信息化概念与研究的历史//小松崎清介. 信息化与经济发展. 李京文, 等译. 北京：社会科学文献出版社.
易承志. 2009. 电子政务建设与政府信息化治理的路径选择——以上海为例. 情报杂志, 28(12): 162-166.
于施洋, 王璟璇, 杨道玲, 等. 2011. 电子政务顶层设计: 基本概念阐释. 电子政务, 8: 2-7.
俞可平. 2000. 治理与善治. 北京: 社会科学文献出版社.
俞可平. 2008. 改革开放 30 年政府创新的若干经验教训. 国家行政学院学报, 3: 19-21.
俞可平. 2014. 推进国家治理现代化的六大措施. http://www.qstheory.cn/zywz/201404/t20140402_336567.htm[2014-4-2].
约翰・克莱顿・托马斯. 2005. 公共决策中的公民参与. 北京: 中国人民大学出版社.
张富. 2007. 论公共行政权力的属性、异化及其超越. 四川大学学报(哲学社会科学版), 1: 22-26.
张康之, 郑家昊. 2010. 论政府职能模式. 阅江学刊, 3: 5-11.

张梦中. 2001. 论公共行政学的起源与范式转变(上). 中国行政管理, 6: 22-25.
张艺华. 2011. 电子治理: 网络化时代政府管理创新的范式选择. 淮北师范大学学报(哲学社会科学版), 32(2): 94-97, 117.
张越. 2013. 数字证书在江苏质监行政权力网上公开透明运行信息系统中的应用. 江苏科技信息, 07: 32-34.
张璋. 2000. 政府绩效评估的元设计理论:两种模式及其批判. 中国行政管理, 6: 46-49.
张志斌. 2004. 新公共管理与公共行政. 武汉大学学报(哲学社会科学版), 57(1): 104-113.
赵强, 曲海鹏. 2011. 电子政务下政府信息资源共享机制的构建. 重庆与世界, 15: 43-45.
珍妮特・V・登哈特, 罗伯特・B・登哈特. 2004. 新公共服务: 服务而不是掌舵. 北京: 中国人民大学出版社.
政府职能. http://wiki.mbalib.com/wiki/[2015-11-4].
中共中央马克思恩格斯列宁斯大林著作编译局. 1979. 马克思恩格斯全集・第 19 卷. 北京: 人民出版社.
中国行政管理学会课题组. 2005. 加快我国社会管理和公共服务改革的研究报告. 中国行政管理, 2:10-15.
中国行政管理学会课题组. 2006. 政府部门绩效评估研究报告. 中国行政管理, 5: 11-16.
中国行政管理学会课题组. 2011. 以电子政务创新推进行政改革和政府管理创新. 中国行政管理, 11: 7-9.
周宏仁. 2010. 中国信息化和电子政务的发展. 中国信息界, 1: 4-8.
周志忍. 2013. 公共行政学发展绕不开的几个问题（上）. 公共行政评论, 6(2): 1-10.
左然. 1999. 当代国际公共行政的发展与改革(上). 中国行政管理, 9: 65.
Barzelay M, Armajani B J. 1992. Breaking through Bureaucracy: A New Vision for Managing in Government. Oakland: University of California Press.
Kamarck E C, Governance V O, Nye J S. 2002. Governance.com：Democracy in the Information Age. Washington D.C.: Brookings Institution Press.
Kettl D F. 1993. Sharing Power: Public Governance and Private Markets. Washington D.C.: Brookings Institution Press.
Marche S, McNiven J D. 2003. E-government and e-governance: the future isn't what it used to be. Canadaian Journal of Administrative Sciences, 20(1): 74-86.
Osborne D, Gaebler T. 1992. Reinventing Government: How the Entrepreneurial Spirit is Transforming the Public Sector. MA: Addison Wesley Company.
Prichard W, Leonard D K. 2010. Does reliance on tax revenue build state capacity in sub-Saharan Africa? International Review of Administrative Sciences, 76(4): 653-675.
Sriramesh K, Sánchez M R. 2006. E-government in a corporatist, communitarian society: the case of Singapore. New Media and Society, 8(8): 707-730.

附录1 “权力阳光”主要推进文件目录

（一）国家

序	时间	文号	标题	内容提要	注
1	2000年12月6日	中办发〔2000〕25号	中共中央办公厅国务院办公厅关于在全国乡镇政权机关全面推行政务公开制度的通知	一、指导思想、基本原则和基本要求；二、主要内容和工作方法；三、监督保障制度；四、组织领导	逐步推行政务公开制度，对县（市）级以上政务公开提出了要求
2	2004年3月22日	国发〔2004〕10号	国务院关于印发《全面推进依法行政实施纲要》的通知	一、全面推进依法行政的重要性和紧迫性；二、全面推进依法行政的指导思想和目标；三、依法行政的基本原则和基本要求；四、转变政府职能，深化行政管理体制改革；五、提高制度建设质量等	把行政决策、行政管理和政府信息的公开作为推进依法行政的重要内容
3	2004年3月22日	国办发〔2004〕24号	国务院办公厅关于贯彻落实《全面推进依法行政实施纲要》的实施意见	一、从立党为公、执政为民的高度，把贯彻落实《纲要》作为当前和今后一个时期政府工作的一项重要任务；二、突出重点，明确分工；三、加强领导，精心规划，加大宣传，强化检查，切实把《纲要》提出的各项任务落到实处	贯彻落实《纲要》提出的各项任务
4	2005年1月3日	中发〔2005〕3号	中共中央关于印发《建立健全教育、制度、监督并重的惩治和预防腐败体系实施纲要》的通知	一、建立健全惩治和预防腐败体系的重要性和紧迫性；二、建立健全惩治和预防腐败体系必须坚持党反腐倡廉的基本经验；三、建立健全惩治和预防腐败体系的指导思想、主要目标和工作原则等	明确提出“健全政务公开、厂务公开、村务公开制度”
5	2005年03月24日	中办发〔2005〕12号	中共中央办公厅国务院办公厅关于进一步推行政务公开的意见	一、提高对推行政务公开重要意义的认识；二、明确推行政务公开的指导思想、基本原则和工作目标；三、进一步推行政务公开的主要任务、重点内容和形式；四、建立健全政务公开的法规制度；五、切实加强对政务公开工作的组织领导	对政务公开提出更高要求
6	2007年4月5日	中华人民共和国国务院令第492号	中华人民共和国政府信息公开条例	第一章总则，第二章公开的范围，第三章公开的方式和程序，第四章监督和保障，第五章附则	统一规范政府信息公开工作

续表

序	时间	文号	标题	内容提要	注
7	2008 年 4 月 29 日	国办发〔2008〕36 号	国务院办公厅关于施行《中华人民共和国政府信息公开条例》若干问题的意见	一、关于政府信息公开管理体制问题；二、关于建立政府信息发布协调机制问题；三、关于发布政府信息的保密审查问题；四、关于主动公开政府信息问题；五、关于依申请公开政府信息问题；六、关于监督保障问题；七、关于公共企事业单位的信息公开工作	为有利于贯彻施条例，积极稳妥地推进政府信息公开工作提出的意见
8	2011 年 6 月 8 日	中办发〔2011〕22 号	中共中央办公厅国务院办公厅印发《关于深化政务公开加强政务服务的意见》的通知	一、深化政务公开、加强政务服务的重要性和总体要求； 二、以改革创新精神深化政务公开工作； 三、统筹推进政务服务体系建设； 四、强化监督保障措施	政务公开和政务服务发展方向和指导意见
9	2011 年 9 月 13 日	国办函〔2011〕99 号	国务院办公厅转发全国政务公开领导小组《关于开展依托电子政务平台加强县级政府政务公开和政务服务试点工作意见》的通知	一、开展试点工作的重要性和必要性；二、指导思想、基本原则和目标任务；三、实施步骤；四、有关要求。附：1.名额分配表（4 个）；2.开展政务公开和政务服务事项基本目录	依托电子政务平台进一步提高县级政府政务公开和政务服务水平；江苏省有 4 个试点
10	2011 年 9 月 30 日	工信部联信〔2011〕455 号	工业和信息化部、监察部、国家预防腐败局关于印发《依托电子政务平台加强县级政府政务公开和政务服务实施指南》的通知	一、总体框架；二、组织实施；三、编制实施方案；四、规范政务公开和政务服务事项；五、应用设计；六、信息资源管理设计；七、县级平台构建；八、应用服务上线；九、基层延伸部署；十、技术保障服务；十一、验收评估	加强对县级政府同意电子政务平台建设的指导
111	2012 年 9 月 23 日	国发〔2012〕52 号	国务院关于第六批取消和调整行政审批项目的决定	深化行政审批制度改革。附件：1.国务院决定取消的行政审批项目目录（171 项）；2.国务院决定调整的行政审批项目目录（143 项）	行政审批的指导意见

（二）省、市、县（区）

序	时间	文号	标题	内容提要	注
一、省政府文件					
1	2008 年 6 月 21 日	苏政办发〔2008〕50 号	省政府办公厅关于开展行政权力网上公开透明运行工作的意见	一、指导思想、基本原则和目标任务；二、工作重点;三、保障措施	顶层设计:组织和战略,制度和评价
2	2008 年 8 月 26 日	苏政办发〔2008〕87 号	省政府办公厅关于印发《清理审核省级行政权力实施方案》的通知	一、总体要求；二、清理依据；三、清理范围；四、填报要求；五、方法步骤	行政权力清理

续表

序	时间	文号	标题	内容提要	注
3	2010年1月20日	江苏政办通报第163号	罗志军同志在省行政权力网上公开透明运行暨电子监察系统开通仪式上的讲话	一、深刻认识行政权力网上公开透明运行的重大意义;二、全面落实行政权力网上公开透明运行的工作举措;三、切实保障行政权力网上公开透明运行工作健康有序推进	领导高度重视
4	2010年4月15日	苏政办发〔2010〕47号	省政府办公厅关于开展2010年度全省行政权力网上公开透明运行考核验收工作的通知	一、考核验收对象;二、考核验收内容;三、考核验收程序;四、考核验收方式;五、考核结果处理;六、组织领导。组织领导占20%,平台(系统)建设占40%,电子监察占20%,法制监督占20%	考核验收要求
5	2010年8月4日	江苏省政务公开领导小组副组长 解畅 北戴河培训中心讲稿	全面推行行政权力网上公开透明运行,进一步加强对行政权力的制约和监督	一是行政权力网上公开透明运行的内涵、宏观背景和探索历程;二是推行行政权力网上公开透明运行的主要做法;三是推行行政权力网上公开透明运行的初步成效;四是深化和完善行政权力网上公开透明运行工作的几点体会与思考	江苏实践来龙去脉、主要做法
6	2010年11月30日	苏政办发〔2010〕140号	省政府办公厅关于印发《江苏省行政权力网上公开透明运行管理暂行办法》的通知	第一章总则;第二章组织领导和工作机制;第三章行政权力清理及审核确认;第四章行政权力库;第五章网上政务大厅;第六章行政权力运行平台;第七章行政监察平台;第八章政府法制监督平台;第九章责任追究;第十章附则	制度,规范和规定
7	2010年4月2日	苏政办发〔2011〕36号	省政府办公厅关于深化行政权力网上公开透明运行工作的意见	一、深化行政权力网上运行工作的重要性和必要性;二、深化行政权力网上运行工作的指导思想和目标要求;三、深化行政权力网上运行工作的主要任务;四、深化行政权力网上运行工作的主要措施	深化行政权网上公开透明运行工作
8	2011年2月	苏办发〔2011〕56号	省委办公厅 省政府办公厅关于深化政务公开加强政务服务的实施意见	一、深化政务公开、加强政务服务的重要意义和总体要求;二、深入推进政务公开工作;三、着力提升政务服务水平;四、切实强化监督保障措施	深化政务公开加强政务服务发展
9	2012年8月	苏传发〔2012〕226号	省政府办公厅关于开展2012年度全省行政权力网上公开透明运行考核工作的通知	一、考核对象;二、考核内容;三、考核方法;四、考核步骤;五、组织实施	考核办法
10	2013年3月9日	苏政发〔2013〕31号	省政府关于加强政务服务体系建设的实施意见	一、指导思想、目标任务和基本要求;二、体制和机制;三、重点工作;四、管理和监督;五、标准化建设;六、组织领导	政务服务体系建设的设计

续表

序	时间	文号	标题	内容提要	注
11	2013 年 12 月 1 日	苏政发〔2013〕150 号	省政府关于推进简政放权深化行政审批制度改革的意见	一、指导思想和目标任务；二、主要措施；三、组织保障	深化行政审批制度改革
12	2014 年 10 月 11 日	苏政发〔2014〕81 号	省政府办公厅关于全面清理行政权力建立权力清单管理制度的通知	一、基本要求；二、主要任务；三、组织领导	在全省开展行政权力清理，建立权力清单管理制度
二、省政务公开办文件					
1	2008 年 8 月 26 日	苏政公开办〔2008〕8 号	关于印发《行政权力网上公开透明运行信息系统建设实施方案》的通知	建设统一的行政权力网上公开透明运行平台，建设部门行政权力网上公开透明运行系统，建设全省行政监察和法制监督系统。行政权力数据库，行政权力静态信息，部门行政权力网上公开透明运行业务系统，行政监察监控	信息系统建设，总体方案
2	2008 年 9 月 28 日	苏政公开办〔2008〕9 号	关于印发《江苏省行政权力事项编码规则》和《江苏省行政权力网上公开透明运行信息系统数据接口规范》的通知	参见具体文件	统一行政权力事项编码及数据接口
3		苏政公开办〔2009〕1 号	关于印发《省级部门行政权力网上公开透明运行工作任务分解落实方案》的通知	参见具体文件	具体任务分解落实
4		苏政公开办〔2009〕2 号	关于确定省级行政权力网上公开透明运行信息系统自建和统建单位的通知	参见具体文件	统建与自建规范
5	2009 年 3 月 20 日	苏政公开办〔2009〕4 号	关于印发《编制省级行政权力运行流程图和行政处罚自由裁量基准实施方案》的通知	参见具体文件	行政权力运行流程图和自由裁量基准确定
6	2010 年 4 月 23 日	苏政公开办〔2010〕7 号	关于对省级行政权力再次进行清理审核及调整的通知	参见具体文件	行政权力清理审核及调整

续表

序	时间	文号	标题	内容提要	注
7	2011年5月17日	苏政公开办〔2011〕5号	关于开展行政权力网上公开透明运行深化应用试点的通知	省行政权力网上公开透明运行工作小组研究决定，选择部分省辖市和省级机关部门开展深化应用试点	地方及部门应用试点确定

三、市级政府文件

连云港市

序	时间	文号	标题	内容提要	注
1	2002年3月1日	连政办发〔2000〕154号	市政府办公室《关于印发〈连云港市行政审批服务中心办件制度与办件管理暂行办法〉的通知》	参见具体文件	办件制度与办件管理暂行办法
2		连政办发〔2002〕116号	市政府办公室《关于建立市行政审批服务中心分中心的通知》	决定成立市行政审批服务中心车辆管理分中心、供电服务分中心、房地产市场管理分中心、国税分中心、地税分中心	行政审批服务中心分中心
3		连政发〔2002〕34号	市政府关于印发《连云港市重大行政审批项目联合审批暂行办法》的通知	参见具体文件	重大行政审批项目联合审批暂行办法

苏州市

序	时间	文号	标题	内容提要	注
1	2010年7月30日	太政办〔2010〕116号	关于印发《太仓市行政权力电子综合监察系统管理办法（试行）》的通知	保障市行政权力电子综合监察系统安全、稳定运行，切实规范权力运行，防控廉政风险，提高行政效能，促进勤政廉政	太仓市行政权力电子综合监察系统管理办法试行意见
2	2010年9月9日	太政办〔2010〕117号	关于印发《太仓市行政权力库更新维护办法》的通知	为加强和规范行政权力库管理，根据《中华人民共和国行政处罚法》、《中华人民共和国行政许可法》等法律法规，结合本市实际，制定本办法	行政权力库调整维依据
3	2010年9月13日	太政办〔2010〕120号	关于印发《太仓市行政权力网上公开透明运行管理办法（试行）》的通知	为加强和规范行政权力网上公开透明运行的管理，提高行政效能，优化政务环境，根据《中华人民共和国行政许可法》、《中华人民共和国行政处罚法》、《中华人民共和国行政监察法》、《中华人民共和国政府信息公开条例》等法律法规，结合本市实际，制定本办法	加强和规范行政权力网上公开透明运行的管理
4	2013年6月19日	苏高新办〔2013〕117号	关于印发《苏州高新区、虎丘区行政权力库更新维护办法》的通知	进一步加强和规范我区行政权力库管理，提高行政权力网上公开透明运行效能，结合本区实际，制定本办法	加强和规范区行政权力库管理

续表

序	时间	文号	标题	内容提要	注
常州市					
1	2007年6月5日	常政发〔2007〕103号	市政府关于印发《关于开展行政权力公开透明运行试点工作的意见》的通知	一、指导思想和目标任务；二、方法步骤和工作要求；三、组织领导和监督检查	推动行政机关行使行政权力动态公开
2	2009年10月13日	常政办发〔2009〕115号	市政府办公室关于辖市区行政权力网上公开透明运行系统建设工作的指导意见	一、基本原则；二、目标任务；三、工作步骤；四、运作模式	推广好的做法和经验，促进整体进步与提高
3	2011年7月22日	常政办发〔2011〕85号	市政府办公室关于印发2011年度全市行政权力网上运行工作考核指标体系的通知	为巩固成果、规范行为、推进落实、形成制度，经研究，决定印发2011年度全市行政权力网上运行工作考核指标体系	从组织管理、权力库维护等方面进行考核
4	2013年7月23日	常政办发〔2013〕123号	市政府办公室关于进一步规范和完善行政权力库的通知	各辖市、区根据本通知的要求，同步部署本级行政权力库的规范和完善工作	将存在的问题进一步规范
南京市					
1		宁阳光领导小组〔2007〕1号	南京市行政权力阳光运行机制建设和管理暂行规定	第一章总则；第二章组织领导和工作机制；第三章行政权力的确认；第四章“权力阳光”运行业务系统建设和运行管理；第五章行政监察监控；第六章绩效考核和责任追究；第七章附则	实现行政权力规范、透明、高效、廉洁运行
2	2010年5月6日	宁阳光办〔2010〕1号	关于印发《2010年南京市行政权力阳光运行工作要点》的通知	一、工作任务；二、工作措施；三、工作保障	全市推进“权力阳光”运行工作
3	2011年2月25日	宁阳光办〔2011〕1号	关于印发《2011年南京市行政权力阳光运行工作要点》的通知	一、总体要求；二、工作重点；三、工作措施	把“权力阳光”运行各项工作推向深入

（三）职能部门

江苏省质量技术监督局	江苏省住房和城乡建设厅	江苏省地方税务局	江苏省交通运输厅门户网站	江苏省发展和改革委员会
《江苏省质量技术监督局行政效能监察实施办法》	《关于事项类行政权力网上公开透明运行工作的通知》	《江苏省地方税务局计算机信息系统保密员职责》	《江苏省交通运输行政权力网上公开透明运行三级联网项目市级系统实施方案》	《省发改委电子监察管理办法（试行）》
《关于进一步推进行政权力网上公开透明运行工作的意见》	《江苏省住房和城乡建设厅行政权力网上公开透明运行工作绩效评估考核暂行办法》	《江苏省地方税务局政府信息公开暂行办法（试行）》	《江苏省交通运输行政权力网上公开透明运行三级联网数据接口技术要求（暂行）》	《省发改委行政权力网上运行考核办法（试行）》
《关于公布清理调整市、县（区）质监局网上运行行政权力结果的函》	《江苏省住房和城乡建设厅电子监察管理暂行规定》	《江苏省地方税务局税收数据标准管理暂行办法》	《江苏省交通运输行政权力网上公开透明运行三级联网自建系统改造规范（暂行）》	《江苏省发展改革委行政权力网上公开透明运行管理暂行办法》
《江苏省质量技术监督局行政权力网上公开透明运行工作管理办法》	《江苏省住房和城乡建设厅适时评估行政处罚自由裁量基准制度》	《江苏省地方税务局税收风险管理工作计划管理暂行办法》	《江苏省交通运输行政权力网上公开透明运行三级联网层级监察规范（暂行）》	《江苏省发展和改革委员会行使行政处罚自由裁量权实施办法》
《江苏省质量技术监督局行政权力网上公开透明运行例会制度》	《江苏省住房和城乡建设厅行政处罚自由裁量权适用规则》	《江苏省地方税务局行政权力网上公开透明运行工作管理办法（试行）》	《江苏省交通运输行政权力网上公开透明运行三级联网行政权力规范（暂行）》	《江苏省发展改革委行政权力网上绩效考核规则（修改）》
《江苏省质量技术监督局电子监察管理办法（暂行）》	《江苏省住房和城乡建设厅行政权力静态信息动态更新调整办法》	《江苏省地方税务局行政权力静态信息更新调整办法》	《江苏省交通行政权力网上公开透明运行三级联网工程项目建设实施方案（试行）》	《江苏省发展改革委行政权力事项目录》
《关于推进县（市、区）局行政权力网上公开透明运行工作的意见》	《江苏省住房和城乡建设厅行政权力网上公开透明运行管理办法》	《江苏省地方税务局行政权力网上运行工作计划表》	《江苏省交通运输厅行政权力网上公开透明运行情况通报制度（试行）》	《江苏省发展改革委行政权力网上公开透明运行电子监察管理办法》
《关于印发行政权力网上公开透明运行相关制度的通知》	《关于事项类行政权力网上公开透明运行工作的通知》	《江苏省地税系统2011年度“三个一流”工程考核办法》	《关于进一步规范港口行政权力公开透明运行若干意见的通知》	《关于组建省发改委综合性评审专家库的工作方案》
《关于规范行政权力事项发文用印的通知》	《江苏省住房和城乡建设厅行政权力网上公开透明运行工作绩效评估考核暂行办法》	《江苏省地方税务局计算机信息系统保密员职责》	《江苏省交通运输厅行政权力挂起措施流程》	《关于行政权力网上公开透明运行的情况通报》
《行政权力网上公开透明运行工作管理办法》	《江苏省住房和城乡建设厅电子监察管理暂行规定》	《江苏省地方税务局政府信息公开暂行办法（试行）》	《江苏省交通运输厅公路局（路政总队）行政权力静态信息更新调整办法》	《江苏省发展改革委行政权力网上公开透明运行申报行政权力事项暂停、恢复行使办法》

附录 2 “权力阳光”大事记

（一）2000~2006 年

2000 年，江苏连云港市在全国建立第一家行政审批服务中心。

2003 年，昆山市在全国率先建成“三级便民服务网”。

2005 年，苏州市初步建成行政审批电子监察网络系统。

2006 年，南京市开始构建“权力阳光运行机制”。

（二）2007 年

2007 年，胡锦涛总书记在十七大的报告中更是鲜明地指出，要让“权力在阳光下运行”。江苏省关于建设行政权力网上公开透明运行机制的构想开始将这些指导思想落到实处。

2007 年 9 月，在全国政务公开工作电视电话会议上，南京做了重点发言，并被评为全国政务公开工作先进单位和示范点。到 12 月初，剩余 60%的部门、区县完成系统的建设并通过验收。全市 54 个行政部门、13 个区县“权力阳光运行机制”基本建成。

（三）2008 年

2008 年，江苏召开全省行政权力网上公开透明运行推进会，开始在全省部署开展“权力阳光”运行工作。

（四）2009 年

2009 年 7 月，南京市在国内率先研发并运用金融交易、信用、监管、监察四大平台于一体的“e 路阳光”电子招投标系统，实现了全程无纸化、电子化、规范化。“e 路阳光”系统开通后，招投标实现全市一网运行，标准统一，程序规范，年交易量近千亿元，全面提升了全市招投标监管和服务的整体水平。

（五）2010 年

2010 年年初，江苏省行政权力网上公开透明运行系统正式开通运行，标志着省行政权力网上公开透明运行机制基本建立。

2010 年年底，江苏省开始考核验收各部门的行政权力公开透明运行情况。

（六）2011 年

2011 年，江苏省力争通过两到三年的努力，使行政权力网上运行工作实现“三个融合”，即与政务（行政）服务中心审批和服务事项办理融合，与部门核心业务融合，与行政绩效管理融合。

（七）2012 年

2012 年 10 月 10 日，国务院《关于第六批取消和调整行政审批项目的决定》发布。

（八）2013 年

2013 年 3 月 27 日，江苏省政府《关于加强政务服务体系建设的实施意见》（苏政发〔2013〕31 号）发布。

2013 年 9 月 25 日，新华社报道：“政府‘开门’办公，让权力阳光运行——江苏近年紧抓信息公开，保障公众知情权、监督权，倒逼政府由管理向服务转变”（新华社每日电讯，2013）。

（九）2014 年

江苏省 13 个省辖市政府及 20 余省辖机关率先“晒出”政府信息公开“报告单”，亮出“家底”，让权力在阳光下运行。

江苏省各地打造“网上政府”、让权力在阳光下运行的特色做法：南京市 177 个单位入驻网上“政务大厅”，苏州市 1000 个信息亭构筑政府百姓“连心网”，张家港 6000 名高中新生全部网上录取，等等。

2014 年 10 月 8 日，人民日报报道：“将全部权力‘兜底翻’——江苏探索刑罚执行权阳光运行”。

（十）2015 年

2015 年，江苏“权力阳光”建设继续深化，各地市、区县（县级市），甚至社区（村镇）也联网了江苏“权力阳光”平台，“全覆盖”的现代化监督监管体系形成。

2015 年年初，镇江市“权力阳光”统建平台开通，2015 年一季度行政权力全部上网运行，全市已有 47 家市级部门的 5000 多项行政权力通过审核进入权力库。

2015 年年初，海门市权力清单公布。

2015 年 9 月 29 日，江苏省政府办公厅《关于加快推进“三证合一、一照一码”登记制度改革的实施意见》（苏政办发〔2015〕98 号）发布。

2015 年 12 月 17 日，江苏省政府办公厅《关于印发江苏省行政权力事项清单管理办法的通知》（苏政办发〔2015〕136 号）发布。

（十一）2016 年

2016 年 1 月 6 日，江苏省政府《关于取消下放行政审批等权力事项和清理规范中介服务事项的通知》（苏政发〔2016〕1 号）发布。

2016 年 2 月 24 日，《江苏省行政许可监督管理办法》（江苏省人民政府令第 108 号）发布。

2016 年 3 月 14 日，南京市政府《关于调整行政审批等权力事项和清理规范中介服务事项的通知》（宁政发〔2016〕49 号）发布。

2016 年 3 月 31 日，由江苏省政府办公厅编制的《江苏省人民政府 2015 年度政府信息公开报告》多维度多媒体向社会发布。报告提到政务公开更加阳光透明：行政权力“家底”全面公布。江苏成为全国首批建立权力清单的两个省份之一，13 个省辖市、97 个县（市、区）均建立并公布行政权力清单，比中央规定时间提前一年半。

索引